Educational
Design
Research

교육설계연구

Jan van den Akker · Koeno Gravemeijer
Susan McKenney · Nienke Nieveen 편저

서순식 · 김민규 공역

학지사

Educational Design Research
by Jan van den Akker, Koeno Gravemeijer, Susan McKenney
and Nienke Nieveen

역자 서문

교육(공)학 공동체는 교수–학습 방법을 개선하기 위해 다양한 연구를 수행해 왔다. 이러한 연구 노력의 양태를 살펴보면, '교육 현장과 다소 격리되어 연구가 수행되고 있다는 점'과 '단기간에 걸친 또는 일회성에 머무는 유사(類似) 실험연구 등이 수행되곤 한다는 점'을 쉽게 목격할 수 있다. 그 사례로는 소위 전통적 교수–학습 방법이라 할 수 있는 교수자 주도의 직접 교수 방법의 한계를 극복해 줄 것이라 기대되는 대안적 교수전략 또는 교수 매체의 효과적·효율적 처치 효과 비교 연구(예, 온라인 대 면대면 교수), 교육 현장의 실천가로서는 개념화하기도 모호하고 또한 측정하기도 어려운 난해한 개념의 영향력 또는 관련성에 초점을 두는 연구를 들 수 있다.

각고의 노력 끝에 도출된 연구 결과는 우선적으로는 연구자가 소속된 학회 등에서 학술 논문의 형태로 발표되고, 궁극적으로는 학계의 논문지에 게재되는 과정을 거친다. 이러한 일련의 과정에서 발생하는 문제점은 소수의 제한된 사람만이 그 연구 결과를 접하게 된다는 것인데, 이들 대부분은 이론가다. 교육 현장에서 실질적인 교육의 변화를 모색하고자 애쓰는 교육 실천가에게는 쉽게 전달되지 않는다. 게다가 교육 실천가가 연구 논문을 읽고 그 연구 결과가 제시하는 제언에 터하여, 각자가 처한 상황에 맞도록 실천적 해결 방안을 스스로 모색하는 것은 결코 쉬운 일이 아니다.

교육 이론가는 잠재력이 있을 것이라 기대되는 혁신적인 테크놀로지를 교실에 단순히 도입 또는 설치만 해 주고 그 효과가 나타나기를 바랄 수는 없다. 수천 건의 개별 연구와 이러한 연구에 관한 메타 분석은 교육(공)학이 잠재력을 표출하지 못하고 있으며, 최근 들어서 이 분야의 효과성에 대한 의구심이 지속적으로 증가하고 있다는 점을 겸허히 받아들여야 한다. 교육연구 공동체는 그동안 본질적인 교육 실천의 개선에 초점을 두기보다는, 어떤 교육연구 방법론이 여타의 방법론에 비하여 더 효과적인지에 초점을 둔 것은 아니었는지 자성이 필요하다.

이 책에 등장하는 학자들은 교수와 학습이 설계연구를 통해 달성될 수 있다는 점을 제시한다. 설계연구 프로토콜은 연구자와 실천가를 포함하여 장기간에 걸친 강력한 협력을 요구하는데, 재사용이 가능한 설계 원칙을 규명하고, 학습 환경의 실제 문제에 대한 해결 방안을 개발하는 것을 통합할 수 있다. 이러한 설계연구의 특징은 다음과 같다. 첫째, 교육 실천가와 협력하여 실제 맥락에서 복잡한 문제를 다룬다. 둘째, 이미 통용하는 또는 가설적인 설계 원칙을 진일보한 테크놀로지와 통합하여 그럴듯한 해결 방안을 도출한다. 셋째, 혁신적인 학습 환경을 점검하고 정련하기 위해서, 그리고 새로운 설계 원칙을 명확히 규명하기 위해서 엄격하고 반추적인 탐색을 수행한다.

이 책의 주 독자층은 교육(공)학 전공자이겠지만 교육의 변화를 모색하는 교육 관련자라면 누구라도 이 책을 읽고 직접 적용해 볼 것을 권한다. 이 책이 교육의 이론적 탐구와 교육 현장의 실천이 다시 연계되는 경험을 제공해 줄 것이라 기대하기 때문이다.

2009년 가을 학기에 역자는 조지아 대학교(University of Georgia)에서

Tom Reeves를 통해 설계연구를 접하게 되었다. 교육마당의 이론과 현실의 유리(遊離)를 아쉬워하면서 새로운 연구의 시도가 필요함을 절감하여 번역 작업에 착수하였다. 그러나 원서에 등장하는 각 연구자의 깊은 사상과 폭넓은 학문 세계를 다 이해하지 못한 데서 오는 오역이 없지 않을 것이다. 이 점에 대해 독자 여러분의 호된 질책을 기대한다.

3장, 9장, 10장은 김민규가, 나머지 장은 서순식이 번역하였다. 각 장의 내용과 관련하여 독자와 추가적인 대화를 이어 가기 위해 역자의 이메일을 남긴다. 끝으로 이 책의 출판을 맡아 준 학지사의 호의에 진심으로 감사드린다.

2013. 2.

서순식(ssuh@cnue.ac.kr)
김민규(corona92@gmail.com)

저자 서문

교육설계연구는 교육 프로그램, 교수-학습 절차, 교육 상품의 설계, 개발, 평가에 관한 체제적 연구를 일컫는다. 이러한 체계적 접근은 교수-학습에 대한 더 나은 이해와 교수-학습 처방의 최적화를 위한 새로운 통찰력을 길러 준다. 그러나 이러한 연구가 다양성과 복잡성을 내포한 실제적인 교실 및 학교 현장에서 이루어지기에 연구자는 방법론적인 어려움에 직면하게 된다. 결과적으로 연구를 수행하는 데 과학적 충실성을 유지하기가 어려울 수 있다. 이 책은 교육설계연구가 직면하게 되는 이러한 문제를 분명히 이해하고 해결하기 위한 방안을 제시한다.

나는 연구의 실제적 적용을 중시하는, 급속도로 증가하는 교육연구자를 위해 이 책을 썼다. 이 책은 크게 네 부분으로 구성되며, 관련 웹사이트를 통해 보충 자료를 제공한다. 첫째, 설계연구의 본질에 관심이 있는 독자를 위한 중요한 정보를 제공한다. 둘째, 설계연구의 다양한 사례를 제시한다. 셋째, 연구의 품질 보증을 위한 견해를 소개한다. 넷째, 교육정책에 대한 설계연구의 함의를 설계연구 성과의 이해와 평가라는 관점에서 논의한다.

이 책이 교수설계연구에 관심이 있는 모든 독자에게 교육설계연구에 대한 이해를 돕는 데 유용한 참고서가 되기를 바란다.

Jan van den Akker
Koeno Gravemeijer
Susan McKenney
Nienke Nieveen

차 례

제2부

현장 사례

제4부
앞을 향해 나아가기

제1부

무엇을 그리고 왜

- 제1장　교육설계연구 소개
- 제2장　생산적인 설계연구를 향하여

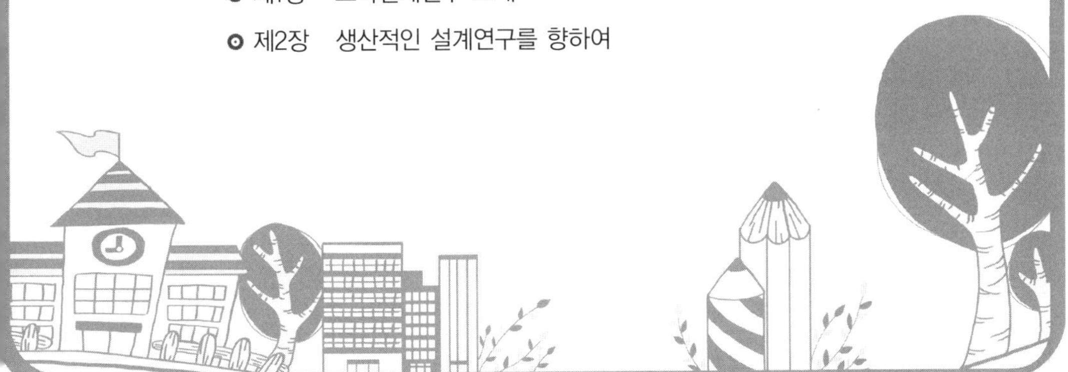

Educational Design Research

제 1 장

Educational Design Research

교육설계연구 소개

Jan van den Akker, Koeno Gravemeijer,
Susan McKenney, Nienke Nieveen

이 책의 기원

설계연구는 최근 수년간 교육학영역의 연구를 중심으로 발전을 위한 추동력을 얻고 있다. 이것은 저명한 논문지에 개재된 논문(Burkhardt & Schoenfeld, 2003), 전공서적의 장(章)(Richey, Klein, & Nelson, 2004), 서적(van den Akker, Branch, Gustafson, Nieveen, & Plomp, 1999), 이 주제를 별도로 다루고자 기획된 논문지의 특별호[*Educational Research, 32*(1), 2003; *Journal of the Learning Sciences, 13*(1), 2004] 및 설계연구를 포함하여 연구방법을 재조망해 보려는, 보다 일반적인 요구[*Journal of Computering in Higher Education, 16*(2), 2005]에 의해 검증되고 있다.

설계연구에 대해 정의를 내리는 것은 이제서야 결속과 구분짓기를 시작하는 것이다. 방법론적 가이드라인과 그럴듯한 사례가 양적으로 충분히 축적됨에 따라 불필요한 부분을 전지(剪枝)하는 것이 필요하게 되었다(Kelly,

2004). Dede(2004) 및 Gorard, Roberts와 Taylor(2004)는 교육연구자 집단이 이 접근의 질을 향상할 수 있는 기준을 설정하는 것에 대해 진지하게 반추해 보기를 요청한다.

이 책은 그러한 반추를 제공한다. 이 책의 대부분의 장(章)은 네덜란드 과학연구재단[Netherlands Organization for Scientific Research(NWO/PROO)] 내 교육연구를 위한 네덜란드 프로그램위원회(Dutch Program Council for Educational Research)가 주최하여 암스테르담(Amsterdam)에서 개최된 세미나에서 발표한 논문을 수정하고, 경신하고, 더 다듬은 것이다. 후원기관인 과학연구재단은 설계연구가 무엇을 수반하는지와 이러한 부류의 연구 제안서를 판단하고 연구 결과를 평가하기 위한 질적 기준과 준거를 규명하는 것에 흥미를 느꼈다. 세미나 기간 동안 발표와 토의는 상당한 결실을 맺었고, 또한 자극적이어서 이 책을 출간할 수 있는 추진력을 제공하였으며, 그 발표와 토의를 거쳐 획득한 결과를 더 많은 독자와 공유할 수 있게 한다.

설계연구의 동인

설계연구의 첫 번째 모티브는 교육 정책 및 교육 실천과 교육연구의 관련성을 긴밀하게 해 보자는 바람에서 출발하였다. 교육연구는 실제 교육과의 관련성이 미약하여 오랫동안 비판을 받아 왔다. 교육연구의 진보를 알리기 위한 전달 수단으로 간주하는 사람들은 이러한 비판을 교육학영역의 연구가 그 자체로의 지식을 탐구해야 한다고 주장하는 사람들에 비해 더 심각하게 받아들인다. 설계연구는 보다 실천적 관련성에 기여할 수 있다. 연구자와 실천가는 그들의 주된 관심 분야에서 이상적인 중재의 발전적인 접근을 조심스럽게 연구함으로써, 점점 더 실행 가능하고 효과적인 처방 및 그 처방의 효과를 지지하는 원리와의 더 나은 연계를 함께 구성한다(Collins, Joseph, & Bielaczyc, 2004; van den Akker, 1999).

설계연구의 두 번째 모티브는 과학적 야망과 관련된다. 직접적으로 실천적인 적용과 정책적 관련과 함께, 설계연구는 학습 과정과 그 과정을 지원하는 수단을 함께 결합하는 연구를 통해서 경험적 근거 이론(empirically grounded theories)을 개발하고자 한다(diSessa & Cobb, 2004; Gravemeijer, 1994, 1998). 설계연구에 대한 대부분의 현 논쟁은 설계 실험에 근거하여 그러한 이론을 어떻게 정당화할 것인가라는 질문에 대해 고민한다. 학습과 교수를 맥락 안에서 보다 잘 이해하고자 하는 취지가 커짐에 따라 연구는 모조의(simulated) 또는 매우 우호적인 세팅에서 보다 일상적으로 발생하는 시험대로 옮겨져야 한다(Barab & Squire, 2004; Brown, 1992).

세 번째 모티브는 설계 실천의 강력함을 증가하고자 하는 열망과 관련된다. 많은 교육설계자는 출몰하는 교육 문제를 위한 혁신적 해결 방안을 구축하고자 활발하게 접근하는데, 그들의 이해는 정해진 결정과 그에 따라 수반된 설계에서 종종 암묵적으로 머물곤 한다. 이러한 관점에서 후속하는 설계연구를 진일보할 수 있도록 보다 명시적인 학습을 도출해 내야 한다(Richey & Nelson, 1996; Richey et al., 2004; Visscher-Voerman & Gustafson, 2004).

설계연구에 대하여

이 책에서는 설계연구를 목적과 특성에 내재적 다양성을 띤 일군의 관련된 연구 접근 방법을 통칭하는 용어로 사용한다. 그러나 문헌에는 다음의 용어를 포함하여 다양하고 많은 용어가 발견된다는 점을 명시할 필요가 있다.

- 설계연구, 설계 실험
- 개발연구
- 형성연구, 형성평가
- 공학연구(Engineering research)

분명히 우리는 새로운 경향을 다루고 있으며, 이러한 분야는 전문용어가 급증하는 반면, 정의에 대한 합의는 부족하다는 것이 특징이다(보다 상세한 개관은 van den Akker(1999)를 참조). 그 전문용어가 아직은 확정되지 않았지만, 대부분의 설계연구에 적용할 수 있는 많은 특징의 윤곽을 나타내는 것은 가능하다. 선행연구에 근거하여 살펴보면, 다음과 같은 특징이 있다.

- **중재자적**(Interventionist): 연구는 실제 세상에 중재물을 설계하는 데 주안점을 둔다.
- **반복적**(Iterative): 연구는 설계, 평가, 수정의 순환적 접근을 통합한다.
- **과정 지향적**(Process oriented): 입력 대비 출력만을 측정하는 블랙박스 모델은 회피하며, 연구의 초점은 중재를 이해하고 개선하는 데 있다.
- **실용 지향적**(Utility oriented): 설계의 가치는 실제 맥락에서 사용자의 실천력에 의해 일부분 측정된다.
- **이론 지향적**(Theory oriented): 설계는(최소한 일부라도) 이론적 전제에 근거를 두며, 설계의 현장 검사는 이론을 수립하는 데 공헌한다.

Barab과 Squire(2004)의 광의의 정의인 '자연스러운 환경에서 교수와 학습을 설명하고 교수와 학습에 잠재적으로 영향을 미치는 새로운 이론, 인공물(人工物), 실천을 생산해 내고자 하는 의도를 띤 일련의 접근'은 교육설계 접근과 관련된 대부분의 변종을 아우르는 정의인 듯하다.

설계연구의 성격에 대한 보다 자세한 설명은 어떤 것이 설계연구에 해당하지 않는가에 대해 구체화함으로써 도움을 얻을 수 있다. 가장 가치 있는 양상은 아마도 설계연구자가 분절적인 변인을 강조하지 않는다는 것이다. 설계연구자는 구체적인 맥락에서 특정한 대상물이나 과정에 주안점을 두지만, 그들은 이러한 것을 통합적이고 의미 있는 현상으로 연구하고자 애쓴다. 많은 설계연구가 맥락에 근거한다는 특성은 왜 설계연구가 종종 맥락이 배제된 일반화는 추구하지 않는가를 설명해 준다.

이 책의 내용에는

이 책은 자신의 연구를 실천 현장에 접목해 보려는(각 나라에서 급속도로 그 수가 팽창하고 있는) 많은 교육연구자에게 호소하기 위해 쓰였으며, 4개의 주요 영역과 출판사가 웹사이트를 통해 제공하는 부가적 정보를 담고 있다. 첫 번째 영역은 설계연구의 핵심이 무엇인지에 대해 학습해 보고자 하는 독자를 위해서 실재적인 정보를 조합하여 제시한다. 이러한 정보에는 설계연구의 기원, 설계연구의 적용, 설계연구와 관련되는 혜택과 위험에 대한 논의 등이 포함된다. 이 책의 두 번째 영역은 설계연구에 대한 독특한 영역의 양상으로 구성되어 있다. 여기에 이 접근이 어떻게 학습 환경 설계, 교육공학, 교육과정에 도움을 줄 수 있는가와 관련된 사례가 주어진다. 세 번째 영역은 질 보증 문제에 대해 진술한다. 세 명의 연구자가 설계연구를 수행하는 데 학문적 엄격성을 어떻게 지킬 수 있는가에 대한 자신의 생각을 표현한다. 이 책의 마지막 영역은 정책적 시사점을 보편적 용어로 제공하고, 구체적으로는 설계연구물을 이해하고 평가하는 관점에 대해 제공한다. 이 책의 부가적인 웹사이트에는 추가적인 정보가 포함되어 있는데, 그 주된 목적은 고품격 설계연구의 심도 있는 사례를 제공하기 위함이다. 통틀어서 이 책의 네 영역과 웹사이트는 교육에서 설계연구의 영역을 고려하는 것에 대한 유익하고 본받을 만한 근거를 제공한다.

참고문헌

Barab, S., and Squire, K. (2004). Design-based research: Putting a stake in the ground. *Journal of the Learning Sciences, 13*(1), 1-14.

Brown, A. L. (1992). Design experiments: Theoretical and methodological challenge in creating complex interventions in classroom settings. *Journal of the Learning Sciences, 2*(22), 141-178.

Burkhardt, H., and Schoenfeld, A. (2003). Improving educational research: Toward a more useful, more influential and better-funded enterprise. *Educational Researcher, 32*(9), 3-14.

Cobb, P., Confrey, J., diSessa, A., Lehrer, R., and Schauble, L. (2003). Design experiments in educational research. *Educational Researcher, 32*(1), 9-13.

Collins, A., Joseph, D., and Bielaczyc, K. (2004). Design research: Theoretical a methodological issues. *Journal of the Learning Sciences, 13*(1), 15-42.

Dede, C. (2004). If design-based research is the answer, what is the question?. *Journal of the Learning Sciences, 13*(1), 105-114.

Design-Based Research Collective. (2003). Design-based research: An emerging paradigm for educational inquiry. *Educational Researcher, 32*(1), 5-8.

diSessa, A. A., and Cobb, P. (2004). Ontological innovation and the role of theory design experiments. *Journal of the Learning Sciences, 13*(1), 77-103.

Gorard, S., Roberts, K., and Taylor, C. (2004). What kind of creature is a design experiment?. *British Educational Research Journal, 30*(4), 577-590.

Gravemeijer, K. (1994). *Developing Realistic Mathematics Education.* Utrecht: Cd§ Press.

Gravemeijer, K. (1998). Developmental research as a research method. In J. Kilpatrick and A. Sierpinska (Eds.), *Mathematics Education as a Research Domain: A Search for Identity* (pp. 277-295). Dordrecht: Kluwer Academic Publishers.

Kelly, A. (2003). Research as design. *Educational Researcher, 32*(1), 3-4.

Kelly, A. (2004). Design research in education: Yes, but is it methodological?. *Journal of the Learning Sciences, 13*(1), 115-128.

Reeves, T., Herrington, J., and Oliver, R. (2005). Design research: A socially responsible approach to instructional technology research in higher education. *Journal of Computing in Higher Education, 16*(2), 97-116.

Richey, R., and Nelson, W. (1996). Developmental research. In D. Jonassen (Ed.), *Handbook of Research for Educational Communications and Technology* (pp. 1213-1245). London: Macmillan.

Richey, R., Klein, J., and Nelson, W. (2004). Developmental research: Studies of instructional design and development. In D. Jonassen (Ed.), *Handbook of Research for Educational Communications and Technology* (second edition) (pp. 1099-1130). Bloomington, IN: Association for Educational Communications & Technology.

van den Akker, J. (1999). Principles and methods of development research. In J. van den Akker, R. Branch, K. Gustafson, N. Nieveen and T. Plomp (Eds.), *Design Approaches and Tools in Education and Training* (pp. 1-14). Dordrecht: Kluwer Academic Publishers.

van den Akker, J., Branch, R., Gustafson, K., Nieveen, N., and Plomp, T. (Eds.) (1999). *Design Approachs and Tools in Education and Training.*

Dordrecht: Kluwer Academic Publishers.

Visscher-Voerman, I., and Gustafson, K. (2004). Paradigms in the theory and practice of education and training design. *Educational Technology Research and Development, 52*(2), 69-89.

제 2 장

Educational Design Research

생산적인 설계연구를 향하여

Decker Walker

왜 하필이면 지금

설계연구에 대한 나의 생각은 '왜 하필이면 지금?'이라는 질문에서 시작한다. 일부 연구자와 정책입안자는 우리 역사에서 왜 이 순간에 설계에 흥미를 느끼게 되었을까? 나는 여기에 두 가지 주요한 이유가 있다고 본다. 가장 중요한 것은 교육연구에서 전통적 접근의 영향력이 실망스럽다는 것이다. 우리는 의학, 공학, 과학 등의 발전에 비교할 때, 교육학연구에서는 지적 돌파구를 찾지 못해 왔다. 우리는 대규모의 교수 실행 또는 학생의 학습에서도 잴 수 있는 정도의 진보를 보지 못했다. 임상적 실험에서 아마도 연구에 의해 지지되었다는 실행과 프로그램은 전통적 실천에 비해 일반적으로 단지 아주 조금 더 나은 것으로 밝혀지곤 하였다. 요컨대, 제2차 세계대전 이후 교육에 관련하여 반세기 이상 동안 투입된 연구는 교육을 눈에 띄게 발전시키지 못하였다. 많은 나라에서 지난 수십 년에 걸쳐 교육의 질이 떨어지기 시작하였는데, 이때는 교육 관련 연구가 지식을 충분히 축적하고 현장에 영향을 줄 수 있는 지식을 축적하기 시작한 시기였다. 설계연구를 믿고 추종하는 대다수의 우리는 설계연구가 표준화된 형태의 연구와 연계될 경우, 우리 인생의 다른 영역에서 만들어진 것 같은 일종의 영향력 있는 연구를 양산해 낼 수 있는 잠재력이 있다고 믿는다.

일부 연구자와 정책입안자가 설계연구가 매력적이라고 받아들이기 시작한 두 번째 이유는 새롭고 유망한 학습 이론과 이 이론을 적용할 수 있는 테크놀로지의 이용이 용이해졌다는 점이다. 인지 과학, 활동 이론(activity theory) 또는 사회적 구성주의, 뇌연구는 학습에 대한 새롭고 다양한 관점을 제공한다. 이 관점은 행동주의, 심층심리학(Freud, Jung, Adler 등), 형식적 사회심리학 등의 전통적인 연구를 안내해 주었던 이론보다 더욱 강력하다.

일부 이러한 새로운 이론은 일상적인 교실 상황에서 교사와 학생에게 접근할 수 있는 학습의 뒤얽힌 상세 내용에 대해 예측하게 한다. 다른 이론은 교실 수업에서보다 더 확장된 범위에서의 사회적 영향과 상호작용을 고려한다. 새로운 형태의 교육적 중재는 이러한 새로운 이론에서 실제적인 혜택을 실현해야 할 수도 있다. 설계연구는 이러한 새로운 중재를 개발하는 데 필수적이지는 않다고 하더라도 가치 있는 것으로 여겨진다.

연구가 교육 현장에 어떻게 영향을 미치는가

대부분의 역사에 걸쳐서, 교육연구는 교육 현장에 매우 미약하고 간접적인 영향을 미쳐 왔다. 연구자는 교사, 전문적 지도자, 훈련 중인 연구자 등의 교육자에게 이론과 연구 결과를 가르쳤고, 그 교육자는 그 이론을 번갈아 가면서 적용해 보았다. 그러나 실제로 이론 및 연구 결과는 단지 개혁자를 위한 구호(slogan)의 역할 그 이상을 하지 못했다. 일례로 옹호자에 따르면, 아동중심학습, 발견학습, 프로젝트 방법 등은 "연구에 근거를 두고 있다."라고 하였는데 그들의 주장에 포함되는 실천의 범위가 너무 넓으며, 각 실천은 잘 규명된 설계 또는 처방이라기보다는 일종의 철학적 접근에 가까웠다. 이따금 이론가와 연구자는 스스로 교사와 학생이 사용할 구체적인 자료를 설계한 바 있다. 마리아 몬테소리(Maria Montessori)의 유치원 과업(preschool tasks), 읽기 수업의 보고 말하기 방법(look-say method), 초기 지도용 영어 알파벳(initial teaching alphabet), 표준화 검사, 프로그램 교수 등은 이론가와 연구자에 의해 설계된 유명한 학습자료 예시다. 그러나 연구기반 교수방법이나 자료를 전통적인 교수방법 또는 자료와 비교한 연구에서 효과가 미진했거나 통계적으로 유의하지 않다는 결과를 보여 주었다.

설계연구는 학습 원리와 교육 혁신의 특성 간에 있어서 빈틈없고 보다 엄밀한 연관성을 기대한다. 설계연구에서 어떤 이론가 또는 연구자의 학습 문제에 대한 엄밀한 분석은 중재를 위한 매우 구체적인 아이디어를 이끌어 낸다. 그런 후 설계자는 이론과 연구에 의해 예견된 학습의 증진을 구현하고자 설계되는 특수한 교수-학습 자료 및 방법을 고안하기 위해서, 정보공학을 사용하는 체제를 구축한다. 만약 이론적 분석이 옳았다면, 이러한 처방은 훨씬 더 효과적이라는 결과를 제시해야만 한다. 이러한 체제를 설계하는 것은 연구와 개발의 노력이지, 이론에서 직접 도출되는 상상의 구현이나 단순한 연역이 아니다. 처방을 창안해 내기 위해서, 설계자는 학생과 교사가 이론에 의해 제안되는 설계의 특성에 실제로 어떻게 반응하는지에 대해 학습해야 할 필요가 있다. 즉, 어떤 설계 시도가 연구와 이론 등에서 도출된 원리를 정확하게 적용하는지 보이기 위해서는 설계연구를 해야만 한다.

설계자의 설계가 이론이 예측한 방향대로 작동하는지 보이기 위해서 그들은 자신의 설계를 시도해 보고 그 결과가 실제로 예측한 대로 살아 움직이는지를 확인해야 할 필요가 있다. 여타 새로운 설계의 첫 검사는 대부분 미약하거나 전혀 의미 없는 결과를 보이곤 하는데, 설계 시도는 최상의 결과를 보여 주기 위해서 더 다듬어지고 최적화되는 과정이 필요하다. 효과적이기 위해서 어떠한 복잡한 체제도 대부분 각 요소의 정밀한 구성을 필요로 한다. 예컨대, 초기 라디오는 라디오 주파수 신호를 전송하고 받으며 작동되었다. 그러나 신호는 매우 미약하였고 신뢰할 수 없었다. 설계연구를 통해 기술자는 신호를 확대하고, 조율을 또렷하게 하고, 잡음을 줄이고, 라디오의 작동을 보다 신뢰할 수 있도록 보다 효과적인 방식을 발견해 나갔다. 라디오와 다른 장치의 설계를 개선하기 위해서 기술자가 겪었던 그러한 일련의 연구과정이 교육설계를 개선하기 위해서도 필요할 것이라 가정하는 것은 매우 타당하다(물론 교육설계를 위해서 필요한 연구의 종류는 공학적인 영역에서 수행된 것과는 다르다. 교육적 실천 맥락에서 교사와 학생은 그 중심에 있기 때문에, 교육영역의 설계연구는 인간의 과학, 예술, 인문 분야에서 도출되어야 한다).

예비 설계의 효과성을 연구하기 위해서 설계연구자는 건전하고, 신뢰할 수 있는 학습 지표를 필요로 한다. 교사와 전통적 표준화 검사에 의해 생성된 전통적 검사는 너무 투박하고 정확하지 않아서 새로운 이론이 적용되는 학습의 종류를 검사하기에는 적절하지 않다. 설계연구자는 학습 정도를 잘 나타내 주는 일련의 기법을 이미 개발하였는데, 밀착해서 진행되는 민족지학(誌學)적 관찰, 채점을 위한 준거표가 함께 제공되는 표준화된 학습 과제, 학습평가를 위한 다른 기법이 그 예가 된다. 평가 기법은 영역적으로 특수하다. 즉, 배우고 있는 내용과 목적에 대해 특수하며, 그렇기 때문에 새로운 기법이 학습과 교수의 각 영역에 대해 개발되어야 한다. 평가를 개발하거나 개작하는 것은 설계연구 과정에서 중요한 부분이다. [그림 2-1]은 다이어그램의 형태로 이에 대한 관련성을 보여 준다.

연구 ⟷ 이론
좀 더 빈틈없고, 보다 엄격한 연결을 갖는 **설계연구는**
(테크놀로지에 기반한) 처방을 이끈다.
첫 번째로 생성된 처방에 대한 **설계연구는**
실천과 정책의 개선을 이끈다.
더 강력하고 더 나은 지표에 대한 **설계연구는**
더 많고 더 나은 학습을 이끈다.

[그림 2-1] 연구가 실천을 개선하는 방법

좋은 설계연구를 위한 가이드라인

나는 좋은 설계연구는 더 많은, 그리고 더 나은 학습으로 이끌 것이라 믿기 때문에, 이 장의 제목을 '생산적인 설계연구'라고 하였다. 어떤 연구 방법과 접근이 생산적인 설계연구를 가장 잘 이끌 것인가? 이러한 방법은 대체로 인간 과학(human sciences), 예술, 인문 분야에서 확립된 연구영역에서 도출될 것이다. 이에 설계연구에 가장 적절한 방법을 선택하는 데 사용할 만한 몇 가지 준거를 거론하고자 한다.

더 위태로운 설계

나는 사회과학연구에 전통적으로 적용되어 온 엄격한 방법론의 표준이 생산적인 설계연구를 이끌어 낼 것 같지 않다고 생각한다. 전통적 표준은 이론을 검증하기 위한 것으로 이러한 목적을 달성하기 위해서 수행되는 연구가 잘못된 결론을 수용하는 위험을 최소화하는 것은 매우 중요하다. 연구에서 실수가 일어나면 잘못된 결론을 이끌게 되고 그 학문 분야의 지식 축적을 더디게 한다. 이론을 수립하는 데 잘못된 방향으로의 선회는 당대

최고의 학자와 연구자가 쏟아 부은 수년간의 노력을 물거품이 되게 할 수 있다. 따라서 이론을 검증할 때, 모든 비판을 방어하는 결과를 얻기 위해서는 오랜 기간의 노력을 기울여야 한다.

설계연구의 결과가 이론의 취약함을 지적할 때도 있긴 하지만, 설계연구는 이론을 검증하기 위해서 수행되는 것이 아니다. 그보다 설계연구는 이론에 근거한 체제를 구축하고 실제 상황에서 이러한 체제의 효과성을 결정하는 방안을 모색한다. 따라서 설계연구는 다른 방식으로 대담함과 신중함의 균형을 맞출 필요가 있다. 설계연구를 수행할 때 모든 실수의 잠재적 근원을 점검하고자 지나칠 정도로 조심스럽게 진행한다면, 규모가 커지고 연구 기간이 길어지는 값비싼 연구를 양산해 낼뿐더러 설계 과정을 연기시키고 그 비용을 몇 배로 증가시킨다. 보다 작은 규모의 덜 통제된 일련의 연구는 거의 동일한 수준으로 신뢰할 수 있는 결과를 훨씬 빠르고 효율적으로 도출해 준다. 설계자는 많은 모호와 미지를 동시에 다루어야만 한다. 그들이 이러한 여러 모호함에 의지하여 극히 예비 수준의 결과를 얻는 것이 다른 모든 것을 추측하고, 심사숙고하고, 가정하는 과정에 필수적으로 의지하면서 한두 개의 모호함을 심도 있게 연구하는 것보다는, 이러한 여러 모호함에 의지하여 극히 예비 수준의 결과를 얻는 것이 종종 더 낫다. 잘못된 결론을 수용하는(더 큰 위험을 감수하는) 설계연구는 더 나은 이익을 가져올 수 있다. 다소 덜 정밀한 연구는 대안적인 가설이 그릇되었음을 전적으로 논박하기 위함이 아니라 복잡한 설계 효과의 광역을 조망하기 위한 것으로, 설계를 개선하는 방안을 들춰내는 데 충분할 수 있다. 그렇다고 이것이 무엇이든 다 좋다는 의미는 아니다. 근거 없는 심사숙고로 가득 차서 지나치게 대담한 접근은 올바른 설계를 맞추는 정도의 임의의 가능성을 제공한다.

생산적인 설계연구를 위한 열쇠는 주의를 기울이고 위험을 감수함으로써 새로운 균형을 수립하는 것이다. 가장 중요한 설계 문제에 집중하고, 그 문제를 철저하게 이해하고, 그러한 이해에 의지하여 설계를 위한 가장 가능성 있는 특징을 규명하고, 이러한 특성을 포함하는 원형을 고안하고, 그 원형을 시도해 보라. 이것은 연구 방법론자가 추천하는 전통적인 사회과학 연구보다 더 대담하고 더 위험한 연구전략이지만, 혁신적인 설계로 이끌 가능성이 훨씬 더 많다.

연구 순환 과정

전통적인 연구 방법의 접근은 각 개별 연구에 초점을 맞춘다. 그 목적은 주어진 질문에 대해 가장 가능성 있는 연구 방법을 설계하는 것이다. 그러나 설계 프로젝트는 언제나 많은 문제와 그 프로젝트에 대해 다양한 수준의 불확실성에 직면한다. 한 번의 연구로 모든 것을 해결할 수 없기 때문에, 하나의 질문에 초점을 맞추고, 그 해답을 얻기 위해 연구를 수행하기를 유혹한다. 이러한 연구방향의 설정은 다른 모든 질문에 대해 전혀 답하지 못하게 한다. 보다 사려 깊은 접근은 특정한 설계 문제를 둘러싼 가장 중요한 문제를 규명하고 각 문제를 처리하는 일련의 연구를 계획하는 것일 수 있다. 그 문제에 대해 가장 가능성 있는 접근에 대한 일반적인 아이디어를 제공하는 간단하고 비싸지 않은 연구로 각 사례를 시작하라. 그 후, 지금 가장 중대해 보이는 질문에 관한 (아마도 다소 좀 더 집중적이고, 비용이 발생하고, 기간이 오래 소요되는) 연구를 수행하라. 가장 엄격한 (그래서 가장 값비싼) 연구, 또한 가장 중요하고 잔존하는 문제만 최종 단계에 제한적으로 남겨 두라.

연구에 필요한 자원

모든 설계는 비용이 발생하고, 실행에 옮기는 데 시간이 필요하며, 전문성과 노력이 요구된다. 어떤 설계는 학습을 증진하는 데 성공적일 수 있지만, 엄청나게 비싼 비용이 필요하거나 박사학위를 가진 전문가가 가르쳐야 한다는 조건이 붙을 수 있다. 필요한 자원은 예측될 수 있고 또 예측되어야 하며 이미 실행되고 있는 프로그램의 경우에는 경험적으로 연구되어야 한다. 모든 설계연구의 한 양상은 그 설계를 지탱하는 데 필요한 자료를 고려해야 한다는 것이다.

실천 비교

연구자를 솔깃하게 하는 것도 최고의 설계, 즉 설계자에 의해 선호되는 설계 옵션을 매우 심도 있게 연구하는 것이다. 그러나 설계는 가장 기대되는 옵션이 서로 비교될 때 가장 진일보한다. 하나의 옵션을 깊이 있게 이해하는 것만으로는 다른 옵션이 더 좋은지를 설계자에게 알려 주지 못한다. 그래서 그럴듯한 모든 설계 옵션의 가능성을 비교하고 가장 가능성 있는 옵션만을 2~3개 정도로 제한한 다음, 이 옵션을 연구에 직접적으로 비교하는 것은 가장 좋은 실천이 되곤 한다. 교육에서의 황금 기준, 즉 무엇인가를 가르치는 데 가장 좋은 방안이라고 알려진 것은 유머 튜터와 같은 것일 텐데 너무 비싸서 모든 이에게 제공할 수는 없다. 여전히 새로운 설계가 황금 기준에 얼마나 밀접하게 접근하는지를 살펴보는 것은 도움이 될 수 있다. 새로운 설계방안을 전통적인 또는 이미 수용된 실천과 비교하는 것도 종종 유용할 수 있다. 그 새로운 설계가 즉시 더 나은 결과를 제공하지 못할 수도 있겠으나 비용이 훨씬 적게 들거나 보다 용이하게 개선될 수 있고, 이 두 가지 모두 가능할 수도 있다.

지속성 및 튼실함 고려

실험실에서 작동하는 설계는 교실에서는 작동하지 않을 수 있다. 실험을 목적으로 구비된 특화된 교실에서 작동하는 설계가 보편적인 일반 교실에서는 작동하지 않을 수도 있다. 모든 것이 잘 진행될 때 작동하는 설계가 교사나 학생이 아파서 결석하거나, 어떤 교사가 은퇴함에 따라 덜 훈련된 신임 교사가 임명되는 등 우리의 실제 생활 중에서 자주 발생하는 수없이 많은 다양한 제약과 마주할 때, 그 성과가 극적으로 떨어질 수 있다. 모든 형태의 실천은 가혹한 환경에서는 그 성과가 떨어진다. 우리는 파국으로 치닫는 것보다는 적정 수준 정도로만 성과가 떨어지는 설계를 필요로 한다. 우리는 튼실한 설계가 필요한데, 이는 최적의 조건에서뿐만 아니라 험난하지만 충분히 예견되는 제약 속에서도 인상적인 결과를 보여 주는 그런 설계를 말한다. 우리는 시간의 경과에 따라 생존하고 더 나아지는 지속 가능한 설계를 원하지, 매년 하강곡선을 그리는 설계를 원하지 않는다. 설계연구는 튼실함과 지속성을 추정할 수 있으며, 설계를 실제 상황에 접목해 본 후 경험적으로 그 설계를 연구할 수 있다.

설계의 질을 판단하는 데 교육 관련자 관여시키기

교사는 새로운 프로그램 때문에 자신이 얼마나 많은 업무와 노력을 수행해야 하는지에 대해 다른 사람보다 더 염려할 수 있다. 부모는 교사보다 학생이 새로운 설계에서 배우는 것과 전통적인 종교적 또는 문화적 믿음 간의 불일치에 대해 더 관심을 가질 수 있다. 행정가는 공동체 참여에 더 관심을 가질 수 있고, 고용주는 업무를 위한 준비에 대해 더 관심을 가질 수 있다. 이러한 모든 근심 또는 관심은 정당한 것으로, 새로운 설계를 고안하거나 그 설계를 연구할 때 모든 이의 근심이 고려되고 있음을 확실하게 하는 유일한 방안은 그 과정 속에 그들을 참여시키는 것이다. 이것은 이미 수용된 실천에 비하여 새로운 설계의 전반적인 호감도를 판단하는 데 특히 중요하다. 이러한 결론에 관여되는 잴 수 없는 것의 비중을 재는 것은 전문가의 판단을 거부하며, 이 문제에 관련하여 가장 관심을 끄는 것에 대한 교육 관련자의 다양한 관점을 나타내 줄 것을 요청한다.

오늘날의 기회

오늘날의 연구자는 설계연구를 개척하고, 설계연구를 학습과 교수를 위한 새로운 설계를 창조하는 데 핵심적 부분으로 자리매김할 수 있는 기회가 있다. 그 대안은 미래인데, 미래의 설계는 패션과 마케팅 고려 사항의 영역에서 우위를 점하고 있다. 나는 걸출한 어떤 회사를 아는데, 그 회사에서는 가정에서 아동이 사용할 학습용 소프트웨어를 생산한다. 그 회사의 설계 과정은 시장 조사로 구성되며, 이 조사는 고객이 가판대에서 보게 될 상품 포장물을 어떻게 설계할지를 결정짓는다. 여러 개의 경쟁적 상품 포장 설계안을 부모로 구성된 소비자에게 선보이고, 궁극적으로 상자를 위한 디자인이 최종 결정된다. 이때 소프트웨어 개발자는 그 상자를 받게 되고 그 안을 채울 소프트웨어를 생산할 것을 요구받는다. 이것은 그 소프트웨어 설계자가 실제적으로 학습을 보다 효과적으로 증진할 수 있는 소프트웨어를 개발하기 위해서 아동과 심화된 연구를 수행할 수 있는 권한을 부여받았다고 가정한다면, 설계 과정을 시작하는 것으로 그다지 나쁜 방법은 아닐 것이다. 안타깝게도 나머지 설계 과정은 이러한 경우와 많은 다른 경우에 자기 경험에 의거하여 감각적으로 진행되었다. 만약 우리 연구자와 학계에서 기존의 효과성을 담보하면서도 보다 신중한 설계를 원한다면, 우리는 그 방법을 보여줄 수 있어야 한다. 생산적인 설계연구가 바로 그 방법이다.

제2부

현장 사례

Educational Design Research

제 3 장

Educational Design Research

학습설계 관점에서 바라본 설계연구

Koeno Gravemeijer, Paul Cobb

이 장에서 필자는 지난 10여 년간의 설계연구(Design Research) 프로젝트를 통해 터득해 온 설계연구 방법을 소개하고자 한다. 우리는 설계연구를 좀 더 포괄적인 의미의 혁신적인 학습생태계 창출을 목표로 하는 연구 방법으로 이해하며, 이러한 맥락에서 구체적인 교수 이론의 개발과 학습 생태계가 지원코자 하는 학습 형태를 연구한다. 우리 연구팀이 수행해 온 프로젝트는 통계 교육을 포함한 수학 교육에서의 학생의 학습 증진과 관련되어 있다.

지난 수년간 발전시켜 온 설계연구 방법은 교수–학습에 대한 사회구성주의적 분석과 네델란드에서 수행해 온 '실제적 수학 교육(Realistic Mathematics Education: REM)'에 기초를 두고 있다.

설계연구의 기본 철학은 먼저 당신이 원하는 혁신적인 교육 형태를 이해하라는 것이다. "당신이 무언가 변화를 원한다면 먼저 그것을 이해해야 하며, 무엇인가 이해하기를 원한다면 그것을 변화시켜야 한다."라는 속담은 저자가 소개한 설계연구의 두 접근 방법 간의 관계를 잘 반영한다. 사회구성주의적 접근 방법은 이해에 대한 갈망에 기초하며, REM 접근 방법은 교육 변화에 대한 요구에서 비롯되었다.

먼저 이해의 요구라는 측면에서 설계연구의 개념은 오랫동안 논의되어 왔다. 다양한 형태의 전문적인 교수설계는 설계연구의 비공식적인 전형으로 간주될 수 있다. 교수설계의 혁신성에도 불구하고, 그 토대가 되는 과학적 기반이 취약하다는 인식은 설계와 연구가 통합된 교수설계의 개념을 촉발시켰다. 이러한 생각은 '충실하게 진행된 교수설계가 교수설계자에게 가치 있고 유용한 지식을 발전시킬 수 있는 학습 과정을 제공한다.'는 경험에 의해 강화되었다[이는 설계 실험(Design Experiments)의 개념과 유사하다].

Brown(1992)의 설계 실험(Design Experiments)과 관련된 논문은 수학교육에서의 설계연구를 설명한 대표적인 저술이다. 네덜란드에서는 Freudenthal 등(1976)의 '개발연구(Developmental Research)'에서 처음 소개되었으며, 이는 이후 Steefland(1990)와 Gravemeijer(1994, 1998)에 의해 구체화되었다. Freudenthal의 아이디어는 이후 Dutch Institute for the Development of Mathematics Education(차후 Freudenthal Institute)에 의해 실행되었다. 이러한 작업은 REM의 영역적 · 특수적 교수 이론(Domain-specific Instructional Theory)의 개발을 위한 양질의 토대를 제공해 왔다(Treffers, 1987). 이러한 영역적 · 특수적 교수 이론은 또한 다양한 영역에 일반화가 가능하도록 재구성될 수 있다(Gravemeijer, 1994).

"무언가 이해하기를 원한다면 먼저 그것을 변화시켜야 한다."라는 속담의 두 번째 부분은 설계연구의 또 다른 전형인 구성주의에서의 교수 실험 방법(teaching experiment methodology)과 연결된다(Cobb & Steffe, 1983; Steffe, 1983). 이 방법론 중 일대일 교수 실험(One-to-one teaching experiments)은 교육 변화보다는 학생의 학습을 이해하는 데 더 주안점을 두었다. 이러한 일대일 교수 실험은 이후에 교실 교수 실험(Classroom teaching experiments)으로 확장되었다. 교실 교수 실험은 기존의 사회구성주의적 측면에서의 전통적 교수법 분석이 단지 교사에 대한 부정적 조언(이것도 하지 말고 저것도 하지 말라)만을 양산한다는 문제인식이 확산되면서 요구되었다. 좀 더 생산적인 교실환경을 창출하기 위해서는 연구자가 교실 교수법에 대한 책임을 지고 좀 더 오랜 시간 동안 참여할 필요가 있었다. 그렇게 함으로써 일대일 교수 실험 방법을 교실 교수 실험에 확대 적용하게 되었다.

설계연구는 이해에 초점을 둔다. Bruner(1994)는 설명과 이해를 목표로 하는 연구를 구분하였다. 이러한 구분은 설계연구의 목적이 실험 또는 준실험연구와 확연히 다름을 설명하는 데 유용하다. 목적이 달라지면 다른 연구 방법과 다른 연구의 진술 방식을 필요로 한다. 이와 관련된 한 예로, CTM Research Advisory Committee(1996)는 연구의 정당화 규준이 변화하였음을 지적하였다. 즉, 연구의 목적이 '처치가 처치보다 우월함'을 증명하는 연구에서, 특정한 교수 처방이 어떻게 작동하는지를 경험적으로 이해하기 위한 기반 이론을 제공하는 것으로 바뀌었음을 주장하였다.

주목하건대 설계연구의 목적은 이론의 생산이다. 설계 실험의 목적은 학습 과정 및 학습지원수단에 관한 이론을 개발하는 데 있다. 이러한 목적은 개별 교수-학습 이론을 개발하거나, 좀 더 포괄적인 문제에 관한 이론적 틀을 개발하는 방식으로 추구된다. 우리는 이 두 가지 방법을 통합하고자 한다.

다음에서는 실험 설계를 수행하는 세 가지 단계(① 실험 준비, ② 설계 실험, ③ 회고적 분석)에 관한 논의를 통해 실험연구에 대해 정의하고자 한다. 이와 함께 다양한 연구 방법론을 논의할 것이다. 우리의 논의를 구체화하고 다양한 단계를 논의하기 위해 통계를 적용한 한 실험을 예로 사용할 것이다. 비록 통계를 수학의 일부로 보지 않는 견해가 있음에도 우리는 통계 교육의 예시가 우리가 추구하는 수학 교육에 적용 가능하다고 생각한다.

1단계-실험 준비

설계라는 관점에서 설계연구 실험(Design research experiment)의 사전 단계는 실험 중 정교화될 수 있는 국소 교수 이론을 형성하는 것이다. 즉, 해당 연구의 이론적 의도를 명료화하는 것이 핵심이다. 이를 위해 우리는 교수-학습의 결과(Instructional endpoints)인 학습 목표(Learning goals)와 교수-학습의 시작점(Instructional starting points)을 설정하는 방법을 구체화하는 것으로 논의를 시작하고자 한다. 그리고 해당 연구팀이 개발해야 할 국소 교수-학습 이론을 소개할 것이다. 이 이론은 임시적인 교수-학습 활동과 이것이 교실에 적용될 경우 학생의 사고와 이해가 어떻게 진화할 것인가를 설명하는 추정된 학습 과정을 포괄한다. 우리는 이 예시적 실험의 의도를 상술함으로써 이 장을 마무리할 것이다.

종착점

교실 설계 실험 준비는 통상 수학 목적을 명료화하는 것으로 시작한다. 학습 목적의 명료화는 해당 학습영역의 현 교육 목적을 그대로 수용할 수 없을 경우 요구된다. 이러한 목적은 주로 역사, 전통, 평가를 통해 결정된다. 설계연구자는 주어진 목적을 단지 기정사실로 받아들이지 않는다. 대신 학제적 관점에서 해당 주제를 문제시하고 스스로 자문해 보아야 한다. 이 영역의 핵심 아이디어는 무엇인가?

조기통계(Early statistics) 교육과 관련된 연구에서 우리가 수행한 문제제기 활동을 예로 들면 다음과 같다.

> 미국 중학교의 전통적인 통계 교육은 내용적으로 다소 빈약하다. 일반

적으로 평균, 중앙값, 최빈값 등의 개별적인 주제와 표준화된 그래프 등으로 구성된다. 그러나 무엇이 핵심이 되어야 하는가에 대해 문헌연구가 부족하며 여전히 합의에 이르지 못하고 있다. 통계 작업이 수반하는 것에 대한 분석을 통해 우리는 분산(Distribution)이 핵심적인 역할을 한다고 결론지었다. 그에 따라 분산이 초등학교에서 대학교에 이르는 모든 학제에서의 핵심 개념으로 기능한다고 결론을 내리게 되었다. 이러한 관점에서 중앙, 첨도, 분포, 상대 빈도와 같은 개념은 개별 개념이라기보다는 자료의 분산을 설명하기 위한 방법이다. 그 외 다양한 통계적 표상은 자료를 구조화하고 조직화하여 내포된 유형과 동향을 파악하는 데 그 목적이 있다.

이러한 정교화의 예는 설계연구의 목적이 현재의 제도화된 학교 교육과정을 기정사실로 받아들이거나 이미 정해진 목적을 달성하기 위한 더 나은 방법을 찾는 데 있지 않음을 강조하기 위함이다. 대신, 연구팀은 학문적 관점에서 기존 목적을 세밀히 조사하고 무엇이 가장 적합하고 유용한 목적인지를 정의해야 한다. 결론적으로 설계연구는 개입적인 특성이 있다. 예를 들어, 우리의 의제 중 하나는 어떤 통계 교육이 미국의 중등교육과정에서 다루어져야 하는지에 대해 영향을 미치는 데 있다.

시작점

적합한 교수–학습 이론을 개발하기 위해서는 교수–학습의 시작점(Instructional starting points)을 고려해야 한다. 이러한 과정의 초점은 조기 교육의 결과를 이해하기 위한 것이지, 12~14세 학생의 전형적인 사고 능력을 단순히 문서화하기 위한 것은 아니다. 여기서 기존 연구문헌이 유용하게 사용될 수 있다. 심리학연구는 통상 이전 교수–학습의 효과를 기록하고 있다. 문헌연구를 보완하기 위해 연구자는 설계연구를 시작하기 전에 먼저 평가(Assessment)를 수행해야 한다. 몇몇 경우에는 기존의 문항 또는 검사 도구를 사용할 수 있을 것이다. 지필검사와 함께 인터뷰, 전체 학습 수행평가(Whole class performance assessment)와 같은 다른 형태의 평가 방법을 도입할 수도 있다. 우리의 경우 전체 학급 수행평가가 교수-학습 출발점을 문서화하는 데 도움이 된다는 것을 발견했다. 통계학 설계 실험의 사례로 이를 예증해 보고자 한다.

> 우리는 설계 실험을 위한 자료분석 준비 과정에서 두 학급에 과제를 부여했다. 학급 토론에서 교사의 역할은 학생의 학습을 지원하기보다 학생의 이해와 사고를 살피고 학생이 특정한 접근 방식을 사용한 이유를 알아내는 것이었다. 이러한 수행평가를 통해 학생의 이전 교육의 결과를 구체적으로 확인할 수 있었다. 자료 분석은 교사가 수(number)를 갖고 해야 할 것을 명확히 하였다. Moore(1997)에 따르면, 교사에게 자료는 숫자와 맥락 그 이상이고 통계학자는 자료와 맥락을 함께 다룬다. 학생에 관한 자료는 조사 중인 문제와 관련된 측정 값이 아니다. 따라서 설계 실험에서 우리의 초기 과제는 학생이 통계학의 의미를 새롭게 하도록 돕고, 실제로 자료를 분석하도록 이끄는 것이었다.

국소 교수-학습 이론

연구팀은 잠재적인 교수-학습의 종착점과 출발점을 염두에 두고 적합한 교수-학습 이론을 만들어 내야 한다. 국소 교수-학습 이론은 학습 과정에 대한 추정과 학습 과정을 지원하는 수단에 대한 추정으로 구성된다. 학습지원 수단은 '생산적인 교수-학습 활동' '컴퓨터 등의 학습지원 도구' '이상적인 교실 문화와 교사의 적극적인 역할' 등을 포괄한다. 연구팀은 계획한(그러나 수정 가능한) 교수-학습 활동이 교실에 적용되었을 때 학생의 사고와 이해가 어떻게 진화해 가는가를 추정하려 한다. 연구팀은 이런 방식으로 설계연구를 수행 중에 학생의 현 이해 수준에 기초한 사전 계획의 필요와 유연성의 필요를 조화시키려고 노력한다.

여러 영역에서 연구문헌은 단지 제한적인 정보만을 제공할 뿐이다. 통계학의 경우, 우리는 5개의 관련 논문을 찾기 위해 최선을 다해야 했다. 국소 교수-학습 이론의 이해와 관련된 논문은 교수-학습 환경, 과제, 학습을 지원 또는 활성화하는 도구의 기술과 함께 특정 학습영역에서의 학습 과정을 설명한다.

문헌이 제공하는 정보의 한계를 보충하기 위해 설계연구자는 교육과정 및 수학 교육 등과 같은 자료에 의존해야 한다. 사실 설계연구자는 교수-학습 과정을 이해하기 위해 다양한 자원에서 아이디어를 구할 수 있다. 하지만 채택(adopting)이 종종 적응(adapting)을 의미한다는 점에 주목할 필요가 있다. 즉, 설계연구자의 연구 방식은 프랑스어 브리꼴뢰르(bricoleur: 주변의 유용한 재료를 최대한 사용하는 숙련된 기술자)의 개념과 유사하다. 따라서 많은 재료가 상황에 맞추어져야 한다. 브리꼴뢰르는 전혀 다른 용도로 설계된 재료로 새로운 응용품을 만들어 내야 할 수도 있다. 설계연구자는 특정 학습 환경에 기초한 교수-학습 이론을 기초로 선택과 적응을 한다는 점에서 '이론에 근거한 브리콜라주(Theory-guided bricolage)'(Gravemeijer, 1994)라 볼 수 있다.

교실 문화와 교사의 적극적 역할

교수설계자는 일반적으로 학습지원 수단으로서 교수-학습 과제와 도구에 초점을 둔다. 그러나 우리는 또한 교실 문화와 교사의 적극적 역할이 고려되어야 함을 주장한다. 교수-학습 활동이 어떻게 교실 환경에서 작동할지에 대한 고려 없이 이를 설계할 수는 없다. 따라서 설계연구자는 교실 규범과 교실 담화의 성향을 고려해야 한다. 논증의 규범이 교실마다 큰 차이가 있으며 이것이 학생의 수학 학습의 성향과 질에 심대한 차이를 초래하는 것으로 알려져 있다(Cobb et al., 1989). 따라서 설계 시 교실 규범과 교실 담화가 반드시 반영되어야 한다.

교사의 과제 중 하나는 바람직한 교실 문화를 수립하는 것이다. 더욱이 적극적인 교사의 역할은 교수-학습 활동을 소개하는 것, 다시 말해서 통계학의 경우 자료 생성 과정에서의 의사소통 과정을 안내하는 것이 포함된다. 교사는 또한 토론 주제를 선정하고 이에 대한 전체 학급 토론을 조율해 나가야 한다.

이론적 의도

연구자는 예비적 교수설계의 정교화와 함께 설계 실험의 이론적 의도를 구체화해야 한다. 왜냐하면 설계 실험의 목적이 단순히 교실에서의 특정 상황을 기술하는 것이 아니기 때문이다. 분석은 다른 상황에서의 설계 및 교수에도 적용할 수 있도록 보다 일반적인 현상의 사례를 정의해야 한다. 설계 실험의 주요 목적 중 하나는 경험적 근거에 기초한 국소 교수-학습 이론을 수립하는 데 있다.

설계 실험의 또 다른 목적은 더 확장된 맥락에서, 교실 활동을 좀 더 포괄적인 주제를 내포하는 사례로 바라보는 것이다. 예를 들어, 교사의 적극적인 역할, 교사와 학생의 교실 규범에 대한 협상, 교사의 학습에 초점을 둔 분석을 수행할 수 있다. 또한 상징화, 모형화, 기호화 과정이 학생의 학습을 어떻게 지원하는지 등이 연구의 주제가 될 수 있다. 통계학 설계 실험은 실험 과정에서 학생이 문제 분석을 위한 자료 분석에 흥미를 느끼게 되었다는 점에서 학생의 수학적 흥미를 개발하는 사례가 되었다. 학생은 이를 참여 가치가 있는 활동으로 보았다. 이는 동기와 지속이라는 주제와 연관된다. 궁극적으로 이는 수학 학습을 지속할 것인지에 대한 학생의 의사 결정에 영향을 줄 수 있다. 세부 학습영역에 대한 학생의 흥미를 이끌어 내는 것은 수학 리터러시의 중요한 영역이다.

이러한 포괄적인 주제와 더불어 우리는 설계 실험 과정에서 또 다른 유형(세 번째)의 이론에 이르게 된다. 일련의 설계 실험 과정은 설계 대안을 생성, 선택, 평가하는 데 유용한 새로운 과학적 범주를 수반할 수 있는 이론 내지 이론적 틀을 개발하는 데 기여할 수 있다. 현상을 기술하기 위한 개념적 틀을 개발하는 것은 과학의 주요 영역이다. 그러나 새로운 범주는 기존에 있던 것이 아니며 단순히 특정 개념을 기술하여 얻어질 수 없다. 따라서 새로운 범주는 이론적 틀에 기반하여 창조되어야 한다. 과학용어를 정의하는 것은 새로운 범주를 찾아 타당화하는 것과 유사하다. 이를 가리켜 존재론적 혁신(Ontological innovation)이라는 개념을 적용해 볼 수 있을 것이다(diSessa & Cobb, 2004). 존재론적 혁신의 사례로는 차후 논의하게 될 교실 담화와 의사소통에 관한 틀(Cobb & Yackel, 1996), 메타표상 역량(Meta-representational competence)의 발견(diSessa, 1992, 2002), 개량적 추론 이론(the theory of quantitative reasoning)(Thompson & Thompson, 1994, 1996), 즉현적 모델링(emerging modeling)에 관한 설계 휴리스틱(design heuristics)(Gravemeijer, 1999), RME 이론(Treffers, 1987; Gravemeijer, 1994) 등을 들 수 있다. 새로운 프레임워크와 범주는 종종 설계 실험 중 새로운 현상에 대한 해석 과정에서 얻어진다. 그러나 초기 개념화는 일반적으로 정교화와 개선을 필요로 한다. 따라서 존재론적 혁신은 일련의 설계 실험 과정을 통해 관련 이론적 틀을 다양한 맥락에 맞게 수정 및 보완함으로써 이루어진다.

존재론적 혁신은 크게 두 가지 역할을 수행한다. 먼저 실제 교수-학습 상황에서 벌어지는 복잡한 현상을 이해할 수 있도록 돕는다. 아울러 교수 설계를 위한 가이드를 제공한다. 사회적 규범(social norms) 또는 이후 논의할 사회수학적 규범(sociomathematical norms)이라는 개념이 이에 관한 사례가 될 수 있다. 이러한 개념은 교실 담화와 의사소통을 분석하기 위한 해석의 틀을 제공해 준다. 동시에 설계 실험의 성공을 위해 추구해야 할 규범이 무엇인지를 제시한다. REM 이론 역시 이중 역할의 예가 될 수 있다. 이 이론은 설계를 위한 지침이 될 뿐 아니라 학생의 학습 과정을 설명하는 근거가 된다. 예를 들어, 학생이 고안해 내는 다양한 해결 절차에 주목할 필요가 있다. 이는 학생의 해결 절차가 어느 정도 독창적인지를 보여 준다. 더욱이 재창조의 원리에 따르면, 추정된 재창작 경로에 대응하는 해결 절차의 다양성을 기대할 수 있게 한다.

2단계-설계 실험

두 번째 단계는 실제로 설계 실험을 수행하는 것이다. 설계 실험은 종착점과 출발점이 정의되고 국소 교수-학습 이론이 준비되면 시작할 수 있다. 연구 그룹은 실험 기간 동안 학생 집단의 학습 과정에 대한 책임을 지게 될 것이다. 우리는 교실에서 실험을 수행하는 목적을 분명히 할 필요가 있다.

실험이라는 용어가 어느 정도 실험 또는 준실험 연구와의 관련성을 연상시킬 수도 있으나, 설계 실험의 목적은 초기 설계 또는 국소 교수-학습 이론이 효과가 있는지를 입증하는 것이 아니다. 물론 연구자는 필수적으로 평가 작업을 수행하지만 그렇다고 전반적인 목적이 설계나 이론이 작동하는지를 평가하는 것에 있는 것은 아니다. 대신 설계 실험의 목적은 예비 단계에서 개발된 국소 교수-학습 이론을 검증하고 개선하는 것과 해당 이론이 어떻게 작동하는지를 이해하는 데 있다.

우리는 검증, 개선, 이해 과정의 핵심 요소인 설계와 분석의 통합주기가 반복적으로 연결되는 설계 실험에 관해 논의할 것이다. 그리고 생성된 데이터에 대해 간략하게 살펴볼 것이다. 다음으로 교실 담화 및 의사소통, 그리고 학생의 수학적 추론과 학습을 해석하는 데 사용되는 해석의 틀이 설명되어야 함을 제기할 것이다.

설계와 분석의 미시주기

설계연구의 핵심은 교수–학습 활동과 기타 설계 요소를 (재)설계하고 검증하는 순환적인 과정에 있다. 각 수업 주기에서 연구팀은 제안된 교수–학습 활동이 교실 상호작용 과정에 어떻게 나타날지와 학생이 참여를 통해 무엇을 배울 수 있을지를 추정하는 기대 사고 실험(anticipatory thought experiment)을 수행한다. 교실에서 해당 교수–학습 활동을 실행하는 동안 연구진은 실질적인 학생의 참여 및 학습 과정을 분석한다. 이러한 분석에 기초하여 연구진은 교수–학습 활동, 특정 규범의 수립, 다양한 설계 요소의 수정에 내재된 가정의 타당성을 확인한다. 설계 실험은 사고 실험과 교수–학습 실험의 순환 과정으로 구성된다(Freudenthal, 1991; [그림 3–1]).

이러한 설계와 분석의 미시주기는 Simon(1995)의 수학 교수 주기(mathematical teaching cycle) 개념과 연관지을 수 있다. 이에 따르면, 수학 교사는 먼저 학생이 준비한 교수–학습 활동에 참여할 때 학생의 정신 활동이 어떠할지를 추정한다. 그리고 교사는 추정된 정신 활동과 학생의 실제

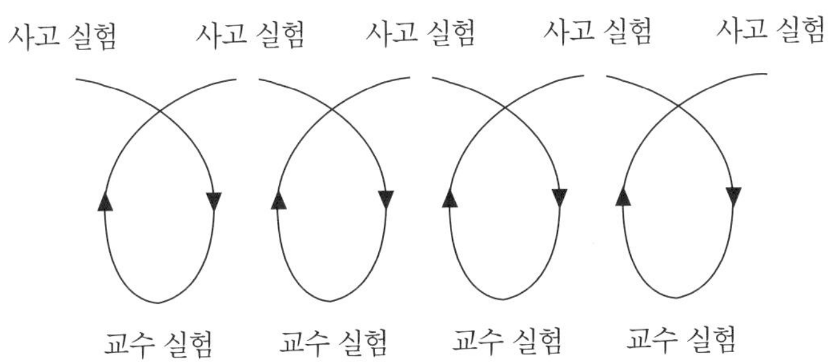

[그림 3–1] 연속적인 순환 과정으로서의 개발연구

사고 과정의 일치도를 파악함으로써 잠재적 혹은 수정된 후속 활동을 재고한다. 교사의 사고를 설명하기 위해 Simon은 '가설적 학습 곡선(hypothetical learning trajectory)'이라는 용어를 사용했다. 가령 수학적 교수 주기는 '학습 목적' '학습활동' '학생의 사고와 학습'을 고려하여 가설적 학습곡선의 추정, 실행, 수정으로 기술할 수 있다.

설계와 분석의 미시적 순환은 가설 검정의 경험적 주기 개념과 비교할 수 있다. 근본적인 차이점은 전자의 경우 단순히 관찰 가능한 학습자의 행동이 아니라 학습자의 정신 활동에 대한 추론과 관련된다는 것이다. 즉, 연구의 목적이 단지 특정한 활동에의 참여를 통해 나타나는 기대 행동을 확인하는 것이 아니라 학생의 참여와 추정된 정신 활동 간의 관계를 이해하는 것이기 때문이다. 통계학의 예를 통해 이를 살펴보자.

> 앞서 우리는 초기 목적 중의 하나가 학생이 단순히 맥락 없이 숫자를 익히는 것이 아니라 실제로 자료를 분석하도록 하는 데 있다고 설명했다. 이러한 배경하에 소위 '자료 창출 과정에 대해 말하기'라는 과정을 제도화했다. 우리의 초점이 자료 분석에 있기 때문에 학생의 자료 수집 활동은 의도적으로 포함시키지 않았다. 그러나 우리는 자료가 학생에게 의미 없는 것이 되기를 원치 않았다. Tzou(2000)와 마찬가지로 우리는 자료는 기존에 존재하기보다는 만들어지는 것이라고 본다. 자료는 측정의 결과이며 종종 특정 질문에 대한 답을 찾기 위한 것으로 간주된다. 우리는 자료가 단지 숫자가 아니라 측정치라면 학생이 질문에 답하기 위해 자료를 생성하는 과정을 경험하는 것이 중요하다고 생각했다. 우리는 사례를 통해 이를 보여 줄 것이다.
>
> 우리는 초기 활동 중의 하나로 학생이 두 종류의 배터리 수명에 대한 자료를 비교하기를 원했다. 그러나 학생이 그 작업의 필요성을 인식하는

것이 중요했다. 따라서 교사는 학생에게 그들이 건전지를 사용했는지와 사용했다면 무슨 목적으로 사용했는지를 질문하면서 시작했다. 학생은 휴대용 CD 플레이어, 테이프 녹음기 등에 사용했다고 말했다. 그들에게 건전지의 품질은 중요한 문제로 간주되었다. 다음으로 교사는 학생이 건전지를 구입할 때 무엇에 주안점을 두는지를 물었다. 학생은 건전지의 수명과 가격이라고 말했다. 따라서 교사와 학생은 건전지 수명을 관련 변수로 정의했다. 이어서 2개의 다른 건전지 중 어떤 것이 더 오래가는지를 알아내는 방법에 대해 논의했다. 학생은 건전지를 동일한 가전 제품에 넣는 방법 등과 같은 다양한 방법을 제안했다. 자료 생성 과정에 대한 논의와 배치되는 유일한 것은 분석 자료가 학생에게 제공되었다는 것이었다. 우리는 학생이 참여 과정에서 주어진 자료의 배경을 이해하게 될 것으로 기대했다. [그림 3-2]는 두 종류의 배터리 수명에 대한 자료를 규모값 막대(magnitude-value bar)로 나타내고 있다.

각 막대는 개별 건전지의 수명을 표시한다. 이 컴퓨터 툴(미니툴)은 학

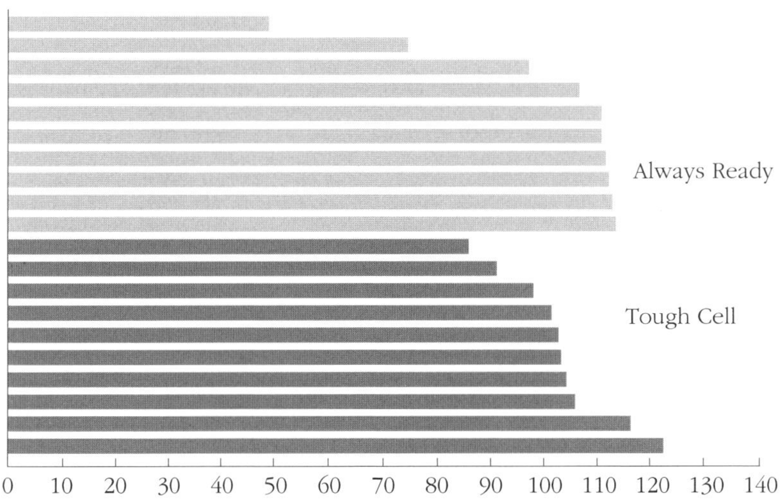

[그림 3-2] 미니툴 1에서의 두 자료

> 생이 크기와 색깔별로 막대를 배열할 수 있는 다양한 선택 기능을 제공한다. 이러한 형태의 시각 자료를 소개하면서 우리는 해당 표현 방식과 어울리는 시간과 같은 선형적인 상황을 의도적으로 선택했다. 우리는 눈금선에 익숙한 학생이 이러한 표현 형식을 쉽게 이해할 것으로 판단했다. 게다가 학생은 자료 비교 시 막대의 끝 부분에 주목할 것이고, 'Always Ready' 건전지의 대체적으로 높은 수치의 수명과 더불어 몇몇 낮은 수치의 수명 결과가 생산적인 토론의 기회를 제공할 것이라고 추측했다.

이 사례에서 우리는 다양한 추측 활동에 중심을 두었다. 예를 들어, 자료 값 분포가 현저히 차이 나는 두 자료를 비교하는 과제에 학생을 참여시킴으로써 자료 값의 분포를 이해하기 위한 토론으로 학생을 이끌어 갈 수 있다고 보았다. 또한 우리는 실제 추정(actual conjectures)은 교실 학습 활동 및 규범의 조직화뿐 아니라 교수-학습 활동 및 도구에 관한 다양한 선택을 포함한다는 의미에서 훨씬 더 복잡할 수 있다는 점을 분명히 하였다. 우리는 학생의 추론 과정에서 발생하는 인식의 전환을 상세히 설명할 필요가 있다고 본다.

인과 관계를 파악하기 위한 상호 보완적인 방법인 관찰된 규칙성(observed regularity)과 관련된 인과 관계의 '규칙성 개념(regularity concept)'과 인과 설명(causal explanation)에 대한 '과정 중심 개념(process-oriented concept)'이 도움이 될 수 있다. Maxwell(2004)에 따르면, 과정 중심 개념은 인과 관계를 특정 상황과 관련된 인과 기제 및 과정(causal mechanism and process)과 관련된 것으로 정의한다. 아울러 인과 관계의 '인과 설명'은 인과 관계가 발생하는 기제 및 조건과 관련된다(Shadish et al., 2002). 인과 관계의 규칙성 개념과 다르게 인과 설명은 원칙적으로 단일 사례를 통해서도 파악할 수 있다(Maxwell, 2004: 6). 인과 기제는 설계연구자가 개발하고자 하는 인과 설명의 하나다. 사고 실험과 교수-학습 실험의 미시주기는 인과 설명의 과정 중심 개념과 일치한다. 반면에 경험적 주기는 인과 관계의 규칙성 개념과 일치한다. 설계연구에서 한 학생의 사고 과정을 이해하는 것만으로는 충분치 않으며, 가치가 있기 위해서는 상당한 수의 학생이 동등한 방식으로 추론하는 것을 확인해야 한다. 또한 학생 사고 과정에서의 폭넓은 규칙성은 생산적인 학급 토론을 위해 필수적이다.

설계 실험에서 사고 실험과 교수-학습 실험 간의 미시주기는 국소 교수-학습 이론의 개발을 돕는다. 사고 실험, 교수-학습 실험, 교수-학습 이론은 성찰적 관계에 놓여 있다. 추정된 국소 교수-학습 이론은 사고 및 교수-학습 실험을 안내하고 동시에 설계와 분석의 미시주기는 국소 교수-학습 이론을 형성한다([그림 3-3]).

미시주기를 통해 연구팀은 새로운 사고 실험, 교수-학습 활동의 설계 혹은 개선, 종종 학습 목표의 변경에 영향을 주는 개별 학생의 활동과 학급 내 사회 과정을 지속적으로 분석해야 한다. 분석과정에서 연구자가 설계 실험이 진행되는 동안 해당 교실을 참관하는 것이 중요하다. 아울러 공통의 이해와 해석을 공유하기 위해 해당 수업 관찰 후, 협력 교사와 간단한 평가의 시간을 보내는 것이 중요하다.

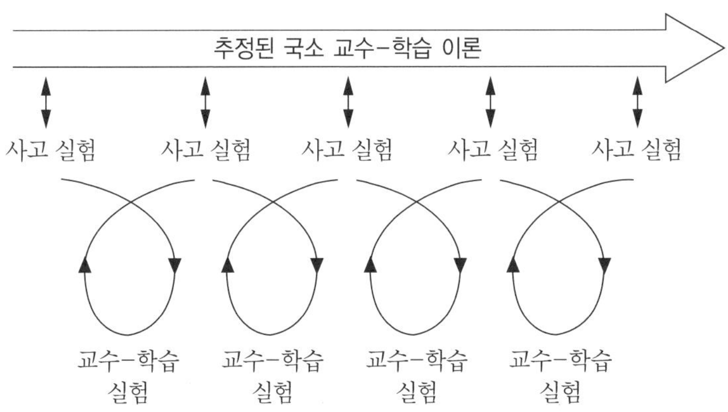

[그림 3-3] 이론과 실험 간의 성찰적 관계

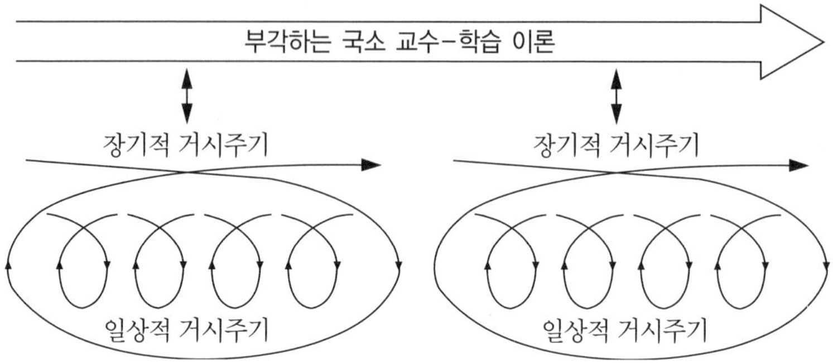

[그림 3-4] 미시 및 거시 설계 주기

또한 장기적인 정기 모임을 하는 것이 중요하다. 모임의 초점은 전반적으로 국소 교수-학습 이론을 논의하는 데 있다. 국소 교수-학습 이론은 장기적으로 작용할 정신 활동을 육성하도록 설계된 학습 과정과 교수-학습 활동 모두를 아우른다. 따라서 우리는 개별 수업 세션과 전체 교수-학습 절차라는 두 수준에서 추정과 수정의 과정을 관찰할 수 있을 것이다. 거시주기는 '전체 학습 과정에 대한 적응'과 '설계 실험에 관한 회고적 성찰'과 관련된 것으로 후속 실험에 영향을 주게 된다([그림 3-4]). 거시주기의 순환과정을 통해 보다 적합한 국소 교수-학습 이론을 도출하게 된다.

자료 생성

실험 과정에 필요한 자료는 설계 실험의 의도에 따라 결정된다. 자료는 설계 실험 초반에 이론적 접근에 기초하여 설정된 문제에 대한 해답을 찾는 데 사용되어야 한다. 예를 들어, 설계연구가 국소 교수-학습 이론의 개발에 초점을 둔 경우, 교실 수업을 녹화하고 학생에 대한 사전 · 사후 인터뷰를 실시하며 학생의 작업을 복사하고 필드노트를 정리하는 등의 자료 수집 활동이 필요하다. 이와 더불어 다른 연구자에 의해 검증된, 적합한 평가

문항을 사용할 수 있을 것이다.

우리는 또한 정기적인 연구진 모임을 녹음하는 것이 중요함을 깨달았다. 왜냐하면 미팅은 연구팀의 학습 과정을 드러내는 좋은 기회이기 때문이다. 따라서 자료 생성은 지속적인 해석, 추정, 의사 결정의 기록을 유지하는 것을 포함한다.

설계 실험의 특정 관심사는 추가적인 자료를 필요로 할 수 있다. 학생의 수학에 대한 관심을 촉진시키기 위한 사례로서 통계학 실험에 대해 다시 살펴보자(Cobb & Hodge, 2003). 우리는 학생이 자신의 의무에 대해 어떻게 느끼는지와 해당 의무를 어떻게 평가하는지에 대해 관심이 있었다. 그 결과 연구팀은 실험 중에 이러한 이슈에 중점을 둔 학생 면담을 실시하였다. 학생 면담은 2~3명의 학생과 동시에 실시하는 것이 효과적인 것으로 판단되었다. 이러한 연구 관심사는 결국 다른 형태의 자료 수집 방식을 필요로 하였다.

해석의 틀

연속적인 실험 과정에서의 핵심 요소는 학생의 추론 및 학습, 그리고 학습을 지원하고 조직하는 수단에 대한 해석에 있다. 교실에서 벌어지는 일을 어떻게 해석할지를 분명히 하는 것은 대단히 중요하다.

(준)실험연구에서 경험적 사실과 과학적 해석 간의 관계는 변수를 조작화함으로써 이루어진다. 마찬가지로 설계연구자는 교실에서 관찰된 것을 과학적으로 어떻게 해석할 것인가를 상술해야 한다. 또한 설계연구 중 자료에 대한 회고적 분석과 동시에 교실 활동의 복잡성을 이해하기 위한 해석의 틀(interpretative framework)을 필연적으로 도입해야 한다. 체계적인 조사를 위해서는 연구자가 해석 틀의 기본 구성을 상술하는 것이 필요하다. 해석 틀의 핵심 요소는 ① 진화하는 교실 학습 환경을 해석하기 위한

틀과 ② 학생의 수학적 추론과 학습을 해석하는 틀을 포함한다. 우리는 교실 담화와 의사소통의 해석에 사용되는 틀에 대해 논의할 것이다. 이어서 학생의 학습을 해석하기 위해 사용되는 개념 틀로서의 실제적 수학 교육을 위한 교수-학습 이론을 다룰 것이다. 이 과정에서 우리는 사회구성주의가 배경 이론으로 기능하고 있음을 밝혀 둔다.

즉현적 관점

교실 담화와 의사소통의 해석을 위해 우리가 사용하고 있는 틀은 '즉현적 관점(emergent perspective)'이다(Cobb & Yackel, 1996; Yackel & Cobb, 1996; 〈표 3-1〉). 우리는 존재론적 혁신의 사례로서 이미 해당 틀의 속성을 설명하였다.

해당 틀은 사회적 맥락으로서의 교실에서 발생하는 수학 학습을 이해하기 위한 시도로 간주될 수 있다. 해당 틀과 관련하여 '사회적 · 심리학적 관점(Social perspective and psychological perspective)'이라는 타이틀의 기고문은 교실 커뮤니티와 개별 학생의 추론에 초점을 맞추고 있다. 다음 절에서 우리는 먼저 사회적 규범(social norms)을 논의하고 사회수학적 규범(socialmathematical norms)과 교실 수학 실습(classroom mathematical practices)을 차례로 이야기할 것이다.

사회적 규범은 교사와 학생 간의 상호 교섭 과정을 통해 확립되는 행위

● 표 3-1 ● 교실 내 개인 및 집단 행동 분석을 위한 해석 틀

사회적 관점	심리학적 관점
교실 사회 규범	자신의 역할, 타인의 역할, 수학적 활동의 본질에 대한 신념
사회수학적 규범	특히 수학적 신념과 가치
교실 수학 실습	수학적 개념과 활동

와 설명에 대한 기대 방식을 가리킨다. 사회적 규범은 전통적인 수학 교육을 추구하는 교실과 새로운 수학 교육을 추구하는 교실 간에 큰 차이를 벌려 놓을 것이다. 왜냐하면 전통적인 교실에서 교사의 역할은 설명하고 평가하는 것인 반면, 사회적 규범은 교사의 생각을 파악하고 이에 따라 반응하는 학생의 의무를 포함하기 때문이다. 개혁적 수학 교실에서의 학급 토론과 관련된 규범의 예로 학생은 해결안을 설명하고 정당화하는 것, 타인의 설명을 이해하는 것, 찬성과 반대를 표명하는 것, 새로운 대안을 모색하는 것 등의 의무를 진다.

사회적 규범과 관련된 심리학적 속성은 자신 및 타인의 역할에 대한 교사와 학생의 신념과 관련된다. 사회적 규범과 개인의 신념 간의 유연성은 교실 커뮤니티의 협상 과정을 분석하면 좀 더 쉽게 이해할 수 있다. 행위 방식에 대한 한 개인의 신념은 사회적 규범의 협상 과정에 영향을 미친다. 아울러 협상에 참여하는 동안 해당 개인의 신념은 작동할 수도 제한 받을 수도 있다.

사회수학적 규범은 수학에 특화된 교실 토론에 적용되며 이를 설명한다는 점에서 사회적 규범과 차별화된다. 사회수학적 규범은 상이한 수학적 해법, 정교화된 수학적 해법, 효율적인 수학적 해법, 수용 가능한 수학적 설명과 정당화 등을 구분하는 기준이 될 수 있다. 무엇이 수용 가능하거나, 상이하거나, 정교하거나, 혹은 효율적인 해결안을 고안해 내는가에 대한 한 학생의 신념은 사회수학적 규범의 심리학적 측면과 관련된다. 학생은 어떤 해법이 효율적인지 혹은 상이한지에 대한 판단 방식을 개발한다. 이러한 신념은 교실의 미시문화(microculture)가 지속적으로 구조화되어 감에 따라 동시에 조정의 과정을 거치게 된다. 다시 말해서 교사는 단순히 받아들일 수 있는 해결안을 단지 제시할 수도 없고, 학생이 이해하거나 수행할 수 있는 가이드라인을 기대할 수도 없다. 대신 사회수학적 규범은 교사와 학생의 지속적인 토론을 통해 협의되고 재정의된다.

사회수학적 규범은 교사가 학생의 지적인 자율성을 육성하는 과정을 잘 설명한다는 점에서 설계 실험 시행 시 실용적인 의미가 있다. 학생이 교사와 같이 타당성을 결정하도록 하기 위해서는 교사의 가르침에 공헌할 수 있는 학생의 독립적인 판단을 돕는 사회수학적 규범이 자리 잡아야 한다.

이론적 틀의 나머지 사회적 측면은 교실에서 수립된 수학적 관행과 관련된다(Cobb et al., 2001). 수학적 관행은 수학적으로 행동하며, 의사소통하며, 상징화하는 규범적인 방식을 통해 묘사될 수 있다. 수학에 특화된 사회수학적 규범과 대조적으로, 수학적 관행은 특정 수학 개념에 특화된다. 덧붙여 수학적 관행은 필연적으로 실험 과정 중에 진화하는 반면, 사회수학적 규범은 다소 불변하는 경향이 있다. 특정 수학적 관행이 확립되었다는 것은 그것에 대한 설명이 정당화 수준을 넘어섰을 때 드러난다. 개별 학생의 수학적 해석과 행동은 교실 내 수학적 관행의 심리학적 연관성을 구성한다. 학생의 수학적 발달이 학생이 수학적 관행의 수립에 참여할 때 발생한다는 의미에서, 학생의 해석과 수학적 관행은 관련된다. 반대로 수학적 관행의 진화는 개별 활동에 관한 학생의 재조직화를 전제로 한다.

우리는 설계 실험 맥락에서 교실 관행의 진화를 분석하면 전체 교실 공동체의 실제 학습 과정을 기술할 수 있다는 점을 결론적으로 말하고자 한다. 이것은 모든 학생이 동일한 방식으로 학습한다든가 또는 개별 학생의 학습 과정을 기술하기보다는 교실의 학습 과정을 기술하는 대안적인 방법이 될 것이다.

REM 이론

설계 실험의 이론적 의도를 논의할 때, 우리는 해석 틀과 같은 존재론적 혁신의 두 가지 역할에 대해 지적했다. 하나는 실제 교수-학습 상황에서 무슨 일이 벌어지는지를 설명하는 렌즈로서의 기능이며, 다른 하나는 교수설계의 지침으로서의 기능이다. 즉현적 틀이 초기에는 교실 담화와 의

사소통의 해석을 위해 개발되었을지라도 이는 의도한 학습생태에 적합한 교실 문화를 위한 지침을 제공하기도 한다. 또한 REM 이론은 설계 지침을 제공할 뿐 아니라 수학 학습에 관한 학생 활동을 해석하기 위한 틀을 제공한다. 다음에서 우리는 REM 이론의 다양한 역할에 대해 자세히 다룰 것이다. 이론의 원론에 충실하면서도 먼저 교수설계 관점에 초점을 두고 설명할 것이다.

REM의 일부분은 수학 교육을 기성품처럼 간주하는 교수설계 접근에 대한 저항으로부터 생겨났다. Freudenthal(1971, 1973)은 다음과 같이 주장하였다. 수학은 무엇보다도 학생 중심의 활동이어야 한다. 유도된 재발명(guided reinvention)의 과정은 학생이 지식체로서 수학의 이해를 쌓아 가도록 돕는 수학적 활동을 보장해야 하며, 교수–학습의 출발점은 학생에게 경험적이고 실제적이어야 한다. 즉, 학생이 개인적으로 유의미한 방식으로 추론하고 적용할 수 있는 문제 상황이 제공되어야 한다. 유도된 재발명의 목적은 학생의 수학적 경험이 실제적 의미가 되도록 하며, 수학학습이 이상적으로는 개인의 수학적 현실을 확장하는 경험이 되도록 하는 데 있다.

우리는 이 점을 Freudenthal이 실제(reality)라고 생각한 것을 통해 좀 더 정교화할 수 있다. 그는 "나는 실제라는 단어를 특정 단계에서 상상을 현실로 경험할 수 있도록 적용하는 것으로 정의하고 싶다."(Freudenthal, 1991: 17)라고 말했다. 그는 실제라는 단어가 해석과 감각적 경험의 혼합으로 이해되어야 한다고 주장한다. 이는 수학도 어떤 한 개인의 실제적인 한 영역이 될 수 있음을 의미한다. '실제'와 '하나의 상식으로 받아들이는 것'은 고정된 것이 아니라 성장하며 개인의 학습 과정에 의해 영향을 받는다. 따라서 실제적 수학 교육의 목적은 학생이 새로운 수학적 실제를 창조하도록 돕는 것이 된다. 유도된 재발명(guided reinvention) 또는 혁신적 수학화(progressive mathematization)는 이를 나타내는 개념이다. 혁신적 수학화는 수직적·수평적 형태의 수학화를 혼합한 개념이다. 이는 각각 학생의 실제에서 주제를 수학화하는 것과 학생 자신의 수학적 활동을 수학화하는 것을 나타낸다(Treffers, 1987). 후자의 경우 새로운 수학적 실제의 구성에 필수적이다. 즉, "한 수준에서의 활동은 다음 분석에 영향을 미치며 한 수준에서의 조작적 과제가 다음 단계에서는 주제가 된다."(Freudenthal, 1971: 417) 이러한 '활동'에서 '주제'로의 전환은 Sfard(1991)가 수학의 역사에서 관찰한 절차에서 목적으로의 전환과 관련된다.

수학의 역사를 보면, 수학이 문제해결 과정 또는 주제(subject matter)의 조직화 과정에서 발생했음을 볼 수 있을 것이다. Freudenthal (1983)에 따르면, 개념, 도구, 절차와 같은 수학적 '사고의 산출물(thought-things)'은 특정한 현상을 조직화하기 위하여 개발된다. 교수설계자는 학생이 수학적 사고의 산출물을 만들어 낼 필요를 느낄 수 있는 환경을 찾기에 힘써야 한다. 이러한 환경을 찾기 위해 교수설계자는 수학적 사고의 산출물과 현상 간의 관계를 분석해야 한다. 이러한 분석은 교육적 관점에서 현상학적 분석이 무엇을 의미하는가와도 관련되는 교수학적 현상의 기초를 제공한다. 예를 들어, 수학적 대상의 분포를 만들기 위해서는 학생이 분포를 통한 현상의 조직화라는 목표를 의미 있게 받아들일 수 있는 상황과 만나야 한다.

Freudenthal의 위계 이론(level theory)은 교육모델에 대한 REM 관점을 형성하는 데 기여했다. REM은 기존 모델 대신에 상황적 활동의 모델로서 나타나 점진적으로 복잡한 수학적 추론의 모델로 성장할 수 있는 모델을 추구한다(Gravemeijer, 1999). 즉현적 모델링(emergent-modeling) 휴리스틱에 따르면, 모델과 새로운 수학적 실제는 함께 진화한다. 모델의 출현은 새로운 수학적 실제의 발달과 관련된다. 교사는 모델이 참조하는 맥락에서 학생의 관심을 수학적 관계로 전환시킴으로써 이러한 프로세스를 촉진할 수 있으며, 이런 절차로 학생은 수학적 관계의 네트워크를 개발할 수 있을 것이다. 해당 모델이 그 의미를 수학적 관계의 네트워크로부터 도출한다는 점에서 모델은 더 복잡한 수학적 추론을 위한 모델로 작용하기 시작할 수 있다. 동시에 한 네트워크의 관계는 새로운 수학적 실제를 구성하는 수학적 대상이 될 수 있다. 즉, 우리가 사용한 모델이라는 용어는 모델 상황(model situation) 또는 모델 절차(model procedure)를 고려한다는 점에서 문자 그대로의 의미로 간주되어서는 안 된다. 게다가 포괄적인 설계 관점에서의 모델은 교수–학습 활동 안에서 일련의 하위 모델로 구성된다.

REM영역 특성화 교수–학습 이론은 수학학습과 같은 학생의 활동을 해석하기 위한 틀을 제공한다(Gravemeijer, 1994). 이는 교사가 다양한 학습 과정에 초점을 두게 한다. 이때 교사는 학생이 자신만의 해결 과정을 만들어 가는지 아니면 단순히 교사 또는 다른 학생의 것을 따라하는지를 주의 깊게 살펴야 한다. 재발명 원칙의 기반하에 학생의 해결안에서 재발명의 경로를 알아낼 수도 있을 것이다. 게다가 학생은 새로우면서도 어려운 문제에 직면했을 때 자발적으로 과거의 학습 방식으로 되돌아갈 수도 있을 것이다. 학생이 재발명 경로에서 벗어난 비공식적 절차를 선택하는 경우, 해당 경로가 타당한 재발명 과정으로 경험되지 않았음을 나타낸다.

또한 기존 모델이, 학생이 보여 준 비공식적 해결 절차에 부합될 수 있는지를 조사할 수 있을 것이다. 모델은 학생의 수행 방식을 좌지우지한다기보다는 학생의 사고 과정에 걸맞은 하나의 자원이 되어야 한다(Gravemeijer, 1993). 이와 관련하여 REM은 몇 가지 중요한 질문을 제안한다.

- 학생이 자신의 영역 특성화된 지식(domain-specific knowledge)에 기초하고 있는가?
- 교수–학습 활동이 학생의 비공식적 해결 절차를 견인하는가?
- 학생이 개발한 해결안이 수직적 수학화로 이어질 수 있겠는가?
- 학생이 자신의 비공식적인 수학적 활동을 수학화하는가?

우리는 통계학 설계 실험에서 개발한 교수–학습 절차를 간단히 언급하면서 설계 실험의 두 번째 단계에 대한 설명을 마치고자 한다.

우리는 먼저 어떻게 교훈적인 현상학적 분석이 해당 사례에서 발생하는지를 기술함으로써 통계학적 절차의 구조를 분명히 했다. 가장 우선시해야 할 사항은 수학적 사고의 산출물인 분산의 개념을 분석하는 것이었다. 분산은 밀도 기능으로 이해될 수 있다고 결론지었다. 즉, 밀도는 분산에 의해 조직화되어 나타난다. 밀도는 가능한 자료 값의 공간에서 특정 값의 조합을 조직화한다. 이러한 관점은 한 축 위의 자료점을 보여 주는 점분포(dot plot)에서 구체화된다. 측정 값은 실제 현상의 일부를 이해할 수 있는 도구가 될 수 있다. 자료 생성의 개념은 또한 일종의 조직화로 이해될 수 있다. 이러한 현상학적 분석은 하나의 재발명 경로를 드러낼 수 있다. 여기서 학생은 조직화의 누적 과정을 통해 앞서 언급한 절차를 역방향으로 경험할 수 있다. 이는 다음의 교수-학습 절차의 기초가 된다.

학생이 자료 분석에 대한 현 수준의 인식을 바탕으로 컴퓨터 미니툴을 사용하기에 적합하다고 인식토록 하는 상향적 접근이 출발점이 될 수 있다. 따라서 미니툴의 주 기능은 학생이 의사 결정을 할 수 있도록 자료를 구조화하고 기술하는 것이다. 이러한 과정에서 특정 자료의 분포를 설명하기 위한 수단으로 평균, 중앙값, 비대칭도, 상대빈도 등의 개념이 부각된다. 또한 다양한 수학적 표상이 분포를 구조화하는 다양한 방식으로 부각된다. 미니툴을 전통적인 통계 개념이 재인식되도록 함으로써 혁신적인 수학화의 과정을 지원할 수 있다. 동시에 미니툴을 이용한 자료의 구조화 활동은 '학생이 자료를 가능한 한 자료 값 가운데 분포된 특정한 독립값으로서 바로 보게 하는 과정'을 조성한다. 이는 상징화의 수단과 이러한 상징이 학생에게 의미하고자 하는 동시 진화의 과정을 지원하는 것이 목적이다. 이는 Meira(1995: 270)가 '표기법과 수학적 의미 획득의 변증법적 관계'를 말할 때 의도했던 것과 유사하다고 볼 수 있다.

컴퓨터 툴에 내재된 일련의 지시문이 시퀀스의 근간을 이룬다. 새로운 툴을 활용한 활동이 이전 툴을 이용한 활동의 확장이라는 관점에서 컴퓨터 툴을 통한 활동은 서로를 승계한다고 볼 수 있다. 출발점은 자료를 구성하는 측정 값 안에 있다. 첫 번째 미니툴은 개별 측정 값을 나타내는 정도 표시 막대(magnitude-value bar)를 보여 준다(〈표 3-1〉). 우리는 다양한 막대 값으로 표시된 자료에 대한 토론을 통해 학생이 막대 값의 끝점에 관심을 기울이게 될 것으로 기대했다. 결론적으로 이러한 끝 값은 막대 값을 의미한다. 이는 막대를 생략하고 단지 끝 값만으로 표시하는 선작도(line plot)의 사용을 가능케 한다([그림 3-5]). 두 번째 미니툴은 선작도를 통해 등간격, 두 동등 집단 생성, 자료점의 네 동등 집단 생성과 같은 자료 구성에 관한 다양한 옵션을 제공한다. 우리는 이러한 다양한 옵션을 사용한 자료를 분석한 결과, 학생이 자료를 이해하고 선작도(예, 밀도)의 형태가 자료 값의 분포를 나타낸다는 것을 이해하게 될 것이라고 추측했다.

우리는 분포의 그래픽 표상(a graphical representation of the shape of a distribution)을 통해 즉현적 모델링 설계 휴리스틱을 인식할 수 있

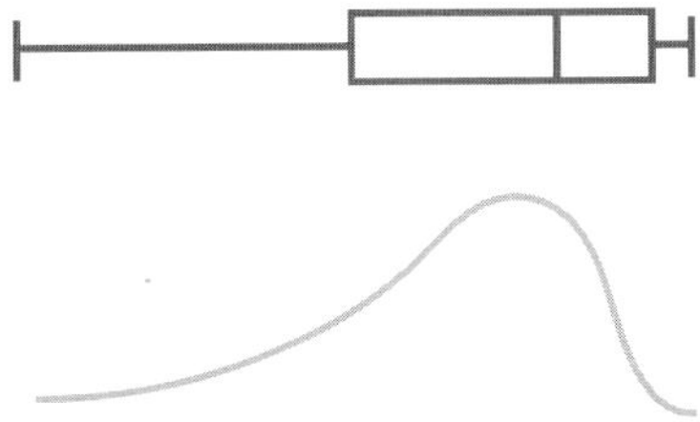

[그림 3-5] 분포의 이해를 위한 상자도표(Box Plot)

다. 이러한 포괄적인 모델은 변화하는 다양한 하위 모델을 통해 예제화된다. 그래프는 초기에 일련의 측정 값을 나타내기 위해 비정형의 방식으로 소개되었다([그림 3-2]). 우리는 이것을 한 모델의 사전 단계로 볼 수 있다. 여기서 일련의 측정 값은 여전히 상황과 밀접하게 관련된다. 그럼에도 불구하고 통계학적 관점에서 각 끝점이 축을 따라 분포된 것을 통해 분포의 형태가 드러난다. 우리는 이러한 그래픽 표상을 측정 값이 만들어 낸 하나의 모델로 간주할 수 있다. 이어 우리는 학생의 관심을 막대의 끝점이 만들어 낸 분포로 유도하는 활동을 소개했다. 이는 선작도의 도입에 도움이 되었다. 자료를 네 동등 그룹으로 구조화하는 분석은 특히 분포의 밀도에 관한 학생의 관심 유도에 중요한 역할을 했다. 이러한 활동은 학생이 그래프를 단순히 측정 값의 표시로 이해하는 것에서 하나의 분포로 바라보도록 유도했다. 일단 이러한 관점에 따라 전환이 이루어지면 그래프는 분포를 이해하는 데 사용되었다. 예를 들어, 학생은 다양한 종류의 분포를 구별하였고 분포의 특성을 추론할 수 있게 되었다. 즉, 해당 모델은 분포의 추론을 위한 모델이 된 것이다.

3단계-회고적 분석

지금까지 우리는 설계 실험의 계획과 지속적인 실험에 관해 논의했다. 또 하나의 중요한 방법론적 요소는 바로 실험 전반에 걸쳐 수집된 광범위한 자료를 통해 이루어지는 회고적 분석 활동이다. 회고적 분석의 목적은 설계 실험의 이론적 의도에 따라 달라진다. 그러나 국소 교수-학습 이론의 개발을 목적으로 한다는 공통점이 있다. 또한 더 포괄적인 주제인 존재론적 혁신과 관련된다는 점에서도 공통된다. 비록 다른 이론적 목적에 따라 다양한 회고적 분석이 가능하나 일반적으로 전체 자료의 연속적인 분석 과정(iterative process of analyzing the entire data set)이 포함된다. 따라서 우리는 회고적 분석의 일반적인 특징을 먼저 기술하고 국소 교수-학습 이론을 개발하기 위한 분석 방법을 논의할 것이다. 그리고 마지막으로 좀 더 일반적인 연구 주제와 관련된 분석 방법을 이야기할 것이다.

자료는 일반적으로 모든 수업의 비디오테이프, 실험 전후에 시행된 개인 인터뷰 비디오 자료, 학생의 필기, 필드 노트 그리고 일별 업무 보고 및 주별 프로젝트 미팅 오디오 자료와 같은 것으로 구성된다. 이 때 복잡한 자료를 체계적으로 분석하면서 동시에 특정한 추론의 토대를 문서화하는 것은 연구자에게 도전적인 과제가 된다. 분석의 신뢰성을 확보하기 위해 추정의 상세화 또는 반박을 포함하여 모든 분석 단계를 문서화해야 한다. 최종 주장은 다양한 수준의 분석을 역추적함으로써 정당화될 수 있으며, 필요한 경우 원본 비디오테이프나 전사지를 참고하기도 한다. 연구팀의 학습 과정을 문서화하는 것은 분석의 경험적 원천이 된다. 게다가 이는 일반적 주장을 뒷받침하는 사례와 예외적 주장을 보여 주는 특이 사례를 구분하는 체계적 분석 수단으로 기여할 수 있다. 또한 '프로젝트 성공과 이해 관계가 없는 다른 연구자의 비평' '학생 및 교사와의 장기간에 걸친 관계' 등이 분석의 신뢰를 강화하는 척도가 될 수 있다(Taylor & Bogdan, 1984). 특히 이러한 척도는 교실 설계 실험에 효과적이며 방법론 강화에 기여할 수 있다.

앞서 언급한 접근방식은 Glaser와 Strauss(1967)의 지속적인 비교 방법(constant comparative method)의 변형이다(Cobb & Whitenack, 1996 참조). 우리는 먼저 연대기적 순서에 따라 사건(episode)별로 자료를 연구한다. 그리고 각 시점에서 얻은 가정을 다음 사건과 비교하여 검정한다. 예를 들어, 특정한 논증의 규범이 확인되었다고 주장할 때, 그 근거의 하나는 이를 위반한 학생이 동료 학생에게 비판받을 것이다. 만약 그러한 일이 발생하지 않는다면 우리는 해당 논증 규범을 수정하거나 또는 해당 규범의 진화 과정을 입증해야 한다.

첫 번째 자료 분석 주기를 통해 우리는 특정 사건과 밀접히 연관된 일련의 가정 및 반론에 이르게 된다. 두 번째 회고적 분석 단계에서 일련의 가정 및 반론은 데이터의 역할을 하게 된다. 즉, 사건 중심의 가정, 확인, 반론을 재분석하는 동안 핵심적인 사건이 드러나게 된다. 이러한 사건은 대립되는 가정에 대한 의사 결정을 돕기 때문에 분석 과정에서 매우 중요하다. 이러한 사건은 일반적으로 연구 보고서에 포함된다. 이를 구체화하기 위해 통계학 설계 실험에서 찾은 몇 가지 사건을 소개하고자 한다.

> 앞서 소개된 배터리 수명 문제와 관련하여 학생은 먼저 그룹으로 문제 해결 과정에 참여했다. 그리고 교사가 학생의 분석과 관련하여 전체 학급 토론을 이끌었다. 컴퓨터 툴을 대형 스크린에 비춰 'Range tool'이라는 옵션을 통해 최상위 10개의 자료 값을 강조하였다([그림 3-6]).
>
> 캐시라는 학생이 최상위 10개 중 7개가 녹색 배터리(Always Ready)

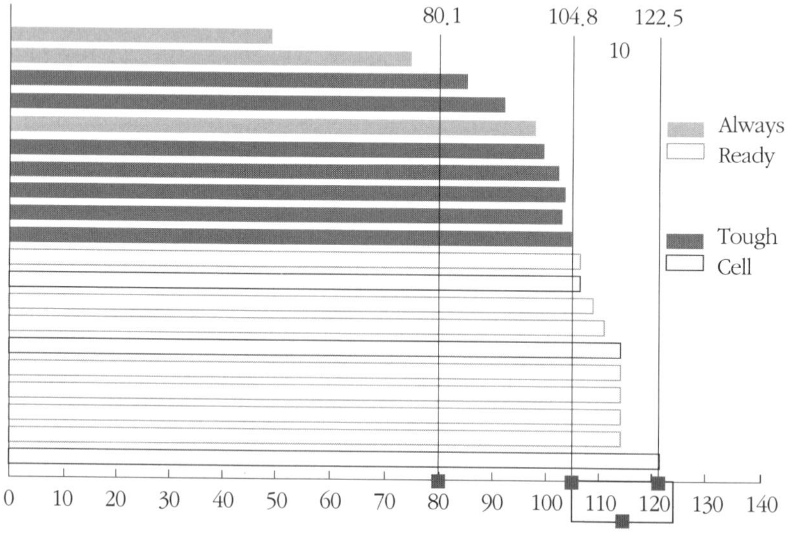

[그림 3-6] Always Ready와 Touch Cell 배터리의 수명 비교 자료

이기 때문에 녹색 배터리가 더 우수하다고 주장하자 다른 학생이 이를 지지했다.

재니스: 캐시는 가장 오랫동안 지속된 10개의 배터리 중에서 녹색 배터리는 7개로 가장 많은 숫자에 해당하기 때문에 Always Ready 배터리가 더 좋다라고 한 말입니다. 왜냐하면 대부분 이 배터리가 오래 지속되었기 때문입니다.

그러나 제임스라는 학생이 이를 반박했다. 그는 4개의 핑크 바(Tough Cell)가 거의 최상위 10개와 인접했으며 이를 포함시킬 경우 Tough Cell이 7개가 되어 녹색 바와 동일해진다고 주장했다. 토론의 후반부에 브라드는 오히려 Tough Cell이 더 좋다는 주장을 뒷받침하기 위해 평가 기준선을 80으로 옮겨 줄 것을 요청했다.

브라드: 보세요. 여전히 녹색 바(Always Ready)가 80에 도달하지 못하고 80 이하지만 Tough Cell은 모두 80 이상입니다. 난 80시간 이상 일관된 품질을 보여 주는 Tough Cell을 살 겁니다.

이 이야기에서 한 가지 흥미 있는 점은 자료의 묶음 및 분포를 설명하기 위해 '일관성(consistency)'이라는 단어를 사용하고 있다는 점이다. 이 이야기는 자료를 나누고 구조화하는 방법이 어떻게 문제 해결에 통찰을 제공하는지를 설명할 때 사용되는 논증 규범이 성립되어 가는 것을 보여 주는 중요한 사례다. 우리는 이 규준이 실험 전체를 통해 일관되게 유지되는 것을 보여 줄 수 있었다.

두 번째 사례는 과속 방지에 관한 캠페인 전과 후의 자동차의 속도를 보여 주는 두 자료를 비교한 것에 관한 것이다([그림 3-7]).

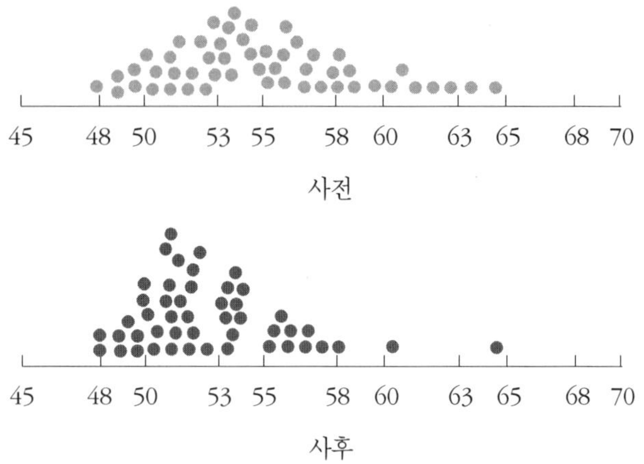

[그림 3-7] 과속방지 캠패인 사전, 사후 속도 자료

재니스: 마치 '언덕(hill)'처럼 보이는 그래프를 보면, 사전 그룹의 경우 넓게 퍼진 모양으로 55 이상까지 퍼져 있는 반면 사후 그룹의 경우 많은 사람이 속도 상한선 주변에 모여 있는 것을 보여 줍니다. 즉, 대다수의 사람이 속도 상한선에 가깝게 감속했다는 의미지요.

흥미로운 점은 이 학생이 언덕이라는 단어를 그림의 모양을 설명하기 위해 사용했다기보다는 자료의 분포를 설명하기 위한 비유로 사용했다는 점이다. 이 학생은 설계 실험 내내 자료 값의 대다수가 무리를 이룬 것을 나타내기 위해 이 비유를 사용했다. 후속 실험에서 우리는 학생이 첫 번째 컴퓨터 미니툴에서 제시하는 가치 바(value bar) 그래프에서도 언덕이 형성되는 지점을 구분하는 것을 확인했다(Bakker, 2004). 이는 언덕이라는 단어의 비유적 기능을 보여 주고 있다.

세 번째 사례에서는 학생이 AIDS 환자를 대상으로 한두 가지 처방에서의 T-세포의 수를 비교한다. 46명의 환자는 실험 처방을 받았고 나머지 186명의 환자는 일반 처방을 받았다. 목표는 환자의 T-세포 수를 증가시키는 것이다. 다양한 집단의 학생이 상이한 방법으로 이를 분석

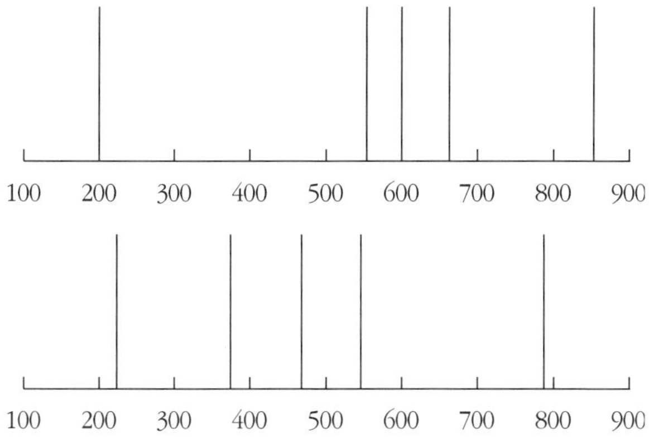

[그림 3-8] 네 동일 집단(Four-egual-groups) 옵션을 사용한 T-세포 수 도표

하였다. 한 그룹의 학생은 언덕이 위치한 구간을 식별하였다. 학생은 표준 처방과 비교할 때 실험 처방 집단의 경우 높은 수준의 구간에서 언덕(다수의 사례)을 형성한다는 것에 따라 실험 처방이 더 효과적이었다고 주장했다. 다른 그룹의 학생은 네 동일 집단(four-equal-groups) 옵션을 사용했다([그림 3-8]).

이는 각 구간의 25%의 자료를 포함하도록 표현된다는 의미에서 박스플롯의 전형이라고 볼 수 있다. 학생은 점을 숨기기 위한 또 다른 옵션을 사용하여 75% 이상의 자료가 550 이상을 나타낸다는 점에서 새로운 처방이 효과적이라고 주장했다. 우리는 이 그래프를 통해서도 언덕의 모양을 그려 볼 수 있다.

우리는 '일변량분포의 형태에 관한 개념에서 학생 중 일부를 대상으로 다음 연도에 실시한 설계 실험에서의 이변량분포 해석이 왜 중요했는지'를 알 수 있을 것이다. 한 예로 후속 실험에서 우리는 학생에게 교육연수 자료를 여성과 남성의 급여 수준과 비교하도록 했다. 학생은 세 번째 컴퓨터 미니툴을 이용해서 자료를 분석했다([그림 3-9]의 왼쪽). 툴 옵션 중 하나는 네 동일 집단 옵션과 유사하나 직각으로 회전된 도표를 보여 준

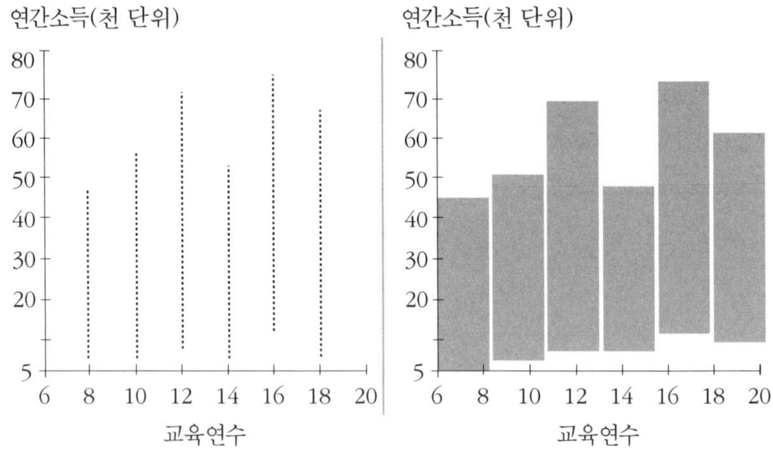

[그림 3-9] 교육연수에 따른 임금 도표

다([그림 3-9]의 오른쪽).

학생은 자료가 주로 분포한 구간을 읽어 낼 수 있었다. 학생이 지적하듯이 남자와 여자의 급여 구간은 유사했다. 큰 차이는 여성의 경우 각 교육수준별 급여 구간이 낮은 쪽으로 심하게 기울어진 분포를 보인다는 점이었다. 이 예가 보여 주는 것은 이변량 자료 분석은 수많은 점으로 표시된 선을 그리기보다는 종속 변수가 독립변수의 변화에 따라 어떤 분포를 나타내는지를 조사한다는 점이다.

국소 교수-학습 이론의 재정립

회고적 분석의 주 목적은 국소 교수-학습 이론의 재정립을 돕는 데 있다. 그러나 일반적인 형성평가에서의 사전 · 사후평가 결과와 설계 실험의 결과는 그 접근에서 차이가 있다. 즉, 설계 실험의 경우 국소 교수-학습 이론과 시범적 수업 절차가 이전에 적용했던 것과 달라지기 때문이다. 실험이 진행되는 동안 회고적 분석 과정을 통해 추정에 대한 평가와 변경이 이루어지며, 이는 결론적으로 최적화된 교수-학습 절차의 발견으로 이어져야 한다. 예를 들어, 연구자의 기대에 미치지 못한 교수-학습 활동 역시 실험 과정에서 학습에 영향을 미치나 이런 활동이 최적화된 교수-학습 활동이 되는 것은 아니다. 따라서 기대 수준 이하의 활동을 배제한, 적절한 각색 과정이 이루어져야 한다. 결론적으로 효과가 있다고 판명된 교수-학습 활동에 중점을 둔 개선 과정을 통해 교수-학습 절차가 만들어지는 것이다. 최적화된 교수-학습 절차는 설계 실험 동안의 관찰과 추론, 회고적 분석과정에 기초하여 만들어진다.

여기서 강조하고 싶은 것은 교수-학습 활동의 재구조화를 통해 국소 교수-학습 이론이 성립된다는 사실과 기존의 생각을 넘어서는 설계 아이디어가 회고적 분석 과정에서 솟아난다는 점이다. 이러한 통찰은 새롭게 추정된 국소 교수-학습 이론을 토대로한 새로운 실험으로 이어질 수 있다. 여기서 교수-학습설계의 미시주기 수준에서 우리가 언급했던 순환적 방법론이 보다 넓은 수준에서 나타나는 것을 볼 수 있다. 전체 설계 실험과 연이은 회고적 분석이 함께 설계와 분석의 거시주기를 구성하는 것이다.

이러한 주기를 통한 초기의 추정과 가정이 회고적 분석을 통해 면밀히 재조명되는 것이다. Cobb(1997)과 동료들의 최근 연구에서 이러한 분석의 예를 찾아볼 수 있다. 거기서 회고적 분석을 통해 교수-학습 절차를 구성했던 몇몇 핵심 가정이 사실과 다른 것으로 확인되었고, 결과적으로 교수-학습 절차의 대폭적인 수정이 발생하였다. 이러한 성공적인 후속 실험의 결과는 Stephen(2003)과 동료들의 연구에서 확인할 수 있다.

포괄적인 이슈와 존재론적 혁신

국소 교수-학습 이론의 재구성이라는 목적 외에 회고적 분석은 교실 활동을 좀 더 포괄적인 이슈와 관련된 사건으로 바라보게 한다. 앞서 우리는 교사의 역할, 교사의 학습, 의미론적 과정 또는 학생의 수학적 흥미를 촉진하는 절차에 초점을 둔 분석에 대해 논의했다. 게다가 우리는 학급 담화 및 의사소통, 메타표상적 능력, 계량적 추론 또는 신생 모델링에 관한 프레임워크 등과 관련된 존재론적 혁신에 대해 언급했다.

이러한 경우 분석의 목적은 설계 실험 중 발생하는 사건을 더 포괄적인 현상의 패러다임 사례로 규정하는 것, 즉 연구 중인 학습 생태계의 구체적인 특성을 이해하는 것이다. 이를 통해 다른 학습 생태계에서의 유사 현상에 대처할 수 있는 이론적 도구를 개발할 수 있다. 패러다임 사례를 이해하는 데 목적을 둔 자료 분석은 인과 관계를 규명하는 데 목적을 둔 자료 분석과 확연히 구분된다. 주장은 통계 분석에 근거하기보다는 자료 전반에 대한 체계적이고 면밀한 분석에 기초한다.

가상적 반복가능성

비유적으로 말해서, 설계 실험의 과정은 연구팀의 학습 과정으로 특징지을 수 있다. 이러한 학습 과정은 연구 산출물의 정당화에 기여한다. 이러한 정의는 국소 교수-학습 이론을 이해하는 데 적합하며 다음 두 가지 프로세스를 포함한다.

- 교수-학습 활동과 초기 설계의 다른 측면에 대한 설계와 테스트의 순환적 과정에 내재된 학습 과정
- 핵심 과정을 조사하고 개선하며 학생의 성장을 설명할 수 있는 패턴을 찾는 회고적 분석

이러한 학습 과정과 관련하여 우리는 민속지적 연구에서 사용되는 '추적가능도(Trackability)'의 방법론적 규준을 참조할 수 있다. Smaling(1990,

1992)은 이를 잘 알려진 '신뢰도(Reliability)'의 규준과 연결지었다. 그는 신뢰도란 우발적 에러의 부재를 말하는 것으로 종종 재생산가능도로 정의된다고 설명했으며, 질적연구에서 이는 가상적 반복가능성을 의미한다고 말했다. 여기서 강조하는 것이 가상(virtual)이라는 개념이다. 즉, 연구는 그 과정이 추적될 수 있고 다른 연구자에 의해 반복될 수 있도록 보고하는 것이 중요하다. 이러한 추적 가능성의 민속지적 규준은 Freudenthal의 개발연구 또는 설계연구의 개념에 들어맞는다.

> 개발연구(Developmental research)는 의식적으로 개발과 연구의 순환적 과정을 경험하며 이를 구체적으로 보고해서 연구 자체를 정당화하며 이러한 경험이 다른 연구자에게 전이될 수 있도록 하는 것이다 (Freudenthal, 1991: 161).

마찬가지로 Smaling(1996: 6)은 성공과 실패, 관련 절차, 개념적 틀, 의사 결정의 근거 등에 대한 보고를 통해 추적 가능성이 확보될 수 있다고 설명했다. 따라서 추적 가능성의 준거는 모든 사람이 해당 연구자의 결론을 반드시 좇을 필요가 없음을 보여 준다. 당연히 동일한 학습 과정을 반복한 연구자는 새롭게 그들의 경험을 설명할 수도 있고 다른 결론에 도달할 수도 있다. 이러한 방법의 강점은 논의를 위한 경험적 기초를 만들어 낸다는 점이다.

생태학적 타당도

우리 작업에서의 핵심 전제는 설계연구 실험 과정에서 개발된 교수-학습의 혁신이 다른 교실 환경에서도 학생의 학습에 생산적인 역할을 할 수 있다는 것이다. 그러나 많은 교육연구가(특히 수학 교육의 경우) 상이하고 호환성이 낮은 결과를 양산해 왔다. 주된 문제점은 전통적 실험연구의 독립 변수가 종종 피상적이며 다른 환경에서는 작동하지 않는다는 것이다. 결론적으로 다른 집단의 학생이 동일한 교수-학습 처치를 받았을 때 나타날 수 있는 다른 결과를 설명할 수 없다는 문제점이 지적되어 왔다.

전통적 실험연구와 달리, 설계 실험에서의 주안점은 동일한 교수-학습 혁신이 다른 환경에서 동일한 방식으로 반복되도록 하는 데 있지 않다. 지속적으로 학생의 수학적 이해를 평가하고 이에 수업을 적응시키는 전문가로서의 교사 개념은 동일한 교수-학습의 반복이 기대되지도 가능하지도 않음을 보여 준다(Ball, 1993; Simon, 1995). 설계연구는 생태학적 타당도를 목표로 하며, 이는 다른 상황에 적용 가능한 기초를 제공하는 연구 결과의 역할을 강조한다. 이러한 요구는 경험에 근거하여 어떻게 교육적 처방이 작동하는가를 설명하는 이론을 통해 달성할 수 있다. 즉, 연구의 주요 목적의 하나는 특정 교수-학습 절차의 개발뿐 아니라, 해당 절차를 뒷받침하는 경험에 기초한 국소 교수-학습 이론을 설립하는 데 있다. 특정한 국소 교수-학습 이론은 관련 교수-학습 절차를 자신의 교실 또는 개인적 목적에 맞추어 적용하고자 하는 교사가 참조할 수 있는 프레임으로 기능한다. 이를 위한 방법의 하나는 설계 실험 중 발생한 것에 대해 자세한 설명(thick description)을 제공하는 것이다. 개별 요소가 전체 학습 과정에 영향을 미치는 과정에 대한 분석과 함께 참여 학생, 교수-학습 과정 등에 대한 상술은 독자가 다른 상황에 연구 결과를 적용할 수 있도록 돕는 기초가 된다. 역으로 다른 교실 환경에 어떻게 적용되었는지에 대한 피드백을 통해 생태학적 타당도를 강화할 수 있다. 따라서 다양한 환경에 적용해 보는 반복 실험이 중요하다.

예를 들어, 통계학 수업의 경우 우리는 중학생, 위험 수준의 고등학생, 초등교원 예정자, 교사 실습생 등 다양한 집단과 함께 연구했으며, Arthur Bakker(2004)의 일련의 설계 실험을 포함하여 다양한 후속 연구가 있었다.

놀라운 것은 다양한 환경과 다양한 참여자의 발달 과정에서 규칙성을 발견할 수 있었다는 점이다. 다시 말해서 참여자의 사고 과정에서 나타나는 다양성에도 불구하고, 우리는 참여자가 사용하는 주요 분석 기법 또는 특정 시점에서의 해당 그룹의 사고 형태 등을 예측할 수 있었다. 이는 교사의 관점에서 유용한데, 왜냐하면 교사가 자신이 육성해야 할 사고 형태를 예측할 수 있기 때문이다.

영역 특성화 교수-학습 이론의 개발

설계연구는 국소 교수-학습 이론 개발의 수단을 제공한다. 국소 교수-학습 이론은 교사가 교수활동의 일환으로 해당 교수-학습 절차를 적용하도록 돕는다. 또한 설계연구는 이 장에서 소개된 REM 이론과 같은 영역 특성화 이론의 개발에 기여한다. 이러한 이론은 일련의 반복적이고 누적적인 설계연구의 과정에서 나타난다. 이러한 관점에서 우리는 다양한 수준에서 이론 개발을 논의할 수 있다.

- 교수-학습 활동 (미시 이론) 레벨
- 교수-학습 절차 (국소 교수-학습 이론) 레벨
- 영역 특성화 교수-학습 이론 레벨

각 레벨 간의 관계는 Kessel과 Korthagen(1996)의 인식(episteme)과 실천지(phronesis)의 구분을 통해 좀 더 분명해진다. 아리스토텔레스를 따라서 그들은 과학적 지식(scientific knowledge)을 나타내는 episteme과 실천적 지혜(practical wisdom)를 나타내는 phronesis를 사용했다. 그들은 과학연구의 산출물과 교사의 실제적 필요 간의 불일치를 이들 두 영역 간의 대비로 설명할 수 있다고 보았다. 교사는 실천적 지혜에 의존하며 이를 내러티브의 형태로 서로 공유한다. 그들은 과학적 지식은 실제에 적용하기에는 너무 일반적이거나 요약적이라고 느낀다. 영역 특성화 이론을 episteme으로, 미시적인 교수 이론을 phronesis로 분류할 때 설계연구는 이론과 실제를 연결하는 잠재적인 능력이 있다고 볼 수 있다. 설계연구에서 과학적 지식은 실제적 지혜에 근거하며 동시에 실제적 지혜를 강화하는 새로운 발견의 장이 된다.

혁신 분석 방법의 개발

다른 교실 환경에서의 혁신을 비교 가능하게 하는 혁신 분석 방법을 개발하는 것이 중요하다. 사회적 규범, 사회수학적 규범, 교실 내 수학적 활동과 같은 구인으로 구조화된 교실 이벤트의 분석은 학생의 수학 학습과 일련의 교수-학습 활동에서의 학생 참여를 관련짓는 데 기여한다. 앞서 말했듯이, 교실의 사회적 규범과 사회수학적 규범은 학생의 수학적 추론의 본질과 수준에 심오한 차이를 야기할 수 있다.

회고적 분석은 그 자체의 방법론적 문제를 야기한다. 이론적 분석은 복잡하고 의도적인 문제해결 과정의 산출물이다. 따라서 동일한 설계 실험 자료의 분석일지라도 연구자에 따라 상이한 이론적 구인을 도출하기 쉽다. 연구의 반복 가능성에 문제를 제기한다. Atkinson 등(1988)의 연구에 따라, 우리는 구인의 일반화 가능성(generalizability) 및 신뢰성(trustworthiness)의 규준을 대안으로 제시한다.

우리는 교실 이벤트를 보다 포괄적인 이슈의 전형적 사례로 바라보는 것의 중요성을 논의하면서 일반화 가능성 이슈를 다루었다. 이는 교실 활동과 이벤트를, 일반화를 가능케 하는 사례 또는 원형으로 규정하는 것이다. 물론 이것은 특정 사례를 배제하는 일반화 가능성의 개념과 다른 것으로, 모든 사례는 전체 자료 안에서 상호 교환적인 예로 간주한다. 따라서 개별적인 특성을 담고 있는 독립적인 사례를 해석하고 이해하는 방식이 일반화되는 것이다. 예를 들어, 우리는 1학년 학생의 산수 문제에서의 기호화 및 모델링에 관련된 설계 실험을 분석하는 과정에서 얻은 경험을, 과학 기술이 사용되는 보다 다양한 교실 환경에서의 수학 학습의 분석에 적용할 수 있다고 전제하였다. 실제로 학생의 통계적 추론 발달에 관하여 최근 완료된 일련의 설계 실험을 통해 이것이 사실임을 입증하였다(Cobb, 1999; Cobb et al., 2003). 이것이 '미래연구와 교수설계에 도움을 주는 이론의 개발을 목표로 하는 분석'과 '특정한 교수-학습 혁신을 평가하는 데 목적을 둔 분석'을 구별하는 일반화 가능성의 탐구라고 할 수 있다.

일반화 가능성이 전형적 사례의 개념과 상당히 관련되어 있는 반면, 신뢰성은 추론 및 주장의 타당성과 정당화 가능성에 관련된다. 신뢰성의 개념은 주어진 자료에 대해 다양한 목적을 위한 다양한 분석이 만들어질 수 있음을 인정한다. 한가지 이슈는 바로 분석의 신뢰성이다. 앞서 지적했듯이 이와 관련하여 우리에게 가장 중요한 고려사항은 종단 자료의 분석이 얼마나 체계적이고 충실했는지에 대한 것이었다.

설계와 연구

비록 앞선 단락에서 설계 실험 결과의 정당화 방안에 대한 논의에 집중했을지라도 설계연구는 연구와 설계에 대한 것임을 강조하고자 한다. 우리는 타당도와 신뢰성에 관해 일정 부분 논의하였고 정당화에 초점을 둔 설계연구의 논쟁을 다루었다. 그러나 설계적 측면에서 본 방법론의 중요성을 강조하고자 한다. 설계연구는 혁신적 학습생태 및 교수-학습 절차를 설계하기에 충분한 토대가 존재한다고 전제한다. Cobb 등(2003)이 소개한 '학습생태(learing ecology)'의 개념은 다양한 종류와 수준의 구성요소를 포함한 복잡하고 상호작용하는 시스템에서 구성 요소를 설계하고 이들이 어떻게 학습을 지원하는지를 예측하는 것을 강조한다. 학습생태의 복잡성을 고려할 때 이는 아주 폭넓은 프레임워크가 필요함을 암시한다. Doerr와 Zangor(2000)는 학습생태의 복잡성에 관하여 유용한 설명을 제시한다. 그들은 그래픽 계산기의 생산적 사용을 위해서는 학습생태의 다음 요소 간의 일관성이 필요함을 발견하였다.

- 교사에 대한 믿음
- 그래픽 계산기를 다루는 교사의 능력
- 교실 문화(예, 사회적 규범과 사회수학적 규범)와 사회적 실행
- 교수-학습 절차의 설계
- 교수-학습 과제의 성격
- 도구로서의 그래픽 계산기를 이해하는 방식
- 전체 학습 과정을 이끄는 교사의 교수-학습 기술

이런 리스트를 참조할 때, 설계의 이론적 기초는 사회구성주의, 사회문화 이론, 영역 특성화 이론, 학습생태의 특정 요소에 관한 이론 등 보다 일반적인 기저 이론을 아울러야 한다. 이와 함께 연구팀이 해당 영역의 최신 지식을 습득해야 함은 당연하다.

알림 글

이 장은 미국과학재단(National Science Foundation)의 후원을 받아 시행되었다(REC REC 0231037). 이 장에서의 주장이 반드시 해당 재단의 입장을 반영하는 것은 아님을 밝힌다.

참고문헌

Atkinson, P., Delamont, S., and Hammersley, M. (1988). Qualitative research traditions: A British response to Jacob. *Review of Educational Research, 58,* 231-250.

Bakker, A. (2004). *Design Research in Statistics Education, on Symbolizing and Computer Tools.* Utrecht: CD§ Press.

Ball, D. (1993). With an eye on the mathematical horizon: Dilemmas of teaching elementary school mathematics. *Elementary School Journal, 93,* 373-397.

Brown, A. L. (1992). Design experiments: Theoretical and methodological challenges in creating complex interventions in classroom settings. *The Journal of the Learning Sciences, 2*(2), 141-178.

Bruner, J. (1994). *Four Ways to Make Meaning.* Invited Address at the AERA Conference 1994, New Orleans.

Cobb, P. (1999). Individual and collective mathematical development: The case of statistical data analysis. *Mathematical Thinking and Learning, 1*(1), 5-44.

Cobb, P., Confrey, J., diSessa, A., Lehrer, R., and Schauble, L. (2003). Design experiments in education research. *Educational Researcher, 32*(1), 9-13.

Cobb, P., Gravemeijer, K., Yackel, E., McClain, K., and Whitenack, J. (1997). Symbolizing and mathematizing: The emergence of chains of signification in one first-grade classroom. In D. Kirshner and J. A. Whitson (Eds.), *Situated Cognition Theory: Social, Semiotic, and Neurological Perspectives* (pp. 151-233). Mahwah, NJ: Lawrence Erlbaum Associates.

Cobb, P., and Hodge, L. L. (2003, April). *An interpretive scheme for analyzing the identities that students develop in mathematics classrooms.* Paper presented at the annual meeting of the American Educational

Research Association, Chicago.

Cobb, P., McClain, K., and Gravemeijer, K. P. E. (2003). Learning about statistical covariation. *Cognition and Instruction, 21*(1), 1-78.

Cobb, P., and Steffe, L. P. (1983). The constructivist researcher as teacher and model builder. *Journal for Research in Mathematics Education, 14*(2), 83-95.

Cobb, P., Stephan, M., McClain, K., and Gravemeijer, K. (2001). Participating in classroom mathematical practices. *Journal of the Learning Sciences, 10*(1-2), 113-164.

Cobb, P., and Whitenack, J. (1996). A method for conducting longitudinal analyses of classroom video recordings and transcripts. *Educational Studies in Mathematics, 30,* 213-228.

Cobb, P., and Yackel, E. (1996). Constructivist, emergent, and sociocultural perspectives in the context of developmental research. *Educational Psychologist, 31,* 175-190.

Cobb, P., Yackel, E., and Wood, T. (1989). Young children's emotional acts while doing mathematical problem solving. In D. McLeod and V. M. Adams (Eds.), *Affect and Mathematical Problem Solving: A New Perspective* (pp. 117-148). New York: Springer.

diSessa, A. A. (1992). Images of learning. In E. De Corte, M. C. Linn, H. Mandl and L. Verschaffel (Eds.), *Computer-Based Learning Environments and Problem Solving* (pp. 19-40). Berlin: Springer.

diSessa, A. A. (2002). Students' criteria for representational adequacy. In K. Gravemeijer, R. Lehrer, B. van Oers and L. Verschaffel (Eds.), *Symbolizing, Modeling and Tool Use in Mathematics Education* (pp. 105-129). Dordrecht: Kluwer Academic Publishers.

diSessa, A. A., and Cobb, P. (2004). Ontological innovation and the role of theory in design experiments. *The Journal of the Learning Sciences,*

13(1), 77-103.

Doerr, H. M., and Zangor, R. (2000). Creating meaning for and with the graphing calculator. *Educational Studies in Mathematics, 41,* 143-163.

Freudenthal, H. (1971). Geometry between the devil and the deep sea. *Educational Studies in Mathematics, 3,* 413-435.

Freudenthal, H. (1973). *Mathematics as an Educational Task.* Dordrecht: Reidel.

Freudenthal, H. (1983). *Didactical Phenomenology of Mathematical Structures.* Dordrecht: Reidel.

Freudenthal, H. (1991). *Revisiting Mathematics Education.* Dordrecht: Kluwer Academic Publishers.

Freudenthal, H., Janssen, G. M., and Sweers, W. J. (1976). *Five Years IOWO on H. Freudenthal's Retirement from the Directorship of IOWO: IOWO Snapshots.* Dordrecht: Reidel.

Glaser, B. G., and Strauss, A. L. (1967). *The Discovery of Grounded Theory: Strategies for Qualitative Research.* New York: Aldine.

Gravemeijer, K. P. E. (1993). The empty number line as an alternative means of representation for addition and subtraction. In J. de Lange, I. Huntley, C. Keitel and M. Niss (Eds.), *Innovation in Mathematics Education by Modeling and Applications* (pp. 141-159). Chichester: Ellis Horwood.

Gravemeijer, K. P. E. (1994). *Developing Realistic Mathematics Education.* Utrecht: Cd§ Press.

Gravemeijer, K. (1998). Developmental Research as a Research Method. In J. Kilpatrick and A. Sierpinska (Eds.), *What is Research in Mathematics Education and What are its Results? ICMI Study Publication; Book 2* (pp. 277-295). Dordrecht: Kluwer Academic Publishers.

Gravemeijer, K. (1999). How emergent models may foster the constitution of formal mathematics. *Mathematical Thinking and Learning, 1*(2), 155-177.

Gravemeijer, K., and van den Akker, J. (2003, December). *How to review proposals for design research?.* Working document for the PROO workshop, Amsterdam.

Hiebert, and Stigler (1999). *The Teaching Gap.* New York: Free Press.

Kessels, J. P. A. M., and Korthagen, F. A. J. (1996). The relation between theory and practice: Back to the classics. *Educational Researcher, 25,* 17-22.

Lijnse, P. L. (1987). Onderzoek, ontwikkeling en ontwikkelingsonderzoek: In en na hat PLON. *Panama-Post. Tijdschrift voor Nascholing en Onderzoek van het Reken-Wiskundeonderwijs, 6*(1), 35-43.

Maxwell, J. A. (2004). Causal explanation, qualitative research, and scientific inquiry in education. *Educational Researcher, 33*(2), 3-11.

Meira, L. (1995). The microevolution of mathematical representations in children' s activity. *Cognition and Instruction, 13,* 269-313.

Moore, D. S. (1997). New pedagogy and new content: The case of statistics. *International Statistical Review, 65*(2), 123-165.

NCTM Research Advisory Committee. (1966). Justification and reform. *Journal for Research in Mathematics Education, 27*(5), 516-520 (Emotional acts?).

Sfard, A. (1991). On the dual nature of mathematical conceptions: Reflections on processes and objects as different sides of the same coin. *Educational Studies in Mathematics, 22,* 1-36.

Shadish, W. R., Cook, T. D., and Campbell, D. T. (2002). *Experimental and Quasi Experimental Designs for Generalized Causal Inference.* Boston: Houghton Mifflin.

Simon, M. A. (1995). Reconstructing mathematics pedagogy from a constructivist perspective. *Journal for Research in Mathematics Education, 26,* 114-145.

Smaling, A. (1990). Enige aspecten van kwalitatief onderzoek en het klinisch interview (Some aspects of qualitative research and the clinical interview). *Tijdschrift voor Nascholing en Onderzoek van het Reken-Wiskundeonderwijs, 8*(3), 4-10.

Smaling, A. (1992). Varieties of methodological intersubjectivity-the relations with qualitative and quantitative research, and with objectivity. *Quality & Quantity, 26,* 169-180.

Steffe, L. P. (1983). The teaching experiment methodology in a constructivist research program. In M. Zweng, T. Green, J. Kilpatrick, H. Pollak and M. Suydam (Eds.), *Proceedings of the Fourth International Congress on Mathematical Education* (pp. 469-471). Boston: Birkh user.

Stephan, M., Bowers, J., Cobb, P., and Gravemeijer, K. (Eds.) (2003). *Supporting students' development of measuring conceptions: Analyzing students' learning in social context. Journal for Research in Mathematics Education, Monograph No. 12.* Reston, VA: National Council of Teachers of Mathematics.

Streefland, L. (1990). *Fractions in Realistic Mathematics Education, a Paradigm of Developmental Research.* Dordrecht: Kluwer Academic Publishers.

Taylor, S. J., and Bogdan, R. (1984). *Introduction to Qualitative Research Methods: The Search for Meanings* (second edition). New York: Wiley.

Thompson, A. G., and Thompson, P. W. (1996). Talking about rates conceptually, part II: Mathematical knowledge for teaching. *Journal for Research in Mathematics Education, 27,* 2-24.

Thompson, P. W., and Thompson, A. G. (1994). Talking about rates conceptually, part I: A teacher's struggle. *Journal for Research in Mathematics Education, 25,* 279-303.

Treffers, A. (1987). *Three Dimensions: A Model of Goal and Theory Description in Mathematics Instruction - The Wiskobas Project.* Dordrecht: Reidel.

Tzou, C. (2000). *Learning about data creation.* Paper presented at the annual meeting of the American Educational Research Association, New Orleans.

van den Akker, J. (1999). Principles and methods of development research. In J. van Akker, R. M. Branch, K. Gustafson, N. Nieveen and T. Plomp (Eds.), *Design Approaches and Tools in Education and Training* (pp. 1-14). Boston: Kluwer Academic Publishers.

Yackel, E., and Cobb, P. (1996). Sociomathematical norms, argumentation, and autonomy in mathematics. *Journal for Research in Mathematics Education, 27*, 458-477.

제 4 장

Educational Design Research

공학 관점에서 바라본 설계연구

Thomas C. Reeves

교수와 학습을 근본적으로 개선할 수 있는 교육공학이라 알려진 학문 분야의 효과성에 대해 점점 그 의구심이 커지고 있는데, 교육의 효과성에 대한 통상적인 연구도 비슷한 처지다. 교육공학연구에 대한 의구심은 모르긴 해도 틀림없이 수십 년간에 걸쳐 오류가 있는 연구의 의제에서 시작하는데, 그 의제는 비과학적이며 사회적 책임을 다하지 못했다. 공학을 통해 교수와 학습을 증진하는 그 과정은 설계연구라는 대안적 탐구 모델을 통해 달성할 수 있다. 설계연구 프로토콜은 연구자와 실천가를 포함한, 장기간에 걸친 강력한 협력을 요구한다. 그것은 재사용이 가능한 설계 원칙을 규명하고 또한 학습 환경의 실제 문제에 대한 해결 방안을 개발하는 것을 통합한다. 교육공학 분야에서 설계연구 노력의 사례가 여기 기술되어 있다. 이 장은 교육공학연구 공동체가 설계연구 방법을 보다 전면적으로 수용할 것을 요청하면서 끝맺는다.

서 론

학문의 영역이고 또 실천의 장인 교육공학은 그 태동이 1920년대까지 거슬러 올라가기도 하지만, 제2차 세계대전의 여파로 등장하였다고 본다[교육공학과 교수공학은 문헌에서 미묘한 차이가 있지만, 이 장의 목적상 동의어로 간주한다(Reiser & Ely, 1997)](Saettler 1990). 근본적으로 Watson, Skinner, Hull 및 기타 행동주의자의 이론에 기초하여 구축되어서, 교육 공학자와 그들의 협력자에 의해 고안된 초기 혁신물, 예를 들어 교육 영화, 프로그램 교수, 그리고 교수용 TV는 그 개발자와 초기 수용자에 의해서 교육을 개선할 거대한 잠재력이 있는 것으로 기대되었다. 학습 이론의 토대가 행동주의에서 인지주의 학습 이론으로, 궁극적으로는 사회적 구성주의로 변화해 감에 따라, 컴퓨터 보조 교수(CAI) 및 웹기반 학습 환경 등의 새로운 과학 기술이 등장함에 따라, 다양한 맥락에서 모든 수준에 해당하는 교육을 개선할 교육공학의 능력에 대해 보다 낙관적인 전망이 쏟아졌다. 그렇지만 수천 건의 개별 연구와 이러한 연구에 관한 대규모의 메타 분석의 결과(Bernard et al., 2004; Dillon & Gabbard, 1998; Fabos & Young, 1999)는, 교육공학이 기대된 잠재력의 표출을 시작조차 못했다는 점과 최근에 들어서 이 분야의 효과성에 대한 의구심이 지속적으로 증가하고 있다는 점을 명백히 제시하여 왔다(Cuban, 2001; Noble, 2001; Oppenheimer, 2003).

교육공학의 가능성에 대한 이러한 부정적 느낌은 적어도 미국에서만큼은 교육연구 및 개발이 전체적으로 실패한 사업이었다는 일부 영역의 평가에서 분리될 수 없다. 부시 대통령의 연방 정부 산하 교육부는 "미국은 지난 30년간 학생당 실제 공적 자금의 90%를 인상했음에도 불구하고 ……초등 및 중등학교 학생의 성취도 향상에 전혀 진전을 이루지 못했다."라는 정치적으로 보수적인 증거기반 정책 연합(Coalition for Evidence-Based

Policy, 2002: 1)에 동의함으로써 지난 교육 연구 및 개발을 경멸하는 자세를 보여 주었다. 그러나 이러한 비판은 정치적인 동기가 있는 사람에게서만 유일하게 나타난 것은 아니었다. 북미 학원의 기록을 위해 주별로 발행하는 신문인 고등교육논문지(The Chronicle of Higher Education)의 1999년 8월 6일자 표지 기사는 '교육연구의 실패'에 대해 맹비난하였다(Miller 1999). 그 기사는 교육연구자는 연구를 위해 방대한 자원을 낭비하고 취약한 연구 방법을 사용하며, 접근할 수 없는 용어로 연구 결과를 보고하고 대개 모순에 지나지 않는 진술을 한다고 주장하였다.

실제로 교육연구 공동체는 줄곧 본질적인 교육의 개선에 초점을 두기보다는, 어떤 교육연구 전통을 다른 연구 전통과 비교하여 그 적법성의 구축(예, 양적, 질적, 비판적 방법론 패러다임 추종자 사이에서 장기간의 투쟁)에 보다 초점을 둔 결과로 스스로 가장 큰 적이 되어 왔다. 이러한 내분의 한 예로서, Lagemann(2000)은 진정 '과학적'이라는 인정을 받기 위해 잘못 판단된 노력을 기울인 교육연구자는 John Dewey의 실용적 비전을 외면하여 왔다고 주장한 반면, Egan(2002)은 Dewey 및 다른 연구자의 진보적 사상은 북미 학교의 일반적 무능함에 대해 책임져야 한다고 주장한다.

교육마당에서의 진척을 안내해 줄 수 있는 접근 방법으로서 의학연구에서 사용하는 것처럼 무선화 통제 시도(randomized controlled trials)의 가치와 실행 가능성에 대한 논쟁은 교육연구 및 개발 공동체 내에서 가장 분명한 논쟁거리다. 다른 학자 중에서 Slavin(2002)은 교육연구자가 '어떤 것이 효과적인가'를 밝히는 동일한 무선화 실험 시도 접근을 수용하기만 한다면, 지난 100년간 임상적 의학 실험에서 명백하였던 놀라운 진척이 교육에서도 달성할 수 있으리라고 주장하였다. Slavin(2002: 19)은 "우리가 교육 실천의 모든 양상에 대하여 해마다 수십 또는 수백의 무선화된 또는 신중한 비교연구를 수행한다면, 우리는 견고하고 뒤집을 수 없는 진척을 이루어 나가게 될 것이다."라고 단언하였다. Slavin은 의학연구의 빈번한 실패를 충분히 인지하는 데 실패하였다. 예를 들어, Ioannidis(2005)는 『JAMA』『New England Journal』『Lancet』등 세 개의 가장 권위 있는 의학 저널에서 1990~2003년에 발표한 논문 중 가장 빈번하게 인용되는 임상연구의 1/3이 긍정적인 결과를 제시하였다가 후속 연구에 의해 뒤집히는 결과를 보였거나, 지나치게 과장된 효과를 제시한 것임을 발견한 바 있다.

교육에서 무선화 통제 시도(RCTs)를 옹호하는 Slavin(2002)과 다른 학자[예, National Research Council(2002)]에 대응하여, Olson(2004)은 이중맹검(二重盲檢)[1] 처치가 의학에서는 실행 가능할지라도 교육연구에서는 불가함을 주장하였다. 그는 교육 맥락에서 무선화 통제 시도가 가능한가에 대해 의문을 가졌는데, 이는 적용 분산이 처치 효과를 감소시키고, 원인이 되는 변인이 구체화되지 않았고, 환자의 믿음이 제약이나 다른 의학적 처치에 영향을 미치는 것에 비하여 학생과 교사의 목적, 믿음, 의도가 처치에 훨씬 더 많은 영향을 미치기 때문이라는 것에 근거를 둔 것이다. Chatterji(2004)는 무선화 통제 시도와 'What Works Clearinghouse'의 구축을 강조하는 것은 교육 프로그램과 처방이 내재하는 사회적·조직적 정책 환경에 대한 중대한 실상을 무시하는 것이라고 주장하였다. 그녀는 '결론을 지향'하는 학문적인 연구보다는 '의사 결정을 지향'하는 평가연구를 옹호하였고, 그 생명력 있는 대안으로 연장된 혼합 방법 설계[Extended-Term Mixed-Method(ETMM) designs]를 추천하였다.

위의 사례 및 다른 비평에도 불구하고, 미국 교육부와 국립과학재단(National Science Foundation) 등의 연방 기구는 무선화 통제 시도를 탁월한 것으로 철저하게 인정하고 있는데, 그들이 가장 최근에 연구를 위한 금전적 지원을 받기 위해서는 Slavin(2002)과 다른 학자가 주장한 '과학적'

1) 의료 효과 조사를 위하여 투약이나 치료 등을 누가 받는지를 피실험자나 연구자에게 알리지 않고 하는 방법

방법을 사용할 것을 필수적으로 요구한다는 것만으로도 알 수 있다. 미국 평가 학회(American Evaluation Association)는 미국의 연방 차원으로 이 문제를 이러한 방향으로 채택한 몇 개의 전문적 조직 중의 하나로 봄으로써, 무선화 시도에 우선순위를 부여하기로 결정하였다.

> ① 인과 관계를 결정할 수 있는 연구 형태, ② 과학적 엄격성을 날성할 수 있는 방법, ③ 정책과 프로그램 결정을 지원하는 연구 형태에 대해 근본적으로 이해가 잘못되었음이 명백하다. 우리는 제안된 우선순위의 실행을 잘 돌볼 수 있는 정치적 · 윤리적 · 재정적 큰 불행을 회피하는 것을 돕고자 한다(American Evaluation Association, 2003).

교육연구에서 무선화 통제 시도를 위해 수백만 달러를 소비할 것을 권장한 Slavin(2002), Feuer 등(2002) 그리고 그 외 학자는 아마도 유명한 과학철학자인 Thomas Kuhn이 교육연구에 대해 내린 결론을 고려해 보아야 할 것이다. Kuhn은 다음과 같이 말하였다.

> 나는 이제 정말로 생산적인 교육연구와 같은 그러한 것이 있을 수 있는지에 대해 확신할 수 없다. 누군가가 교육적 과정에 대한 이해를 증가시킬 수 있는 개념적 연구 카테고리, 연구 도구, 적절히 선택된 문제가 여전히 있는지도 분명하지 않다. 만약 당신에게 어떤 큰 문제가 있다면 그것을 해결하기 위한 방법은 과학을 적용하는 것이라는 보편적인 가정이 있다. 당신이 올바른 사람을 모으고 그 문제 해결을 위해 충분한 돈을 대는 등 해야 할 모든 것을 하면서 몇 년이 흐르고 나면, 당신은 그것을 성취하게 될 것이다. 그러나 그런 식으로 일이 해결되지 않으며, 앞으로도 그렇지 않을 것이다(Glass & Moore, 1989:1).

만약 무선화 통제 시도 지지자가 Kuhn을 그다지 인정하지 않는다면, 그들은 아마도 20세기 중후반부 50년 동안 가장 저명한 교육학자의 한 명인 Lee Cronbach의 후대 연구를 더 신뢰한다고 할 것이다(Cronbach, 1982; Cronbach et al., 1980). Cronbach는 수십 년간의 실험연구 후, 우리가 수많은 작은 규모의 연구 결과를 빠르게 일반화하여 특정한 시기에 특정한 교실에서 그 일반화한 결과를 의미 있게 적용하는 것은 어렵다는 결론을 내렸다. 간단히 말해서, Cronbach(1975: 125)는 "우리가 그 공간의 조건에 대한 중요성을 적절하게 인정한다면, 어타의 일반화는 인정되는 가설일 뿐 결론은 될 수 없다."라고 주의를 주었다.

Kuhn과 Cronbach와 같은 전문가의 결론에 비추어 볼 때, 교육에서 무선화 통제 시도나 다른 형태의 실험연구에 대해 또 다른 새로운 열정을 보는 것은 참 절망감을 느끼게 한다. 교육연구자는 실천에 대수롭지 않은 영향을 미쳤던 자신의 과거 역사에서 배우는 능력이 전무해 보인다. Labaree는 다음과 같이 탄식하였다.

> 교육 지식의 형태가 그것을 생산하고자 시도하는 자를 위해서 취하는 마지막 문제는, 그들이 꾸준히 앞으로 나가고자 사투를 벌이지만 결국 시도하는 자들로 하여금 아무것도 얻지 못하는 것처럼 느끼게 한다는 것이다. 만약 시시포스[2]가 학자라면 그의 전공영역은 교육학일 것이다. 오랫동안 출중한 업적을 발표해 온 고령의 선배 교육연구자는, 자신이 맨 처음에 직면하였던 동일한 연구 문제를 여전히 해결하고자 노력하고 있음을 발견하게 된다. 그리고 그 노학자가 길러낸 다음 세대의 연구자 또한 이러한 연구 문제를 인계받고, 자신의 스승이 평생 동안 수고하였던

2) 코린토스의 못된 왕으로, 죽은 후 지옥에서 돌을 산꼭대기에 굴려 올리면 되굴러 떨어져 이를 되풀이해야 하는 벌을 받았다.

그 연구 분야의 가장 기초적 토대를 재구성한다(Labaree, 1998: 9).

교육공학연구의 상태

여타의 교육연구를 수행하는 것이 어려운 상황에서, 교육공학연구도 교육연구의 다른 교육연구영역에서처럼 비참한 기록을 양산해 왔다는 것에 대해 누구도 놀라지는 않을 것이다. 교육공학연구의 실제를 살펴보면, 연구자가 각자 격리된 상태로 주로 1회성의 유사(類似) 실험연구를 수행하는데, 그러한 연구는 굳건한 연구 계획에 거의 연계되지 못하고, 현장 실천과의 연관성에 대해 그다지 관심을 갖지 않는다. 이러한 연구는 대안적인 미디어 처치(예, 온라인 대 면대면 교수) 또는 측정하기 어려운 개인별 차이(예, 자기주도적 학습)에 초점을 맞춘다. 이는 일단 교육공학연구자가 참석하는 학회에서 학술논문으로 발표되고 궁극적으로는 학계의 논문지에 게재하게 되는데, 문제는 극소수의 사람만이 읽게 된다는 것이다. 교육 탐구의 다른 많은 맥락에서처럼 교육공학연구는 유의한 차이를 발견 못한다는 일련의 역사에 대해 괴로워했고, 교육 공학자가 수행한 유사(類似) 실험연구가 가장 철저한 메타 분석조차 기껏해야 극히 작은 효과를 양산하였다(Bernard et al., 2004; Dillon & Gabbard, 1998; Fabos & Young, 1999).

Reeves(1995)는 가장 권위 있는 두 개의 교육연구 저널인 『교육공학연구 및 개발(*Educational Technology Research and Development*)』과 『컴퓨터 기반 수업(*Journal of Computer-Based Instruction*)』의 논문집에 5년간 발표된 연구 논문을 검토하였는데, 대부분의 발표 연구는 이론에서 도출되거나 또는 교수 전달을 위한 어떤 매체가 또 다른 매체와 비교하는 가설을 검증하는 것을 목적으로 연구하고 있음을 발견하였다. 이러한 논문이 심사과정을 거쳤음에도 불구하고, Reeves는 '대부분의 연구가 결함이 있는 유사(類似) 실험연구설계' '성취도, 태도, 또는 기타 산출물과 관련된 주된 변인의 매우 미약한 양적 측정'을 사용함을 발견하였다. 교육공학 분야에서 발표한 대부분 연구의 일반적으로 허위 과학적인 성격에 기인한 한 결과는, 다른 연구자가 이러한 연구를 메타 분석할 때, 그들은 여러 잘못으로 발표된 연구의 75% 이상이 거부되어야 함을 종종 발견하곤 한다(Bernard et al., 2004; Dillon & Gabbard, 1998; Fabos & Young, 1999). 유비쿼터스 미디어 비교연구의 경우, 명세화 오류(specification error), 이론적 기초와의 연계 부족, 부적절한 이론적 검토, 형편없는 처치 적용, 주된 측정 오류, 연구 참여자에 대한 논리에 맞지 않는 학습 결과, 부적절한 샘플 크기, 부정확한 통계적 분석, 결과에 대한 의미 없는 토론 등을 약점으로 제시할 수 있다(Reeves, 1993).

Bernard 등(2004)은 1985~2002년에 면대면 수업 코스와 원격 교육 코스 간의 실험 · 관찰에 의한 비교연구에 대해 포괄적인 메타 분석을 수행하였는데, 대부분 연구는 메타 분석에 포함하기 위한 그들의 준거를 충족하지 못하였다. Bernard와 동료들은 학생 성취도 측정에 초점을 둔 일련의 더 적은 수의 논문을 통해, 전통적인 교실 수업과 비교하여 상호작용 형태의 원격 교육을 위한 매우 작지만 통계적으로 유의한 긍정적인 평균 효과 크기를 감지하였다. 더 심도 있는 분석은 동기적 대화와 양방향 오디오 및 비디오가 효과적인 상호작용 원격 교육에 공헌하는 조건 중 하나임을 제시하였다. 이러한 메타 분석이 이러한 종류, 이러한 발견, 다른 연관된 메타 분석에서 도출한 것이라는 측면에서는 가장 우수한 연구 중 하나일 수 있겠지만(Cavanaugh, 2001; Machtmes & Asher, 2000), 교육 실천가를 위한 구체적인 설계 안내를 제공한다는 측면에서는 여전히 매우 부족하다.

대부분의 메타 분석연구에서 종합한 미디어 비교연구류는 교육공학에서 오래되고 의심이 가는 역사를 지니고 있다(Clark, 1983, 2001). Saettler (1990)는 1920년대까지 거슬러 올라가는 교육 영화와 교실 수업 간의 비교

실험연구의 증거를 발견하였는데, 비교연구설계는 그 이후로 모든 새로운 교육매체에 적용되었다. 'Bernard 등(2004)에 의해 검증된 원격 교육'과 '전통적 방법에 대한 1,000개가 넘는 유사(類似) 실험연구'에 의해 검증된 것처럼, 이렇게 결국 영양가 없는 교육연구 접근은 교육공학연구자의 마음과 업무 습관에 굳건히 자리 잡고 있다. 이에 대한 빈번한 경고에도 불구하고, 미디어 비교연구는 어떤 모습이나 또 다른 형태로 지속적으로 발표되고 있다(Koory, 2003; MacDonald & Bartlett, 2000; Scheetz & Gunter, 2004; Summers et al., 2005). 학습에 유의한 차이가 없다는 것은 가장 지속적인 결과였다. 교육공학연구자라면 John Daniel 경의 다음 말에 주의를 기울이는 것이 좋겠다.

> 새로운 학습 과학 기술을 사용하는 학생과 보다 전통적인 방식으로 공부하는 학생 간의 검사 수행 정도를 비교하는 영양가 없는 전통은 …… 초점 없는 노력일 뿐인데, 오래된 것이든 새로운 것이든 교수 및 학습 체제는 복잡한 실체이기 때문이다. 체제의 작은 일부분에 영향을 미치는 변화를 비교하는 것은 대단한 효과를 보일 것 같지 않은데, 정말로 '유의한 차이 없음'은 이러한 연구류의 통상적 결과다(Daniel, 2002: x).

계획의 착상도 나쁘고 제대로 수행되지도 못하여 유의한 차이가 없거나 혹은 기껏해야 아주 작은 효과가 있다는 결과를 나타내는 연구의 이러한 전통에도 불구하고, 저널리스트는 교육 공학자와 그 외 다른 사람의 노력에 대항하여 교육에서 테크놀로지의 사용을 촉진하는 강력한 사례를 만들 수 있다. 예를 들어, Todd Oppenheimer는 다음과 같이 기술하였다.

> 객관적인 정보를 위한 미국인의 절망이 교육영역처럼 멋지게 나타나는 곳은 없다. 나는 매우 많은 양의 겉치레식 '연구'의 가치를 증명하는 양적

> 연구에 의해 어떤 새로운 개념을 촉진하려는 우리의 경향에 대해 말하고자 하는데 ……컴퓨터가 학생의 성취도 향상을 위해 무엇을 할 수 있는가에 대해 의구심이 생길 때, 과학 기술 옹호자는 능숙하게 연구를 수행한다. 결과적으로 그들 대부분의 연구는 매우 미심쩍다(Oppenheimer 2003: xix).

교육공학자를 위한 새로운 연구 방향

교육공학연구에서 보다 나은 접근에 대한 시급한 요구가 분명히 있다. 교육공학자는 매체 비교연구 수를 늘리는 것보다 다른 사람들이 '설계기반연구'(Kelly, 2003), '개발연구'(van den Akker, 1999), '설계 실험'(Brown, 1992; Collins, 1992), '형성연구'(Newman, 1990) 등으로 이름 지어 온 설계연구 형태를 착수해야 한다. Brown(1992)과 Collins(1992) 등이 기술한 것처럼 '설계 실험'의 결정적인 특성은 다음과 같다.

- 교육 실천가와 협력하여 실제 맥락에서 복잡한 문제 다루기
- 알려진 가설적인 설계 원칙을 진일보한 과학 기술과 통합하여 이러한 복잡한 문제를 위한 그럴듯한 해결 방안 도출하기
- 혁신적인 학습 환경을 검사하고 세련하기 위해서, 새로운 설계 원칙을 명확히 하기 위해서 엄격하고 반추적인 탐색 수행하기

'철학적 프레임워크 및 예언적이고 설명을 위한 전통적인 교육공학연구 방법의 목적'과 '설계 기반연구 접근법' 간에 주요한 차이점이 있다. Van den Akker는 그 차이를 다음과 같이 분류하였다.

> 개발연구는 대부분의 다른 연구 접근보다도 실천적이고 과학적인 공헌

> 을 추구한다. 교육적 문제를 위한 혁신적인 '해결 방안'을 찾는 데 실천가와의 상호작용은 ……가장 본질이 된다. 궁극적인 목적은 이론을 실제에 적용했을 때 실제 발생하는 사태의 좋은 예측변인인지를 검증하려는 것은 아니다. 이론과 실천 간의 상호작용은 보다 복잡하고 역동적이다. 현존하는 문제를 위한, 또는 실제 세상에서 의도한 변화를 위한 실천적이고 효과적인 처방을 고안하는 것이 가능한가? 혁신적 도전은 종종 매우 실질적이라서, 그렇지 않을 경우 그 연구는 시작조차 불가능하게 된다. 당면한 문제와 그에 대한 잠재적인 해결 방안의 특성을 함께 점진적으로 구체화하기 위해서 실천가와의 상호작용이 필요하다. '지속적인 접근'의 반복적인 과정 또는 '이상적인' 처방의 '진화적인 원형'은 바람직하다. 이론을 직접 적용하는 것은 그러한 복잡한 문제를 해결하는 데 충분하지 않다(van den Akker, 1999: 8-9).

Reeves(2000)는 van den Akker(1999)의 설계 · 개발연구의 개념을 교육공학영역에서 사회적으로 신뢰할 수 있는 연구를 위한 생명력 있는 전략으로 기술하였다. [그림 4-1]에 설명한 것처럼 이 학문영역에서 언제나 그랬듯 예측적 연구 결과가 교육공학의 유효성을 제시하는 데 논쟁의 여지가 없는 결과를 제공한다고 할지라도, 이러한 발견을 교육 개혁으로 전환시키는 것은 저절로 이루어지지는 않을 것이다. 교육연구는 종종 심사 과정을 거친 논문집에 발표되는데 다수의 교육 실천가에 의해 읽히지 못한다. 연구 논문을 읽고 그 결과를 실천적 해결 방안으로 전환하는 것은 교육 실천가에게는 만만치 않은 일이다. 또한 교육 공학자는 혁신적인 과학 기술을 교실에 단순히 설치만 하고는 그 효과가 나타나기를 바랄 수는 없다.

설계연구의 주된 장점 중 하나는 실천가와 연구자가 실제 교수-학습의 문제를 규명하고, 기존 설계 원칙에 근간을 둔 원형 해결 방안을 고안하고, 원형 해결 방안과 설계 원칙에 관심 있는 모든 사람이 만족스러워할 때까

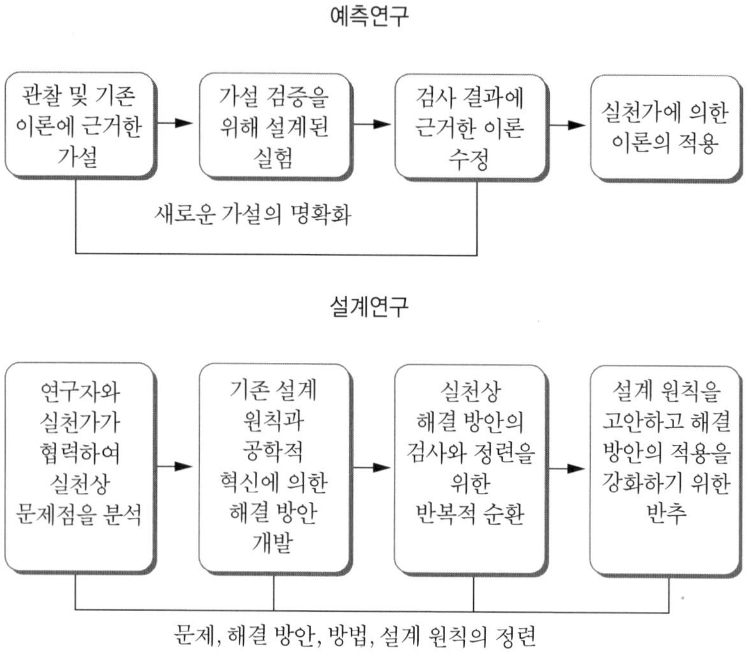

[그림 4-1] 교육공학연구에서 예측연구 및 설계연구 접근 비교

지 산출물을 검사하고 정련하는 데 협력하기를 요구한다는 것이다. 설계연구는 실천과 격리된 채로 개별연구자가 수행할 수 있는 활동이 아니다. 이 연구의 본질적 특성은, 적어도 교사와 학생이 직면하는 문제를 규명하는 것과 관련하여(이상적으로는 굳건한 설계 모델과 원칙의 설명과 협력하여 해결 방안을 고안 및 채택하는 것과 관련하여) 진척이 이루어질 것을 보장한다.

설계연구 예시

다행스럽게도 교육공학 분야에서 설계 기반연구의 여러 우수 사례가 출현하고 있다. 『교육공학(*Educational Technology*)』 저널의 2005년 1월, 2월

판에는 북미에서 가장 잘 알려진 6개의 설계 기반연구 시도가 특별히 소개되고 있다. Squire(2005)는 게임 기반 학습 환경의 설계 기반 조사를 제시하였는데, 그와 그의 연구 동료들은 실제적인 맥락에서 혁신의 복잡함을 탐구하고자 양적 방법 및 질적 방법을 혼합하여 사용하였다. Barab 등(2005)은 아틀란티스 탐구(Quest Atlantis) 프로젝트를 수행하면서 설계 기반연구 방법을 어떻게 사용하였는지를 묘사하였는데, 이 프로젝트는 중요한 학습을 지원하는 풍부한 온라인 학습 환경뿐만 아니라 학습 참여 이론(Learning Engagement Theory)이라고 부르는 유망한 이론적 토대로 구현한 바 있는 주목할 만한 시도였다. Nelson 등(2005)은 다중 사용자 가상 환경 경험 시뮬레이터(Multi-User Virtual Environment Experienctial Simulators, MUVEES)의 형태인 교육과정 수준의 혁신이 그들의 강(江) 도시 과학 교육 프로젝트에서 교육 실천가와 밀접하게 일할 수 있게 한다는 점에서 설계 기반연구의 혜택을 명료하게 하였다. Hay 등(2005)은 가상 태양계 프로젝트를 기술하면서, 고등교육 기관 환경에서 수행되는 설계연구가 직면하는 어려움과, 공학적 혁신물을 교과서와 같은 전통적 교육 매개와 통합해야 하는 필요성을 고려하면서 묘사하였다. 설계 기반연구회(Design-Based Research Collective, 2003)의 창설자 중 한 명인 Hoadley(2005)는 토론을 통한 학습과 관련된 '사회적으로 관련된 표상'이라는 자신의 이론이 10여 년의 탐구를 통해 점진적으로 정제되었던 것처럼 설계 기반연구는 무척 많은 시간과 인내가 필요함을 피력하였다.

Kafai(2005)의 「살아 있는 실험실인 교실」이라는 제목의 논문에는 동일한 맥락에서 사용될 혁신적인 교육 과학 기술을 개발하고자, 실천가와 협력하는 것이 가져다 줄 설계 기반연구의 감탄할 수밖에 없는 혜택을 정리하였다. 수십 년간 교육 공학자는 실험실에서 교육 혁신을 개발하였고 그 후 교실에 그 혁신을 끼워 넣고자 시도하였는데, 그 효과는 형편없는 수준이었다(Cuban, 2001). 이와 다르게 설계 기반연구자는 맥락 안에서 상호작용적인 학습 환경을 개발하고자 근본적인 전념을 기울이는데, 그 환경은 교사 및 학생과의 밀접한 협력을 통해서 활용될 것이다.

Jan Herrington의 개발연구(development research)는 호주 에디스코완 대학교에서 수행되었는데(Herrington, 1997; Herrington & Oliver, 1999), 박사과정생이 주도적으로 수행한 흔치 않은 모범적 설계 기반연구 사례다. Herrington은 일련의 혁신적인 조사 전략을 사용하였고, 그 중에는 멀티미디어 학습에 참여한 학생 여러 쌍의 대화를 비디오로 분석하는 것도 포함하였다. 우선 그녀는 교사 교육자와 함께 상황학습의 중요한 요인을 포함하는 모델을 개발하였고, 이러한 요인을 혁신적 멀티미디어 학습 환경에서 증명하였다. 그런 후, 그녀와 협력연구자는 그 모델과 공학적인 산물을 예비교사를 양성하는 과정 및 초·중등학교 등의 다양한 맥락에서 검증하였다. 이러한 일련의 연구는 즉시적인 실천의 맥락 안에서 가치가 있었고, 다른 많은 맥락으로 일반화되고 적용할 수 있는 설계 원칙도 양산해 냈다. Barab과 Squire(2004: 6)는 이러한 부류의 설계연구가 '지역 수준에서 가시적인 변화'와 함께 '이론'에 공헌한다는 두 가지를 어떻게 요구하는지를 묘사하였다. Herrington의 연구 일정은 여전히 빡빡한데, 최근에는 웹 기반 학습 환경에서 실제적 활동의 설계에 초점을 맞추는 연구가 진행 중이다(Herrington et al., 2004).

그 외 주목할 만한 설계 기반연구의 박사학위 논문은 네덜란드의 트웬테 대학교에서 수행되어 왔다. De Vries(2004)는 네 개의 설계 실험을 초등학교를 대상으로 수행하여 '어떤 영역과 학습 과제에 대한 개인 이해의 개발을 증진하기 위해 학습 과정에서 반추를 어떻게 넣을 수 있는가?'와 같은 연구 질문을 다루었다. 수년 후에 McKenney(2001)는 '남부 아프리카에서 중등 수준의 과학과 수학 교육을 위한 모범적인 수업 자료를 개발하는 데 (자원이 되는) 교사의 수행능력에 영향을 미칠 잠재력이 있는 타당하고 실천력 있는 지원 도구의 특색은 무엇인가?'와 같은 연구 문제를 다루기 위해서 큰 규모의 박사논문 연구에 개발연구 방법을 사용하였다. 그보다도 더 일찍 Nieveen(1997)은 컴퓨터 지원 체제를 고안하여 형성적 교육과정평가 노력의 효과성을 극대화함으로써, 교육과정 개발자를 돕고자 하는 목적으로 개발연구를 추진하였다. van den Akker(1999)는 이 세 가지 박사학위 논문에서 중요한 역할을 수행하였다. 적절한 지원을 받으면 박사과정생은 교육공학영역에서 값어치 있는 열매를 맺는 설계연구에 종사할 수 있다는 것을 분명하게 보여 주었다는 점에서 이러한 모범적 사례는 특히 유용하다.

교육공학연구의 개혁을 위한 조건

교육공학연구 공동체에서 설계연구가 진지하게 받아들여지기 위해서는 연구 및 개발을 위해 우리가 갖고 있는 방법론상에 근본적인 변화가 요구된다. van den Akker(1999), Bannan-Ritland(2003), Barab과 Squire (2004) 및 그 외 연구자에 의해 제시된 설계 · 개발연구의 종류는 이러한 면에서 대단한 희망이 있다. 그러나 여전히 다른 변화도 요구된다. 예를 들어, 학습 이론이 교수 실제에서 유리되어 독자적으로 존재하는 것으로 개념화하는 것은, 맥락 안에서 연구자와 실천가가 협력하여 학습 이론을 형성할 수 있다고 인정하는 것으로 대체되어야 한다. '연구와 이론' 활용을 조장(use-inspired)할 수 있는 과정으로 보는 우리의 인식 방식의 전환은 다른 탐구영역에서도 벌어지고 있다(Stokes, 1997).

게다가 교육 공학자는 교육공학이란 학문영역을 과학으로서 재개념화해야 할지도 모른다(Shavelson et al., 2003). 교육공학은 무엇보다 설계영역이며, 따라서 설계 지식(design knowledge)은 이 학문영역에서 추구하는 주된 지식의 부류다. 설계 지식은 교육연구자가 교사에 의해 후속적인 적용을 위한 실험에서 도출하는 그런 것이 아니다. 설계 지식은 맥락적·사회적·현실적이다(Perkins, 1986). 설계영역으로서 교육공학의 최고의 연구 목적은 가르치고, 배우고, 수행상의 문제를 해결하는 것과 미래의 개발 및 실행의 결정을 안내할 수 있는 설계 원칙을 도출해 내는 것이어야 한다. 우리의 목적이 난해한 이론적인 지식을 개발하고, 적어도 전통적인 학계의 정년보장제나 승진 심사 제도에서 크게 인정받지도 못하는 실천가를 겨냥한 논문에 우리가 그러한 지식을 기술할 때마다 실천가가 그것을 적용해야 한다는 식이 되어서는 곤란하다. 이러한 부류의 논문을 발표하는 것은 지난 50년이 넘는 세월 동안 그다지 효과가 없었으며, 미래에도 그 효과는 없을 것이다.

따라서 고등교육에서 학문업적에 대한 보상 체제(reward structure)가 반드시 변해야 한다. 교육연구자는 심사 과정을 거친 학회 논문을 몇 편이나 발표했느냐에 의해 평가받기보다는 장기간의 개발연구 프로젝트에 참여한 것과 실제에 미친 영향에 의해 보상받아야 한다. 교육공학과 같은 설계영역에서는 지금이야말로 우리가 대중을 연구의 중심으로 되돌려 놓아야 할 때다. 학계의 연구자와 그들이 협력할 교사에게 설계연구, 반추, 지속적인 전문가 개발에 참여하기 위한 시간적 여유가 주어져야 한다. Hersh와 Merrow(2005)는 모든 학계를 통틀어 개인적인 연구 일정을 지나치게 강조하는 것이 어떻게 지난 30년이 넘는 기간 동안 미국의 고등교육에 교수와 교육서비스의 퇴보를 가져왔는지를 기술하였다.

물론 이 논문에서 요구하는 장기간의 설계연구의 형태를 위해서는 추가적인 비용 지원이 필요하다. 현재에도 미국 국립과학재단(www.nsf.gov)과 교육부의 교육 과학연구소(Institute of Educational Sciences, www.ed.gov/about/offices/list/ies/index.html)는 무선 통제된 시도가 선호되는 교육연구 방법이라고 주장하고 있다. 희망컨대, 이 책에 소개된 예제가 국립과학재단이나 다른 연구기금 제공 기관 내 권위자가 과학 기술을 교수와 학습에 통합하고, 궁극적으로 모두를 위한 교육을 향상할 수 있는 생명력 있는 대안적 접근으로 설계연구를 고려하도록 격려할 수 있기를 바란다.

실천 요청

위에서 대략적으로 소개되었고 van den Akker(1999) 등의 방법론학자에 의해 안내된 설계 기반연구 시도에 고무되어, 우리 교육 공학자는 교육연구에 대해 사회적으로 보다 책무성 있는 접근을 수용해야 할 때다. 우리 학문영역에서 요구되는 설계 지식은 사이비 과학의 수치스러운 유산의 특성을 부여해 온 단순하고, 종종 일회성이며, 의사(擬似) 실험의 부류에서 도출되는 것이 아니다. 더 나은 연구 없이는 교사, 행정가, 교수설계자, 정책결정자, 다른 관련자가 모든 수준에서 교수와 학습을 개혁하기 위하여 교육공학을 사용하고자 계속해서 발버둥칠 것이다.

교육 공학자의 전통적인 연구 수행이 실천을 인도할 충분한 기초를 결단코 제공하지 못할 것이라는 단언에 대해 과연 누가 의구심이라도 갖을 수 있을까? 현 상황은 부조리를 향해 다가간다. 교육과 훈련 공동체를 주요 독자층으로 하는 잡지인 『발표(*Presentations*)』에 기고한 Simons(2004)는 멀티미디어연구영역에서 가장 유명한 연구자 중 한 명인 Richard Mayer 교수의 연구를 요약하였다. Simons는(비록 불충분한 역설을 사용하였지만) Mayer의 연구(Clark & Mayer, 2003; Mayer, 2001)는 교육과 훈련에 멀티미디어의 사용을 지지하면서 동시에 지지하는 것을 실패하기도 한다고 지적하였다. '맥락에 따라 다르다(It depends).'는 것은 전통적인 연구 의제를 추구하는 교육 공학자가 실천가에게 제공할 수 있는 최고의 조언인 듯하다. 하지만 이것으로는 충분하지 않다. '맥락에 따라 다르다.'와 설계연구가 제공하는 검증된 주장의 부류 간에는 중요한 차이가 있다. 교육공학연구의 방향을 선회해야 하는 시점은 바로 지금이다.

참고문헌

American Evaluation Association. (2003). *American Evaluation Association response to U.S. Department of Education Notice of Proposed Priority, Federal Register RIN 1890-ZA00, Scientifically Based Evaluation Methods.* Document retrieved 29 November 2003 from http://www.eval.org/doestatement.htm

Bannan-Ritland, B. (2003). The role of design in research: The integrative learning design framework. *Educational Researcher, 32*(1), 21-24.

Barab, S. A., Arici, A., and Jackson, C. (2005). Eat your vegetables and do your homework: A design-based investigation of enjoyment and meaning in learning. *Educational Technology, 65*(1), 15-21.

Barab, S. A., and Squire, K. (2004). Design-based research: Putting a stake in the ground. *The Journal of the Learning Sciences, 13*(1), 1-14.

Berliner, D. C. (2002). Educational research: The hardest science of all. *Educational Researcher, 31*(8), 18-20.

Bernard, R. M., Abrami, P. C., Lou, Y., Borokhovski, E., Wade, A., Wozney, L., Wallet, P. A., Fiset, M., and Huang, B. (2004). How does distance education compare to classroom instruction? A meta-analysis of the empirical literature. *Review of Educational Research, 74*(3), 379-439.

Brown, A. L. (1992). Design experiments: Theoretical and methodological challenges in creating complex interactions in classroom settings. *Journal of the Learning Sciences, 2,* 141-178.

Cavanaugh, C. S. (2001). The effectiveness of interactive distance education technologies in K-12 learning: A meta-analysis. *International Journal of*

Educational Telecommunications, 7(1), 73-88.

Chatterji, M. (2004). Evidence on "what works". An argument for extended-term mixed method(ETMM) evaluation designs. *Educational Researcher, 33*(9), 3-13.

Clark, R. C., and Mayer, R. E. (2003). *E-Learning and the Science of Instruction.* San Francisco: Jossey-Bass.

Clark, R. E. (1983). Reconsidering research on learning with media. *Review of Educational Research, 53*(4), 445-459.

Clark, R. E. (Ed.) (2001). *Learning from Media: Arguments, Analysis, and Evidence.* Greenwich, CT: Information Age Publishing.

Coalition for Evidence-Based Policy. (2002, November). *Bringing Evidence-Based Progress to Education: A Recommended Strategy for the U.S. Department of Education.* Washington, DC: Coalition for Evidence-Based Policy Forum. Report retrieved 1 December 2003 from www.excelgov.org/usermedia/images/uploads/PDFs/coalitionFinRpt.pdf

Collins, A. (1992). Towards a design science of education. In E. Scanlon and T. O'Shea (Eds.), *New Directions in Education Technology* (pp. 15-22). Berlin: Springer.

Cronbach, L. J. (1975). Beyond the two disciplines of scientific psychology. *American Psychologist, 30*(2), 116-127.

Cronbach, L. J. (1982). *Designing evaluations of educational and social programs.* San Francisco: Jossey-Bass.

Cronbach, L. J., Ambron, S. R., Dornbusch, S. M., Hess, R. D., Phillips, D. C., Walker, D. F., and Weiner, S. S. (1980). *Toward Reform of Program Evaluation.* San Francisco: Jossey-Bass.

Cuban, L. (2001). *Oversold and Underused: Computers in the Classroom.* Cambridge, MA: Harvard University Press.

Daniel, J. (2002). Preface. In C. Vrasidas and G. V. Glass (Eds.), *Distance*

Education and Distributed Learning (pp. ix-x). Greenwich, CT: Information Age Publishing.

Design-Based Research Collective. (2003). Design-based research: An emerging paradigm for educational inquiry. *Educational Researcher, 32*(1), 5-8.

de Vries, B. (2004). *Opportunities for reflection: E-mail and the web in the primary classroom.* Doctoral dissertation, University of Twente: Enschede.

Dillon, A., and Gabbard, R. (1998). Hypermedia as an educational technology: A review of the quantitative research literature on learner comprehension, control and style. *Review of Educational Research, 68*(3), 322-349. http://www.ischool.utexas.edu/~adillon/publications/hypermedia.html

Egan, K. (2002). *Getting it Wrong from the Beginning: Our Progressivist Inheritance from Herbert Spencer, John Dewey, and Jean Piaget.* New Haven, CT: Yale University Press.

Fabos, B., and Young, M. D. (1999). Telecommunications in the classroom: Rhetoric versus reality. *Review of Educational Research, 69*(3), 217-259.

Feuer, M. J., Towne, L., and Shavelson, R. J. (2002). Scientific culture and educational research. *Educational Researcher, 31*(8), 4-14.

Glass, G. V., and Moore, N. (1989, October). *Research and practice: Universities and schools.* Paper presented at the Second Annual Meeting of the Arizona Educational Research Organization. Retrieved 16 July 2005 from http://glass.ed.asu.edu/gene/papers/aero.html

Hay, K. E., Kim, B., and Roy, T. C. (2005). Design-based research: More than formative assessment? An account of the Virtual Solar System Project. *Educational Technology, 45*(1), 34-41.

Herrington, J., and Oliver, R. (1999). Using situated learning and multimedia to investigate higher-order thinking. *Journal of Interactive Learning Research, 10*(1), 3-24.

Herrington, J., Reeves, T. C., Oliver, R., and Woo, Y. (2004). Designing authentic activities in web-based courses. *Journal of Computing in Higher Education, 16*(1), 3-29.

Herrington, J. A. (1997). *Authentic Learning in Interactive Multimedia Environments.* Doctoral dissertation, Edith Cowan Understanding: Perth.

Hersh, R. H., and Merrow, J. (2005). *Declining by Degrees: Higher Education at Risk.* New York: Palgrave Macmillan.

Hoadley, C. M. (2005). Design-based research methods and theory building: A case study of research with *SpeakEasy. Educational Technology, 45*(1), 42-47.

Ioannidis, J. P. A. (2005). Contradicted and initially stronger effects in highly cited clinical research. *Journal of the American Medical Association* (JAMA), *294*(2), 218-228.

Kafai, Y. B. (2005). The Classroom as "living laboratory": Design-based research for understanding, comparing, and evaluating learning science through design. *Educational Technology, 65*(1), 28-34.

Kelly, A. E. (2003). Research as design. *Educational Researcher, 32*(1), 3-4.

Koory, M. A. (2003). Differences in learning outcomes for the online and F2F versions of "An Introduction to Shakespeare". *Journal of Asynchronous Learning Networks, 7*(2), 18-35. Article retrieved 5 January 2004 from http://www.aln.org/publications/jaln/v7n2/index.asp

Labaree, D. F. (1998). Educational researchers: Living with a lesser form of knowledge. *Educational Researcher, 27*(8), 4-12.

Lagemann, E. C. (2000). *An Elusive Science: The Troubling History of Educational Research.* Chicago: The University of Chicago Press.

MacDonald, M., and Bartlett, J. E. (2000). Comparison of web-based and traditional delivery methods in a business communications unit. *Delta Pi Epsilon Journal, 42*(2), 90-100.

Machtmes, K., and Asher, J. W. (2000). A meta-analysis of the effectiveness of telecourses in distance education. *The American Journal of Distance Education, 14*(1), 27-46.

Mayer, R. E. (2001). *Multimedia Learning*. New York: Cambridge University Press.

McKenney, S. (2001). *Computer-based support for science education materials developers in Africa: Exploring potentials*. Doctoral dissertation, University of Twente: Enschede.

Miller, D. W. (1999, 6 August). The black hole of educational research: Why do academic studies play such a minimal role in efforts to improve the schools?. *The Chronicle of Higher Education*. Retrieved 5 October 2002 from http://chronicle.com

National Research Council. (2002). *Scientific Research in Education*. Washington, DC: National Academy Press. Retrieved 23 August 2003 from http://www.nap.edu/

Nelson, B., Ketelhut, D. J., Clarke, J., Bowman, C., and Dede, C. (2005). Design-based research strategies for developing a scientific inquiry curriculum in a multiuser virtual environment. *Educational Technology, 65*(1), 21-28.

Newman, D. (1990). Opportunities for research on the organizational impact of school computers. *Educational Researcher, 19*(3), 8-13.

Nieveen, N. M. (1997). *Computer support for curriculum developers: A study on the potential of computer support in the domain of formative curriculum evaluation*. Doctoral dissertation, University of Twente: Enschede.

Noble, D. F. (2001). *Digital Diploma Mills: The Automation of Higher Education*. New York: Monthly Review Press.

Olson, D. (2004). The triumph of hope over experience in the search for "what works": A response to Slavin. *Educational Researcher, 33*(1), 24-26.

Oppenheimer, T. (2003). *The Flickering Mind: The False Promise of Technology in the Classroom and How Learning can be Saved.* New York: Random House.

Perkins, D. N. (1986). *Knowledge as Design.* Hillsdale, NJ: Lawrence Erlbaum Associates.

Reeves, T. C. (1993). Pseudoscience in computer-based instruction: The case of learner control research. *Journal of Computer-Based Instruction, 20*(2), 39-46.

Reeves, T. C. (1995). Questioning the questions of instructional technology research. In M. R. Simonson and M. Anderson (Eds.), *Proceedings of the Annual Conference of the Association for Educational Communications and Technology, Research and Theory Division* (pp. 459-470). Anaheim, CA: Association for Education Communications and Technology.

Reeves, T. C. (2000). Socially responsible educational technology research. *Educational Technology, 40*(6), 19-28.

Reiser, R. A., and Ely, D. P. (1997). The field of educational technology as reflected through its definitions. *Educational Technology Research and Development, 45*(3), 63-72.

Saettler, P. (1990). *The Evolution of American Educational Technology.* Englewood, CO: Libraries Unlimited.

Scheetz, N. A., and Gunter, P. L. (2004). Online versus traditional classroom delivery of a course in manual communication. *Exceptional Children, 71*(1), 109-120.

Shavelson, R. J., Phillips, D. C., Towne, L., and Feuer, M. J. (2003). On the science of education design studies. *Educational Researcher, 32*(1), 25-28.

Simons, T. (2004). The multimedia paradox. *Presentations, 18*(9), 24-26, 28-29.

Slavin, R. E. (2002). Evidence-based education policies: Transforming educational practice and research. *Educational Researcher, 31*(7), 15-21.

Squire, K. D. (2005). Resuscitating research in educational technology: Using game based learning research as a lens for looking at design-based research. *Educational Technology, 45*(1), 8-14.

Stokes, D. E. (1997). *Pasteur's Quadrant: Basic Science and Technological Innovation.* Washington, DC: Brookings Institution Press.

Summers, J. J., Waigandt, A., and Whittaker, T. A. (2005). A comparison of student achievement and satisfaction in an online versus a traditional face-to-face statistic class. *Innovative Higher Education, 29*(3), 233-250.

van den Akker, J. (1999). Principles and methods of development research. In J. van den Akker, N. Nieveen, R. M. Branch, K. L. Gustafson and T. Plomp (Eds.), *Design Methodology and Developmental Research in Education and Training* (pp. 1-14). Dordrecht: Kluwer Academic Publishers.

제 5 장

Educational Design Research

교육과정 관점에서 바라본 설계연구

Susan McKenney, Nienke Nieveen, Jan van den Akker

이 장에서는 이 책에서 지금까지 설계연구에 대해 살펴본 다른 논의보다 좀 더 광범위한 관점에서 접근하고자 한다. 이 장은 교육과정영역에서 설계연구를 이해하도록 돕고, '교육과정'이 무엇을 의미하는지 명확히 규명한 후 이 관점에서 설계연구의 특징을 밝혀 본다. 교육과정영역에서 설계연구를 논의하는 것은 과정(process)의 개념적 모델을 지향한다. 이 모델의 다양한 양상을 설명하기 위해서, 교육과정영역의 세 가지 설계연구 사례를 간략하게 제시할 것이다. 이 장은 설계연구의 진퇴양난에 대해 논의하고, 마지막으로 설계연구 노력에 잠재적인 위협을 완화하기 위한 가이드라인으로 마무리 짓고자 한다.

교육과정영역

학문의 영역으로서, 교육과정이 무엇인지 아는 것은 애가 타도록 어렵다(Goodlad, 1994: 1266). '학습을 위한 계획'이라는 Taba(1962)의 정의가 일반적으로 수용되지만, 그 용어의 보다 상세한 정교화에 관해서는 논쟁이 끊이지 않는다(Marsh & Willis, 1995). 이 장에서 교육과정의 개념은 총괄적인 관점에서 다루어진다. 즉, 학습을 위한 계획이라는 광범위한 개념이 우선 다루어지고, 관련된 관점은 교육과정의 이해를 증진하기 위해 추구된다. 이 절(節)의 나머지 부분에서 우리는 교육과정영역에서 설계연구에 대한 비전을 매우 강력하게 지원하는 교육과정의 관점을 제시하려 한다.

관 점

학습을 위한 계획을 수립하기 위해 어떻게 해야 할까? 교육과정의 의사결정은 일반적으로 반복적이고 시간이 오래 소요되는 과정인데, 넓은 영역의 참여자에 의해 수행되며 보다 포괄적인 관련자에 의해 영향을 받는다. 교육과정의 결정은 다양한 각도에서 분석할 수 있는데, Goodlad(1994)는 사회정치적(sociopolitical), 공학-전문적(technical-professional), 실존적(substantive)인 세 가지 각도로 정의한다. 사회정치적 관점은 다양한(개인 차원의 그리고 조직 차원의) 관련자에 의해 행사되는 영향을 언급한다. 공학-전문적 관점은 교육과정 개발 과정의 방법에 관심을 갖으며, 실존적 관점은 무엇을 학습해야만 하는가에 대한 고전적인 교육과정 질문을 언급한다.

'학교는 과연 무엇을 다루어야 하는가.'라는 질문은 학교 교육이 시작한 이래로 사회 전체의 주요 관심사였다. 교육과정 학자는 교육과정의 실질

내용이 어떻게 결정되는가에 대해 다양한 관점을 제공한다. Tyler(1949)와 후대 연구자(Eisner & Vallance, 1974; Goodlad, 1984, 1994; Kliebard, 1986; van den Akker, 2003; Walker & Soltis, 1986)의 정교화 노력에 근거하여, Klep 등(2004)은 선택과 우선순위 결정을 위한 세 개의 주요 방침을 제시한다.

- **학습자**: 학습자 스스로의 개인적 · 교육적 요구와 흥미에서 어떤 요소가 학습을 위해서 가장 중요한 것으로 여겨지는가?
- **사회**: 사회적 동향과 요구의 관점에서 어떤 문제와 이슈가 포함되기에 관련된 것으로 여겨지는가?
- **지식**: 학습과 미래 개발을 위해 필수적인 것으로 여겨지는 학문적 · 문화적 전통은 무엇인가?

요 소

전통적으로 교육과정 심의는 학습의 목적과 내용에 초점을 맞추어 왔다. 보다 포괄적인 개념(Walker, 1990)과 유형학(類型學)(Eash, 1991; Klein, 1991)을 토대로, van den Akker(2003)는 시각 모델(visual model)을 제안하였는데, 이는 교육과정 요소와 그 요소를 연결하는 구조의 취약점을 묘사한다([그림 5-1]). 그 모델의 중심에는 이론적 근거(rationale)가 존재하는데, 목적과 목표, 내용, 학습 활동, 교수자 역할, 자료 및 자원, 그룹으로 나누기, 장소, 시간, 평가 등의 다른 모든 요소를 연결한다. 거미줄 비유는 하나의 교육과정 안에서 시간의 경과에 따라 요소 강조점이 다르겠지만, 어떠한 극적인 균형상의 전환은 전체를 조정하지 않은 상태로 이끈다는 것을 강조한다. 잠시 동안은 그 체제가 늘어나면서 견딜 수 있겠으나, 오랜 기간의 불균형은 그 체제가 무너지도록 하는 원인이 된다. 교육과정을 개혁하

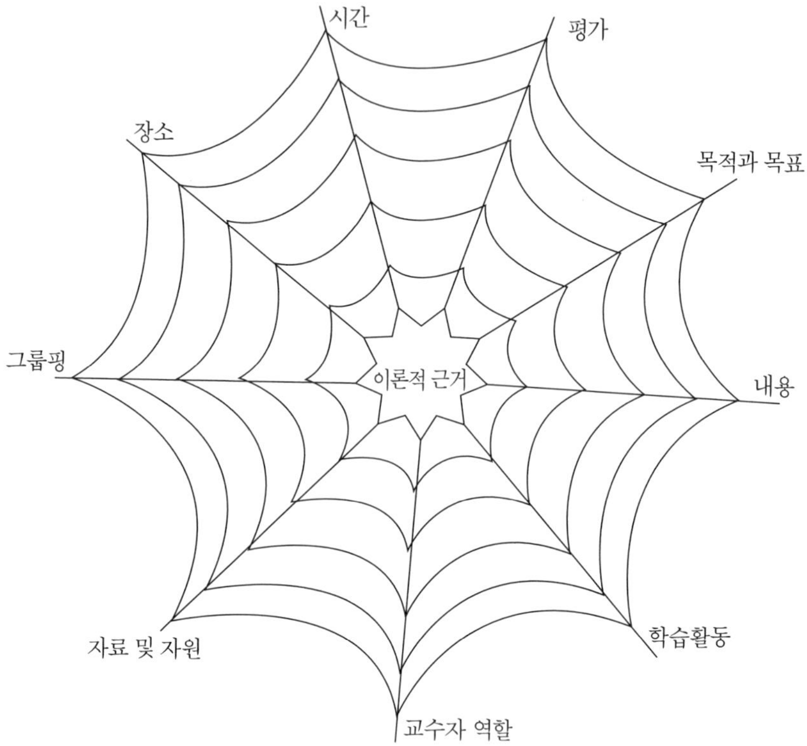

[그림 5-1] 거미줄처럼 연관된 교육과정(van den Akker, 2003)

고, (재)설계하고, 개발하고, 실천하는 노력은 이러한 10가지 요소 간의 균형과 연계에 주의를 기울여야 한다.

일관성, 조화 그리고 응집성

교육과정과 관련된 관심은 매크로(체제, 사회, 국가, 주), 메조(학교, 기관), 그리고 마이크로(교실, 학습자) 등 다양한 수준에서 다루어질 수 있다. 거미줄 비유는 요소 간에 내적 일관성이 필요함을 강조하는데, 한 체제 내의 수준을 가로지르는 일관성 또한 주된 관심이다. 이것은, 예를 들어 교실에서 교수 및 학습으로의 특정한 접근을 지향하는 노력은 학교 및 교육 체제 전체를 염두에 두면서 진행되어야 하는데, 그렇지 못할 경우 그 노력은 자칫 '일관성이 없는 설계'와 '실행에 방해가 되는 것'처럼 허사가 될 수 있다.

서로 다른 수준에서조차, 한 교육과정 안에 함께 묶인 아이디어는 다양한 표현을 통해서 나타난다. Goodlad 등(1979)은 표현의 범위를 구별하였는데, 의도된(intended) 교육과정, 실행된(implemented) 교육과정, 획득된(attained) 교육과정 등 세 가지 폭넓은 구분을 제공하였던 van den Akker(1988, 1998, 2003)에 의해 각색되었다. 의도된 교육과정은 이상적 교육과정(어떤 교육과정 기저의 비전 또는 기초 철학)과 형식적 문어(文語)의 교육과정(교육과정 문서 그리고/또는 자료에 구체화된 의도)을 포함한다. 실행된 교육과정은 인지된 교육과정(사용자, 특히 교사에 의한 해석)과 조작적 교육과정(교실 내에서 규정된 것 등)을 포함한다. 획득된 교육과정은 경험적 교육과정(아동의 관점으로부터 학습 경험)과 학습된 교육과정(학습자 산출물의 결과)을 포함한다.

양질의 교육과정 개발은 (거미줄에 제시된) 교육과정 요소와 미시적 수준에서 거시적 수준까지의 내적 일치성, 또한 의도된 교육과정에서 획득된 교육과정까지의 표현 간의 조화를 위해 고군분투한다. 양질의 교육과정 개발은 또한 체제 응집성(system coherence)을 반영한다. 즉, 어떤 교육과정이 의도되는 맥락 안에서 교육과정의 의사 결정은 체제 요소에 대한 철저한 이해에 의해 영향을 받는데, 그 요소는 교사 능력과 (대규모의) 아동평가라는 교육과정 실시에 가장 영향을 미친다([그림 5-2]).

교사가 교육과정을 실제 어떻게 적용하는지 탐색하는 많은 연구가 수행되어 왔는데(Clandinin & Connelly, 1992; Eisenhart & Borko, 1991; Zumwalt, 1988), 다양한 결론이 도출된 반면 교사의 능력이 교육과정의 실제 적용에 영향을 미친다는 사실에는 논쟁의 여지가 거의 없다. 교육과정의 혁신과 그것이 작동할 체제 간의 적합 여부를 탐구할 때, 예비교사 연수와 기성교

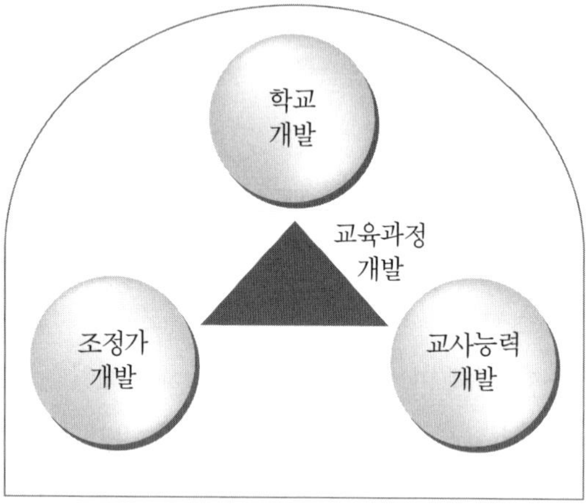

[그림 5-2] 체제 응집성

사 연수 간의 조율은 실행을 성공하는 데 결정적이다. 부가적으로 현장 경험과 연구는 외부평가가 교육과정 실행에 가장 강력한 영향을 미친다는 생각을 동일하게 증명한다(Black & Atkin, 1996). 체제 일관성의 이러한 양상은 놀랍게도 빈번하게 경시되거나 극단적인 경우에는 부정되기도 하는데, 이것에 대해 좀 더 심도 있게 논의하고자 한다.

체제 일관성의 이슈는 혁신적인 교육과정 개발자의 고군분투로 표현되곤 한다. 예를 들어, 주(州)의 평가가 상대적으로 얕지만 극도로 넓은 영역의 내용 지식을 선호하는 경향이 있는 곳에서 심층적인 발견학습 교육과정을 사용하기 위해서 설계하는 것은, 체제 수준에서 일관성을 갖지 못할 것이다. 그러나 발견학습의 혜택에 대한 강력한 믿음은 교육과정 개발자가 그러한 불일치성에 관련된 실천을 시도해 볼 것을 충동할 수 있다. 이러한 상황에서 교사역량개발은 교육과정의 나약함을 보상하는 주된 매개물로 보는 경향이 있다. 이러한 것이 가능할지 몰라도, 결코 굳건한 교육과정 설계를 나타내지는 않는다. 실행의 관점에서 볼 때, 굳건한 교육과정 설계는 이 절(節)에서 논의한 세 가지 준거에 주의를 기울이는 것에 의해 그 증거가 확보된다.

- (거미줄에 표시된) 교육과정 요소 간의 일관성과 (매크로, 메조, 마이크로) 수준을 가로지르는 일관성
- 의도, 실행, 획득의 표현 간 조화
- 교사역량개발, 학교개발, 대단위 사정의 영향 안 요인인 체제 맥락에서의 일관성

교육과정 실행

지구의 각 지역에서(특히 과학과 수학 교육의 영역에서) 교육과정은 지난 수십 년 동안 여러 차례 갱신의 물결을 겪었다. 주된 혁신 기간은 스푸트니크의 발사를 시작으로 1970년대까지 이어졌고 일부 경우에는 그 이상에까지 이어졌는데, 이 기간은 대규모로 발생한 혁신으로 특징지어진다. 그러나 협력적인 노력에도 불구하고, 개선을 위한 많은 프로젝트는 (이 기간의 교육과정 실행연구를 종합할 때) 실패한 것으로 받아들여졌다(Fullan & Pomfret, 1977 참조). 아마도 부분적으로나마 과거의 실망스러운 결과의 영향으로, 1980년대에는 교육과정 개혁의 책임과 가장 적절한 형태에 대한 논쟁으로 전환된다. 변화되는 사회적 염려와 새로운 과학적 통찰은 이러한 논쟁에 불을 붙였다. 1990년대는 대규모 개혁의 재탄생을 목격하였는데, 과거의 노력이 실패하였다는 조심성으로 누그러졌다. 가장 최근의 개혁 물결에서 체제적이고 지속적인 변화는 가장 주된 초점을 받았다. 이러한 초점의 핵심 요소는 새로운 (그리고/또는 개선된) 실행 전략에 대한 조심스러운 고려인데, 관련 문헌에서 줄곧 다루어져 왔다(Confrey et al., 2000; Fullan, 2000; van den Akker, 1998).

보다 빨랐던 교육과정 개혁의 물결을 통틀어서, 교육과정 실행의 대부분

의 연구는 충실한 정도 관점(fidelity perspective)에서 수행되었다. 연구자는 특정한 교육과정이 계획한 대로 실행되는 정도를 측정하는 데 주안점을 두었고, 실행을 촉진하거나 방해하는 요인을 규명하는 데 초점을 맞추었다(Snyder et al., 1992). 실행연구는 상호 적응을, 그리고 보다 최근에는 제정(enactment)의 관점을 인식하는 것으로 이끌고 있다. 상호 적응(mutual adaptation)(Berman & McLaughlin, 1977, 1978)은 교육과정 실행을, 교육과정 개발자와 그 교육과정이 학교나 교실 맥락에서 실제로 사용하는 사람들에 의해 조정이 이루어지는 과정이라고 제안한다. 반면 교육과정 제정은 교육과정을 학생과 교사에 의해 공동으로 창조되는 교육적 경험으로서 간주한다. 이러한 관점에서 Snyder 등(1992: 418)에 따르면, 시간이 흐름에 따라 긍정적인 교육 경험을 구성하는 능력을 더 계발해야 하는 교육과정 개발자의 역할이 곧 교사의 역할이라고 본다. 그런 경험을 구성하는 교사의 능력은 외부에서 구안된(매우 구체적이거나 또는 폭넓은 가이드라인을 포함하고 있는) 교육과정의 질에 의해 도움을 받거나 방해를 받는다. 그렇지만 스스로 고유의 전문가적인 능력은 그 과정에서 보다 강력한 영향력을 양산한다. 제정 관점은 점점 더 넓게 퍼지고 있으며(Ball & Cohen, 1996; Barab & Leuhmann, 2003; Ben-Peretz, 1990, 1994; Clandinin & Connelly, 1992; Fullan, 2000) 교육과정영역에서 설계에 관한 우리의 비전의 토대를 형성하고 있다.

교육과정영역에서의 설계연구

우리가 교육과정에 대해 이해하는 데 필요한(핵심 요소에 대한) 논의는 마치고 지금부터는 이 영역에서 설계연구에 대해 진술하고자 한다. 왜 설계연구가 종종 선택되는지, 설계연구를 착수함으로써 어떤 산출물이 도출되는지, 이러한 종류의 접근이 언제 유용한지, 통상 누가 관련되는지, 어디서 벌어지는지, 어떻게 수행되는지에 대해 이 절에서 기술한다. 그런 후 교육과정영역에서 설계연구의 개념적 모델을 제시한다.

왜 설계연구 접근을 선택하는가

설계연구를 하려는 많은 원동력은 이 책에서 그리고 다른 곳에도 인용되어 왔다. 그 중 많은 인용은 교육적 연구가 실제와 연관성이 미약하다는 오래된 비평에 대해 주목한다. 전문가는 점점 더 연구가 학문적으로 다듬어진 질의 가치에 의해서 뿐만 아니라, 교육현장에서 수용되고 영향을 미치는 것에 의해서도 평가되기를 요구한다(Design-Based Research Collective, 2003; Kelly, 2004; Reevers et al., 2005). 설계연구는 다른 접근과 결합하여 보다 효과적인 교육 활동을 개발하는 것을 돕고, 연구 과정 동안 학습 기회를 제공한다는 가능성이 있다. 교육과정영역에서는 종종 실행을 위한 설계를 어떻게 하는가에 대한 이해를 증진하는 것을 돕기 위해 선택된다. 그들이 지향하는 맥락에서 연속적으로 이상적인 활동에 근사치를 주의 깊게 연구해 감에 따라 훌륭한 교육과정의 조리 있고 조화로우며 시종일관된 요소를 어떻게 세우고 실천에 옮기는가에 대한 통찰력을 확보하게 된다.

설계연구의 산출물은 무엇인가

교육과정영역에서 설계연구가 무엇을 제공해야 하는가에 대해 생각해 볼 때, 지식, 사회, 그리고 학습자가 지향하는 것에 대해 전술한 것을 다시 살펴보는 보는 것이 유용할 수 있다. 설계연구를 통해 생성되는 지식은 주된 산출물이며, 이것은 종종 설계 원칙의 형태를 띠게 된다. 이 영역에서 설계연구의 두 번째 산출물은 사회적 공헌으로, 학교나 더 큰 규모의 교육

[그림 5-3] 설계연구의 세 가지 주요 산출물

공동체에게 가치 있는 교육과정의 산출물 또는 프로그램이다. 학습과 관련되는 세 번째 산출물은 참여자의 전문성 개발에 유익한 설계연구 활동 자체로 구현되는 공헌이다. 따라서 설계연구는 세 가지의 산출물에 공헌을 하는데, 이는 설계 원칙, 교육과정의 산출물(또는 프로그램), 참여하는 참가자의 전문성 개발이며, [그림 5-3]에 그려진 것과 같다.

설계 원칙

교육과정영역에서 설계연구의 지식 요구는 설계 원칙(Linn et al., 2004; van den Akker, 1999), 또 다른 용어로는 영역 이론(7장 참조), 발견적 교수법(Design-Based Research Collective, 2003), 학습된 교훈(Vanderbilt Cognition & Technology Group, 1997)의 형태로 나타난다. 형태는 다르더라도, 설계 원칙은 van den Akker에 의해 제시된 발견적 지침(heuristic guidelines)의 종류를 일반적으로 제공한다.

> 만약 당신이 (Z의 상황에서 Y라는 목적/역할을 위해서) X라는 산출물을 설계하고자 한다면, 당신은 그 산출물에 C, C, ……, C(실재적인 강조)라는 특성을 부여하라는 조언을 가장 쉽게 받게 된다. 그리고 P, P, ……, P(절차적 강조)라는 절차를 통해서 그렇게 하게 되는데, 이는 이론적 논거인 T, T, ……, T와 경험적 논거인 E, E, ……, E 때문이다.
>
> (van den Akker, 1999)

설계 원칙은 성공을 위한 조리법이라기보다는 다른 사람들이 그들이 처한 고유의 맥락에서 상세한 설계와 개발 업무를 위한 가장 적절하며 실질적이고 절차적인 지식을 선택하고 적용하도록 돕는 것을 의도한다.

교육과정 산출물

어느 정도는 처방의 본질적인 특성에 대한 (실질적인) 지식은 이 영역에서 설계연구의 두 번째 산출물인 교육과정 산출물로 정제될 수 있다. 설계연구는 교육과정 산출물(또는 프로그램)을 설계하고, 개발하고, 질을 높이는 것에 공헌한다. 질을 개선하기 위한 특별한 추천을 받기 위해서는 이 장의 뒷부분에 있는 '설계연구가 어떻게 수행되는가'를 참고하라. 교육과정 산출물의 범위는 그 영역 범주의 폭과 상응한다. 일부 사례(국가 수준의 교수 요목 또는 교사 안내서 등)는 문서상 교육과정의 명시, 아동을 위한 교수 목적의 소책자 또는 소프트웨어 등의 교실에서 사용될 자료, 교사 공동체를 위한 온라인 환경 등의 전문성 개발 보조 자료 등을 포함한다.

전문성 개발

연구 방법이 창조적이고 주의 깊게 설계될 때, 그 방법은 설계연구의 세 번째 산출물인 참여자의 전문성 개발에 공헌할 수 있다. 예를 들어, 인터뷰, 검토회, 토론, 관찰, 일지 등의 관련 자료 입수 방법은 참여자 간의 대화, 반추, 연관 등을 자극하기 위해 구조화될 수 있다. 이러한 관점은 교육과정 개발과 교사 개발 간에는 자연스러운 상승 작용이 있으며, 이러한 점에 민감하게 대처하면 보다 유익한 연구와 개발의 기회를 제공할 것이라는 신념에서 또한 파생된 것이다. 설계연구의 영향력 때문에 이 논제에 대한 보다 심도 있는 논의는 곧 뒤에 나올 '설계연구가 어떻게 수행되는가' 절에서 하겠다.

이 접근이 유용한 것은 언제인가

[그림 5-4]에 묘사된 것처럼, 교육과정영역에서의 설계연구는 실증연구의 산출물을 사용하는데, 실증연구는 과학적 통찰력에 근거한 설계에 연관되기 위해서, 예를 들어 이론과 관점이 시작하기 위해 필요한 출발점을 제

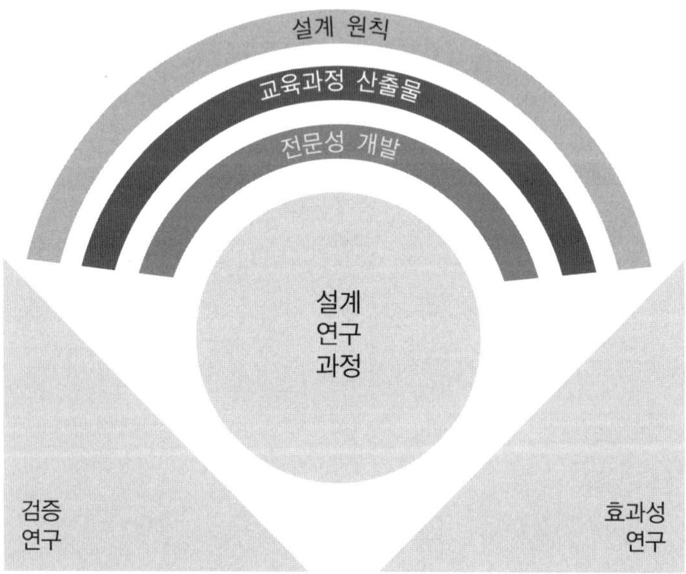

[그림 5-4] 검증 및 효과성 연구의 호위를 받는 교육과정 관련 설계연구

공한다. 설계연구는 고도의 혁신적인 교육과정 개발 전략에서 흔히 발생하는 일이지만, 특히 기존 지식이 고갈되는 상황을 도모한다. 이러한 상황에서 설계연구의 주요 목표는, 실제상황에서 실행 가능한 것으로 증명될 수 있는 선구적인 교육과정의 해결책을 구성하는 것을 돕는 새로운 지식을 개발하는 것이다. 교육과정 제정과 실행의 과정을 이해하는 것에 초점을 맞추기 때문에 이러한 부류의 연구는 대규모의 효과성 연구를 포함하는 경우는 극히 드물다. 그러나 효과성 연구는 교육과정 설계연구에서 장기간의 영향을 이해하고 설계 원칙, 교육과정의 산출물, 전문성 개발 등의 산출물의 질과 관련된 가치 있는 정보를 제공하기 위해서 필요하다. 검증 및 효과성 연구에 대한 심도 있는 논의를 위해서는 10장을 참고하기 바란다.

누가 설계연구에 관여하는가

비록 보편적이지는 않지만, 교육과정 설계 및 실천과 관련된 많은 연구는 (다양한 정도의) 참여 설계의 영역을 창조한다. 참여 설계에서 최종 사용자는 설계 과정에 공헌한다. 이는 아동, 교사, 학교장, 외부 전문가 등의 참여자가 제공하는 통찰력에 의해 연구자의 통찰력이 고양된다는 것을 의미한다. 최근까지 대부분의 이러한 공헌은 최초의 설계 세목 발생(분석)과 산출물 초안의 정제(형성평가) 동안에 일어나곤 했다. 설계 과정에 교사를 직접 참여시키는 움직임은 1970년대부터 강해졌는데(Stenhouse, 1980), 최근 10년 동안 연구자는 참여 설계 과정에서 교사의 흥미를 어떻게 결합할 것이며, 연구 방법론의 질을 위험해 빠뜨리지 않고서도 관련된 혜택을 어떻게 수확할 수 있는가에 대해 심각하게 고려하기 시작했다(McKenney, 2001; McKenney & van den Akker, 2005; van den Akker, 2005).

설계연구는 어디에서 수행되는가

연구자는 어떤 맥락에서 개발된 실행이나 프로그램이 다른 맥락에서도 성공적으로 사용될 수 있다는 것을 종종 발견하였다(Loucks-Horsley & Roody, 1990). 그러나 아이디어가 다른 맥락에서 사용되도록 어떻게 변환될 수 있는가를 탐구하여 얻게 되는 잠재력 있는 통찰력에도 불구하고, 이러한 과업은 결코 쉽지 않다는 것에 주의를 기울여야 한다. 다양한 맥락에서 교육 변화를 위한 소위 만병통치약은 결코 없으며 앞으로도 절대 없을 것이다(Fullan, 1998). 따라서 혁신의 '부합'을 진지하게 이해하고 고려하

[그림 5-5] 맥락 내에서 수행되는 설계연구

는 것에 게으름을 피우는 것은 실패의 흔한 원인이 된다(Guthrie 1986).

맥락적 이해는 강력한 교육과정 설계를 위해 필수적이다. 현실의 학교 및 교실 맥락은 너무나도 복잡하고 예측할 수 없기 때문에 교육과정의 산출물을 진정으로 탐색하는 유일한 방법은 그 주된 맥락의 관련자를 참여시키는 것이다('누가 설계연구에 관여하는가'를 참조)(Design-Based Research Collective, 2003; McKenney, 2001; Richey & Klein, 2005; van den Akker, 1999). 주의 깊은 분석에 근거하여 설계 원칙은 상황적인 안내를 제공하는데, 이 안내는 연관된 맥락 변인의 정확하고 철저한 묘사에 의존한다. 그러므로 설계연구는 사용성 문제를 다루고 스스럼없이 설계가 발생하는 맥락을 묘사하기 위해서 자연스럽게 발생하는 시험대에서 수행되어야 한다. 묘사되어야 하는 맥락 변인은 그 지역의 요인(학교 분위기, 아동 인구 수, 가용할 자원 등)과 체제 요인(대규모 검사와 교사 개발을 포함)을 포함한다. [그림 5-5]는 설계연구가 의도한 하나의 체제 내에서 발생하는 설계연구를 제시한다.

설계연구가 어떻게 수행되는가

설계연구를 착수하는 것은 쉬운 업무가 아니다. 그러나 책임감 있는 교육과정 개발에서 그랬듯이, 그 과정 자체를 진술하기 전에 기저의 철학을 명확히 표현하는 것으로 시작하는 것은 유용할 수 있다. 그러므로 이 절은 설계연구 접근의 기초를 형성하는 교리를 기술하는 것으로 시작하며, 그 후 설계연구 과정의 순환적인 성격에 대해 진술한다.

교 리

이미 진술한 것처럼, 설계연구 노력은 세 가지 주된 산출물, 즉 설계 원칙, 교육과정 산출물, 참여자의 전문성 개발에 일조한다. 우리는 설계연구를 교육과정영역에서 형성하는 일련의 교리를 각 산출물과 관련하여 규명하는데, 이는 각각 엄격, 관련, 협력이다.

- **엄격**: 이 장의 '설계연구의 산출물은 무엇인가' 절과 10장에서 언급한 것처럼, 설계연구는 설계 원칙의 형태로 지식을 양산한다. 이 원칙이 타당하고 신뢰할 수 있기 위해서는, 그 원칙이 증류되어 나온 연구가 엄격한 표준을 따라야 한다. 자연주의적 연구에 대한 풍부한 연구물(Miles & Huberman, 1994; Patton, 1990; Yin, 1994)은 인과 관계가 연구 결과에 근거할 수 있는 정도인 '내적 타당도 문제', 연구 결과가 보다 넓은 영역에 확장될 수 있는 정도인 '외적 타당도 문제', 그 연구의 수행이 반복적으로 동일한 결과를 보여 줄 수 있는 정도인 '신뢰도 문제', 그 연구 결과에 근거하여 실행이 수행될 수 있는 정도인 '사용성'에 대응하기 위한 많은 지원을 제공한다.
- **관련**: 설계연구가 사회적으로 공헌한다는 것은 교육 실천에 유익할 교육과정의 산출물이나 프로그램을 언급한다. 이 장의 앞부분에서 진술한 것처럼, 교육과정의 산출물을 주의 깊게 검사해야 하며, 필요하다면 그 산출물이 실행에 옮겨질 맥락과 문화에 맞도록 다시 재단해야 한다. 이것이 설계연구에 적용될 때(McKenney, 2001; Mckenney & van den, Akker 2005), 그러한 노력은 표적 맥락(target setting)에 대한 실용적 지식에 근거해야 하며, 자연적으로 발생하는 시험대에서 벌어지는 연구 및 개발 활동에 의해 안내받아야 한다.
- **협력**: 설계연구 활동이 참여자의 전문성 개발에 공헌하려면, 설계 및 개발은 그와 관련된 사람들을 위해서가 아니라 그 사람들과 함께 수행해야 한다는 점이 중요하다. 추가적으로, 자료 수집 절차는 상호적으로 혜택이 있어야 하기 때문에, 연구의 필요를 다룸과 동시에 참여자를 위한 의미 있는 경험을 제공해야 한다. 이전에 진술한 것처럼, 면

접, 검토회, 토론, 관찰, 일지 등의 자료 수집 방법은 참여자 간의 대화, 반추, 또는 개입을 자극하기 위해 구조화할 수 있다.

순 환

어떤 영역에서든 설계연구 과정은 순환 반복적 경향이 있다는 점에 대해서는 이견이 없다(Cobb et al., 2003; Design-Based Research Collective, 2003; Reeves et al., 2005; van den Akker, 1999). 교육과정영역에서, 각 순환반복은 목적을 명확히 하고, 맥락적 통찰을 심도 있게 해 주고, 세 가지 주된 산출물인 설계 원칙의 초안화, 교육과정 산출물의 개선, 전문성 개발

[그림 5-6] 중심에 위치한 교리(tenet)에 의해 형성되는 분석, 설계, 평가 사이클

의 기회 제공에 기여한다. 각 순환반복에서 분석, 설계, 평가의 원형적 순환은 [그림 5-6]에 제시한 것과 같다.

분석 ⇒ 간극 좁히기

교육과정영역에서 분석은 설계의 지향점을 어떻게 할 것인가를 이해하기 위해서 수행된다. 이것은 앞서 언급한, 의도되고 수행되고 획득된 교육과정 간의 조화(또는 부조화)를 조사하는 것을 그 주된 특징으로 한다. 거시적 규모의, 중간 규모의, 소규모 수준의 '내적 일관성'과, 교사 개발 및 아동평가와 일직선이 되는 '체제 응집성(coherence)'에 대한 보다 심도 있는 연구는 종종(대표 사이에서) 간극이 어떻게, 어디서 벌어지는지에 대해 밝혀 준다. 추가적으로 훌륭한 분석은 창의성과 영감을 주는 보기, 체계적인 접근 등의 투입 요소를 사용한다. 설계연구에서 훌륭한 분석은 이러한 특성을 포함하지만 이론적이고 경험적인 통찰력에 의해(그러나 배타적이지 않게, 종종 이전에 진술한 것처럼 검증연구에서) 보다 강력하게 주도되기도 한다. 일단 완성되면, 분석 결과는 종종 의도되고 실행되고 획득된 교육과정 간의 하나 또는 그 이상의 격차를 해소하는 것을 목표로 하고 있는 설계의 가이드라인을 제공한다. 이러한 가이드라인은 설계명세서의 형태를 띠게 되는데, 학습표준품목, 교과서, 학습자 학습 도구 세트 등의 산출물을 형성한다. 어떤 경우에는 그 가이드라인이 개발 프로세스의 형태를 띠기도 한다.

설계 ⇒ 원형 단계

설계연구의 순환적인 성격은, 일부분 프로토타이핑 접근의 우세에 기인한다. 프로토타이핑은 전통적으로 공학과 관련이 있고 실질적 문제를 해결하는 데 매우 검증된 방법이다. 수년간 이 접근은 교육마당을 포함하여 문제 해결 및 설계에 체제적 접근을 적용하는 다른 영역에까지 확산되어 왔다. '형성적 실험'(Newman, 1990; Reinking & Watkins, 1996)에서 반복적 수정(McKenney, 2001; Nieveen, 1997; Nieveen & van den Akker, 1999)에 이르기까지, 프로토타이핑은 설계 산물이 체계적인 과정을 통해서 평가되고 개정되는 시기를 지칭한다.

다양한 개발 단계에 근거한 다양한 프로토타이핑의 형태는 문헌에 규명되어 왔다. 초기 반복과정에서 설계 난제의 산출물은 초기의 프로토타입이 되는데, 이것은 설계의 특성을 전 세계적으로 나타낸다. 개발이 진행됨에 따라, 프로토타입은 부분적으로, 또는 그보다 전반적으로 정교화된다. 설계 순환의 마지막에서 산출물의 개발 단계(전반적, 부분적 또는 완전한 프로토타입)는 발생할 수도 있는 형성평가의 종류에 영향을 미친다.

평가 ⇒ 교환

형성평가는 프로토타입의 질을 증명하기보다는 개선하기 위해 실시된다. 전반적, 부분적 또는 완전한 '발전의 단계'에 따라서 평가 접근은 개발자 검사, 전문가 검토, 마이크로평가 그리고/또는 교실 적용 시도 등을 포함할 수 있다. 평가 활동에 참여자는 교육설계자 본인, 개발팀의 다른 구성원인 그래픽 디자이너, 소프트웨어 공학자, 전문가, 교사, 아동, 부모, 별도 이해 관계자 집단 등으로 구성될 수 있다.

프로토타입의 질을 개선하는 방안을 탐색하는 구체적인 준거는 교육과정 산출물의 목적에 따라 다양하겠지만, 다음 세 가지 일반적 준거는 초기 연구(Blumerfeld et al., 2000; Fishman & Krajcik, 2003; Fishman et al., 2004; McKenney, 2001; McKenney & van den Akker, 2005; Nieveen, 1997; Nieveen & van den Akker, 1999)에서 기인한 것으로 실행 가능성, 적법성, 효능성이며 유용하게 활용할 수 있다. 이것은 〈표 5-1〉에 요약되어 있다.

실행 가능성은 설계의 실행성과 두드러지게 연관된다. 실행 가능성이 초안 수준 산출물의 (형성)평가를 통해서 가장 잘 검사될 수 있는 반면, 실행

● 표 5-1 ● 교육과정 설계를 위한 일반적 질평가 준거

준거	양상
실행 가능성	실현 가능성
	적절성
적법성	지속 가능성
	당대의 과학적 통찰
	일관성, 조화 및 응집성
효능성	원하는 결과를 양산
	비용편익비

가능성의 양상을 고려하는 것은 설계의도를 작성하고 개선하기 위한 시초로 추천된다. 실행 가능성은 세 가지 양상으로 구별되는데, 그것은 실현 가능성, 적절성, 지속 가능성이다. 실행 가능성 관련 질문은 다음을 포함한다.

- 이 설계는 매일매일의 실천 상황에서 현실적으로 사용 가능한가?
- 이 설계는 목표하는 환경에서 관련자의 요구와 소망에 적절한가?
- 이 설계(또는 그것의 사용)는 지속 가능하다고 기대할 수 있는 것인가?

적법성의 준거는 기저의 의도와 관련되며, 적법성 양상은 다음과 같은 질문을 통해서 조사된다.

- 이 설계(가 갖는 이유)는 당대의 과학적 통찰에 바탕을 두는가?
- 설계 요소는 내적으로 일관되는가? 설계는 체제 요소 간의 응집성을 지원하는가?
- 효능성은 어떤 설계가 바라는 결과를 얼마나 잘 양산해 내는가?

효능성은 설계의 목적이라는 용어로 정의되기 때문에, 효능성의 준거는

사례에 따라 다양하다. 예를 들어, 만약 교육과정 산출물이 교실 관리 기술을 촉진하려는 의도를 갖고, 교실 관리 기술의 효과는 평가를 위해 살펴야 하는 준거 중의 하나가 될 것이다. 일부 일반적인 효능 질문은 다음과 같다. 시간, 노력, 재정적인 비용이 투자할 만큼 가치가 있는가? 이 설계(의 사용)는 얼마나 효과적 또는 비효과적인가?

실행 가능성, 적법성, 효능성에 초점을 둔 평가 활동에서 거두게 되는 통찰은 교육과정 프로토타입의 후속적인 재설계를 위한 투입물을 제공한다. 대개 재개되는 분석은 상반관계 결정이 내려질 때 일어나야 한다. 예를 들어, 어떤 설계는 매우 적법하고 효과적이지만 실행 가능성은 그렇지 못한 것으로(예, 너무 비싸거나 또는 시간이 너무 소모되기 때문에) 밝혀질 수도 있다. 이러한 세 가지 간에 균형이 없다면, 실행은 어려움을 직면하거나 또는 실패할 수도 있다.

개념적 모델

교육과정영역 [그림 5-7]에서 설계연구의 모델은 이전 토론에 근간을 두고 있다. 과정의 중심에는 세 가지 교리인 연구의 엄격성, 지역의 연관성, 참여자와의 협력이 위치한다. 이러한 근본적인 아이디어는 분석, 설계, 평가의 순환 구조를 형성한다. 삼각형 형태의 흐름은 후속하는 단계에 영향을 주는 한 단계에서 원리 산출물을 나타낸다. 구체적으로 살펴보면, 맥락적 분석은 의도되고 실행되고 성취된 교육과정 간의 간극을 좁히기 위한 목표를 설계하도록 이끌고, 개발의 프로토타입 단계는 평가를 형성하는 데 영향을 미치고, 평가 통찰은 실행 가능성, 적법성, 효능성의 질적 양상 간의 균형을 결정하는 데 심사숙고하는 것을 도와준다. 설계연구 순환의 반복은 전술한 산출물인 전문성 개발, 교육과정 산출물, 설계 원칙에 공헌한다. 이 모든 것이 목표 맥락 안에서 발생하고 목표 맥락에 의해서 영향을

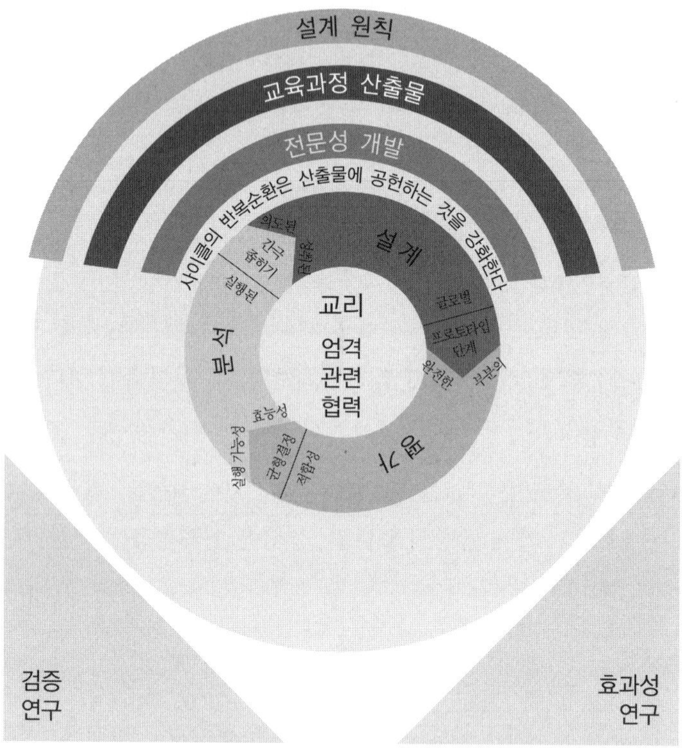

[그림 5-7] 교육과정영역에서 설계연구의 개념적 모델

받는 반면 잘 나타나며, 설계 원칙은 (조심스럽게 맥락을 묘사하는) 다른 맥락에서도 유용할 수 있다. 마지막으로, 이러한 종류의 연구는 설계(적법성)를 형성하는 것을 돕는 데 관련 있는 과학적인 통찰력을 제공하기 위해 검증연구의 결과에 의존하며, 장기간의 영향을 탐구하기 위한 보다 큰 규모의 효과성 연구의 시발점을 제공한다.

사 례

이 모델([그림 5-7])은 이 장의 첫 두 절에 걸쳐서 논의된 주제에 그 근거를 두고 있다. 많은 연구도 이러한 아이디어와 연관된 아이디어에 근거를 두고 있다. 여기에서 최초로 이러한 형태로 나타나고 가시화되었지만, [그림 5-7]에 제시된 개념적 모델은 여러 교육과정연구에서 사용되었던 연구 접근을 적절하게 묘사하고 있는데, 그 중 세 가지를 간략하게 기술하고자 한다.

비교를 위해서, 그 선택된 사례는 한 기저 근거(rationale)의 주요 요소를 공유한다. [그림 5-8]에 표시한 것처럼, 세 가지 연구 모두는 '교육과정 개발'과 '교사 능력 개발'과 그 중복된 교집합영역의 '수업 자료의 생산 및 사용'을 지원하는 것을 모두 탐색한다.

각 연구는 설계 원칙과 교육과정의 산출물을 양산하였고, 참여자의 전문성 개발에 공헌하였다. 그 연구는 모두 표적 맥락에서 수행되었는데, 시도의 주요 초점으로서 문헌과 선행연구를 통합하여 사용하였다. 분석, 설계, 평가의 순환은 세 개의 경우에서 모두 발생하였고, 이것은 연구의 엄격성, 맥락적 관련성, 참여자와의 협력을 위한 요구에 의해 형성되었다. 세 개의 연구 모두가 교육과정 자원의 (개선된) 발전과 교사 전문성 개발에 공헌하는 것을 목적으로 두고 있었던 반면, 그들의 순환 반복하는 활동은 상이하게 수행되었고 각각의 연구는 다른 종류의 교육과정 산출물로 귀결되었는데, 이들에 대해서는 〈표 5-2〉에 간략히 설명되어 있다.

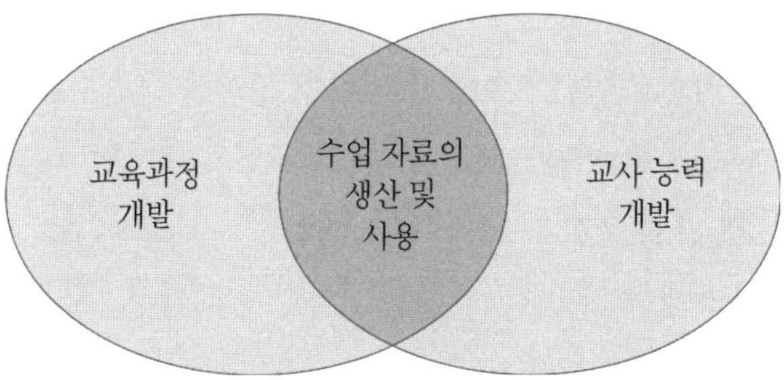

[그림 5-8] 연속적인 순환 과정으로서의 개발연구

● 표 5-2 ● 교육과정영역에서의 설계연구 사례

	반 복	교육과정 산출물
Cascade-Sea	2회 분석 순환, 4회 설계 순환, 2회 평가 순환	(촉진자) 교사가 교사 가이드를 창작하는 것을 돕는 소프트웨어
Tomc@t	3회 전반적인 분석, 설계, 평가 순환	초기 문해력을 촉진하기 위한 ICT 기반 학습자 자료
Mac	(재)설계 및 평가의 2회 소규모 및 3회 대규모 순환	중등 수준의 과학을 위한 교사 가이드

이 책의 보조 웹사이트인 www.routledge.com에 접속하면, 각 세 개의 연구에서 사용한 연구설계 및 접근에 대한 정보를 볼 수 있다.

설계연구의 딜레마

교육과정영역에서, 설계연구 접근이 설계된 교육과정 산출물과 그 연구 자체로 생성된 전문성 개발 기회를 통해서 교육적 실체를 직접적으로 개선하고, 미래의 시도를 알려 주는 설계 원칙을 통해서 간접적으로 개선하는 것을 도울 수 있기에 종종 설계연구 접근이 선택된다. 이 접근의 전반적인 혜택은 투자할 만한 가치가 있는 것으로 받아들여지지만, 설계연구는 종래의 접근이 통상적으로 만나는 어려움이 아닌 상이한 난관으로 시달리기 쉽다. 이 절은 세 가지를 기술하고자 하는데, 실행자 및 평가자로서의 '설계자', 실제 세계 연구는 실제 세계의 '복잡함', 적응적 연구설계와 연관된 '보증 및 위험'에 대한 것이다.

실행자 및 평가자로서의 설계자

맥락 속에서 프로토타이핑이라는 접근의 성격 때문에, 설계연구자는 옹호자이면서 비평가인, 상충적인 역할을 수행하는 자신의 모습을 종종 발견한다(Design-Based Research Collective 2003). 예를 들어, 다중의 역할은 형성평가 동안에 극도로 유용할 수 있다. 설계자가 형성평가에 참여하고 있을 때, 그들은 어떤 설계의 강점 및 약점에 대해 더 깊이 있고 종종 보다 날카로운 통찰력을 얻을 기회를 제공받게 된다. 이것은 개발팀 내 대화의 길이와 개정 결정을 내리기 위해 필요한 시간을 줄일 수 있는 잠재력이 있다. 그러나 방법론적인 고민은 분명한 것 같다. 비평을 고무하려는 노력에도 불구하고, 설계자와 평가자가 동일인일 수 있다는 사실은 평가자 효과(evaluator effect)의 영향을 증가시킬 수 있다(Patton, 1990). 참여자는 형성평가 동안 설계자가 존재하는 것에 영향을 받아 다르게 반응할 수도 있고, 설계자는 무의식적으로 비평에 대해 덜 수용적일 수도 있다. 중립성을 얻기 위한 노력에도 불구하고, 가치를 생각하지 않는 중립적인 연구(value-free research)는 설계자가 평가 활동을 수행할 때 불가능할 것이다. "우리는 우리가 객관적인 관찰자라고 가정하기보다, 연구하는 현상에 영향을 미치고 그 현상을 형성하는 데 우리의 역할을 고려하는 등 심혈을 기울여야 한다. 이 이슈는 개개인이 연구자로서, 교사로서, 교사의 교사로서 등의 다중의 역할을 수행할 때 명백해진다."(Putnam & Borko, 2000: 13). 이해를 찾고자 하는 맥락에 대해 (특히 다중의, 심지어 상충하는 역할을 도맡고) 연구자가 미치는 필연적인 영향을 인정하는 것은 연관된 장애물을 대적하기 위한 첫 걸음이다. 그 장애물의 예(Krathwohl, 1993)로는, 참여자 스스로가 연구에 참여하고 있다는 것을 특별하다고 느끼게 하여 그들의 행동에 영향을 미치는 호손 효과, 연구자가 무엇을 찾으려 하는가에 대해 참여자가 추론을 시도하고 그에 맞게 반응을 보이는 가설 추론(hypothesis guessing),

처치에 대해 인지하고 있는 것이 다른 집단의 참여자에게까지 영향을 주는 확산(diffusion) 등이다. 그러므로 연구 맥락을 가급적 자연스럽고 진실하게 함으로써 이런 위협은 훨씬 감소할 수 있다.

실제 세계 연구 맥락은 실제 세계의 복잡함 반영

전술하였듯이, 설계연구는 자연적인 맥락에서 벌어지는 시험대를 사용한다. 실제적 상황에서 연구를 수행한다는 것의 혜택은 분명해 보인다. 연구 맥락이 보다 현실적일수록, 그 자료는 현실을 반영할 것이다. 그러나 수집된 자료를 연구자가 마음대로 통제하지 못한다는 (잠재적) 희생을 지불함에 따라 보다 깊이 있는 이해를 하게 된다. 예를 들어, 선도적인 교사가 자신의 열정을 동료 교사와 공유한다고 할 경우, 그들은 참여자 집단에 가입할 것을 차례로 요청할 것이고, 연구자는 딜레마에 빠지게 된다. 표본을 구성할 것인가? 아니면 팀워크를 격려할 것인가? 연구자의 관심이 더 이상 위태로운 것이 아닐 때, 절충은 임박하게 된다.

특히 어떤 '문화적 이방인'(Choksi & Dyer, 1997; Thijs, 1999에서 발췌)이 이질적인 맥락에서 연구를 수행하고자 시도할 때, 어떤 외부인이 의미 있는 연구를 어느 정도나 수행할 수 있는가에 대해서는 검토해야 한다. 많은 경우에, 참여자는 때때로 다른 문화적 맥락 출신인 연구자에게 완전히 개방하는 것을 주저하곤 한다. 참여자의 신뢰를 얻고 맥락에 대한 이해를 쌓기 위해서 협력 및 상호 호혜적 활동의 중요성은 결코 간과할 수 없는데, 내부자의 관점에 우선순위를 두는 한 연구자가 이용할 수 있는 두 개의 주된 방안과 같은 것이다. 이는 이방인으로 존재하는 것이 전혀 이점이 없다고 말하는 것은 아니다. 일부 상황에서 그것은 일정 수준의 객관성과 그 객관성에 덧붙여 특정 집단 내에 있는 사람들에게는 허용되지 않는, 정직함을 위한 자유(또는 용서)를 실제로 허용하는 것이다.

적응성

설계연구는 종종 점진적인 계획에 의해 그려진다. 이미 진술한 실세계연구 맥락이 주어졌을 때, 적응성은 필수적이다. 더욱이 연구의 순환은 기존 순환에서 발견된 것에 반응하는 것이 중요하다. 그렇지만 계속 변화를 겪는 연구설계는 미약해진다. 점진적인 계획이라는 개념은 한 연구 과정 중에 수용할 수 있는 순간에 현장 자료 및 경험에 반응하는, 건강한 계획의 프레임워크를 의미한다. 설계연구에서 적응성의 필요는 연구를 수행하는 동안 계획만이 아니라 연구자의 역할에도 관련된다. van den Akker (2005)에 따르면, 연구와 실제 간의 시너지는 연구자가 다음과 같은 경우처럼 적응성을 보여 줄 때 최대가 될 수 있다. '첫째, 연구자가 자신이 수행해야 하는 주된 역할을 망각하지 않으면서도, 바람직할 때 설계자, 조언자, 조력자 등의 부가적 역할을 수행할 준비가 되어 있는 경우' '둘째, 프로젝트가 너무나 일방적으로 진행이 된다면 종종 불가피하게 구별이 잘 되지 않는 역할의 차별에 대해서 인내를 하고, 연구설계에서 조정되는 것에 대해 수용을 하는 경우' '셋째, 종종 장기간의 협력 관계 동안 연구가 참여자의 요구와 바람에 의해 부분적으로 영향을 받는 것을 용인하는 경우'다. 그러한 적응성은 연구자가 강력한 '조직'과 '의사소통의 능력'을 갖추어야 함을 요구한다. 적응성은 연구의 엄격성에 대한 건전한 이해를 요구하는데, 현명한 변화와 가치를 최대로 끌어올리고 질에 대한 위협을 최소화하는 선택이 이루어지도록 하기 위함이다.

설계연구 가이드라인

이 장의 앞에서, 설계연구를 주도하는 데 근간이 되는 세 가지 교리인,

엄격, 관련, 협력에 대해 논의하였다. 설계연구 딜레마에 대한 이전 절의 기술과 연관하여, 이 장은 관계적 · 협력적인 탐구를 여전히 수행함과 동시에, 학문의 엄격성을 지키기 위한 일부 가이드라인을 진술하면서 결론을 내리려 한다. 이러한 가이드라인은 신뢰할 수 있고, 이치에 맞는 설계 원칙을 생성하는 것을 도울 수 있다.

명료한 개념적 프레임워크

모든 건전한 연구가 그렇듯이, 설계연구 활동도 기저의 근거에 뿌리를 두고 있어야 한다. 그 기저의 근거(rationale)는 문헌 고찰 및 전문가 면담 등의 형식적 활동 및 중요한 지인과의 토론이나 학회 기간 동안의 비형식적 활동을 통해서 발달되어야 한다. 분석적 일반화(외적 타당도)를 내리는 기회를 제공하는 개념적 프레임워크를 다른 사람들에게 제공하려 한다면, 이것은 명료한 개념적 프레임워크로 이끌어야 한다.

적합한 연구설계

적합한 연구설계에서, 추론의 연결고리(Krathwohl, 1993)는 투명하며 정확히 맞아야 한다. 이것은 사전연구, 이론, 연구 문제, 연구설계, 자료 분석, 결론에 이르는 연구의 구조가 전체로서 분명하고 강력한 부합성을 보여 주고 있음을 의미한다. 적합하게 설계된 연구에서, 각 요소를 지원하는 아이디어는 호환 가능하다.

삼각검증

한 설계연구의 각 반복 기간 동안 다양한 개개인이 참여할 수 있고, 자료 수집 방법의 모음은 주의 깊게 선택되고 적용되어야 하는데, 이것이 삼각검증의 적용이다. 몇몇 학자(Merriam, 1988; Miles & Huberman, 1994; Patton, 1990)에 따르면, 삼각검증은 조사 결과의 신뢰도와 내적 타당도를 강화하는 것을 돕는다. 이 효과는 각 개별 자료원, 방법, 평가자, 이론 또는 자료 형태가 갖는 취약점은 다른 정보원의 상쇄할 만한 힘에 의해 보상받을 것이라는 가정에 기초한다. 이것은 설계연구자가 떠맡는, 다중적이며 때때로 불분명한 역할과 연관된 염려에 대해 진술하도록 도울 수 있는 전략이다. 자료원, 자료 수업 맥락, 도구 또는 심지어 연구자에 대한 삼각검증은 상당히 강력할 수 있으나, 더 많을수록 더 좋다는 식의 오개념에 의해 주도되어서는 안 된다. 이 개념은 Dede(2004: 107)에 의해 적절하게 전달되는데, 그는 “그 현상의 약 5미터 반경 안에서 움직이는 모든 것을 반복적으로 면담하고, 비디오로 촬영하고, 설문조사를 하는 등 여러 활동을 하였다. 이러한 코끼리만한 노력은 교육적 지식에 공헌할 수 있는 쥐꼬리만한 통찰력을 갖게 해 주었다.”라고 언급하였다.

귀납적 및 연역적 자료 분석

다른 형태의 연구에서처럼, 상이한 관점으로 자료를 분석하는 것은 유용할 수 있다. 연역적 분석 및 귀납적 분석은 종종 유용하다. 연역적 분석은 주로 개념적 프레임워크에 기반을 두고 기존에 존재하는 계획에 따라서 자료를 분류하며, 귀납적인 분석은 자료 내에 신생하는 경향을 탐색한다. 중도 분석은 (국면 또는 순환을 따라오는) 후속하는 노력을 알리기 위해 필수적이다. 반복적 중도 분석을 Miles와 Huberman은 ‘순차적인 분석’이라고 명명하였고, 이 접근의 강점 및 약점에 대해 다음과 같이 진술한다.

> 중도 분석은 탐색적이고 요약적이며 의미를 창출하는 장점이 있다.

> 반면 피상적, 섣부른 종결, 허점투성인 자료 등의 약점이 있다. 이러한 약점은 의구심을 갖는 동료의 지적인 비평을 통해서 회피할 수 있는데, 그 동료는 후속하는 자료 수집의 물결에 환류를 제공한다(Miles & Huberman, 1994: 84).

자료 분석은 연구자 또는 비평적인 동료 집단에 의해 수행되고 재방문을 받을 때 더 강화될 수 있다. 결국 단지 한 명의 참여자에게서 생겨난 통찰력은 다른 사람들에 의해 반향되지 않는 경우에조차도 극도로 유용할 수 있다. 조사 결과의 빈도는 중요성에 대한 좋은 지표인 반면, 자료 분석 절차는 조사 결과의 현저함과 깊이에 매우 민감해야 한다.

상세한 묘사

일부 학자(Merriam, 1988; Miles & Huberman, 1994)가 논의한 또 다른 전술은 상황, 설계 결정, 연구 결과에 대해 맥락이 풍부한 묘사를 제공하는 것이다. 설계연구 결과의 일반화는 한계가 있지만, 상세한 묘사는 그러한 초상화의 독자가 연구 단계 동안에 어떤 일이 벌어졌는지에 대해 통찰력을 얻고 연구 결과에 근거하여 다른 상황으로 유추하는 것(외적 타당도)을 도와줄 것이다. 게다가 상세한 설명은 반복 검증도 가능하게 할 수 있다. 어떤 연구의 반복 수행이 유사한 결과를 이끌어 낸다면, 이것은 그 연구가 신뢰할 수 있음을 증명하는 것이다.

구성원 검토

Merriam(1988)은 자료와 그에 대한 해석을 원자료에 견주어 보는 것은 연구 결과의 내적 타당도를 신장할 수 있다고 말한다. 예를 들어, 어떤 시도(tryout)에서 참여자는 그 시도의 주된 결과의 개요에 대해 환류를 제공해 주도록 요청받을 수 있다. 이와 유사하게 피면담자가 연구자의 면담 개요를 검토하고 필요한 경우 수정을 해 준다면, 이것은 유용할 수 있다.

결 론

이 장은 교육과정영역에서 설계연구에 대한 이해를 돕고자 진술하였다. 설계연구에 대해 여기에서 제시하는 아이디어에 대한 이해의 핵심은 이 장의 처음에 논의되었던 관점으로, 교육과정의 성격이 무엇인가, 어떻게 구성되는가, 어떤 요인이 실행에 영향을 미치는가에 관한 것이다. 이 관점은 이 영역에서 교육과정 설계와 설계연구가 이러한 활동이 벌어지는 체제로부터 분리될 수 없음을 증명한다. 이것은 설계 및 연구가 본래의 장소에서 참여자(교사, 학생 등)와 함께 수행되어야 함을 요구한다. 설계 원칙, 교육과정 산출물, 참여자의 전문성 개발이라는 산물은 그 노력을 가치 있게 만들고 있으나, 실제 세계의 복잡함에 지배를 받는 연구 과정의 엄격함을 지키는 것에 주의를 기울여야 한다. 이러한 장애를 대처하는 일부 전략은 이 장의 마지막 절에 언급하였으나, 이 전략은 연구의 기존 접근에 근거한 초기 단계의 가이드라인을 제시하고 있을 뿐이다. 이 관심을 끄는 연구를 보다 잘 이해하고 사례와 함께 부가적인 안내를 제공하기 위해서 보다 심도 있는 연구가 필요하다. 그동안에, 이 장과 연관된 웹사이트의 예제가 교육과정 관점에서 설계연구에 대한 대화를 보다 심도 있게 발전시켜 줄 것이라 기대한다.

참고문헌

Ball, D., and Cohen, D. (1996). Reform by the book: What is-or might be-the role of curriculum materials in teacher learning and instructional reform?. *Educational Researcher, 25*(9), 6-8, 14.

Barab, S., and Leuhmann, A. (2003). Building sustainable science curriculum: Acknowledging and accommodating local adaptation. *Science Education, 87*(4), 454-467.

Ben-Peretz, M. (1990). *The Teacher-Curriculum Encounter.* Albany: State University of New York Press.

Ben-Peretz, M. (1994). Teachers as curriculum makers. In T. Hus n and T. Postlethwaite (Eds.), *The International Encyclopedia of Education* (pp. 6089-6092). Oxford: Pergamon.

Berman, P., and McLaughlin, M. (1977). *Federal Programs Supporting Educational Change. Volume vii. Factors Affecting Implementation and Continuation.* Santa Monica: Rand Corporation.

Berman, P., and McLaughlin, M. (1978). *Federal Programs Supporting Educational Change. Volume viii. Implementing and Sustaining Innovations.* Santa Monica: Rand Corporation.

Black, P., and Atkin, J. (Eds.) (1996). *Changing the Subject: Innovations in Science, Mathematics and Technology Education.* London: Routledge.

Blumenfeld, P., Fishman, B. J., Krajcik, J., Marx, R. W., and Soloway, E. (2000). Creating usable innovations in systemic reform: Scaling up technology-embedded project-based science in urban schools. *Educational Psychologist, 35*(3), 149-164.

Choski, A., and Dyer, C. (1997). North-south collaboration in educational research: Reflections on an Indian experience. In M. Crossley and G. Vuillamy (Eds.), *Qualitative Research in Developing Countries* (pp. 265-293). New York: Garland Publishing.

Clandinin, J., and Connelly, M. (1992). Teacher as curriculum maker. In P. Jackson (Ed.), *Handbook of Research on Curriculum* (pp. 363-401). New York: Macmillan.

Cobb, P., Confrey, J., diSessa, A., Lehrer, R., and Schauble, L. (2003). Design experiments in educational research. *Educational Researcher, 32*(1), 9-13.

Confrey, J., Castro-Filho, J., and Wilhelm, J. (2000). Implementation research as a means to link systemic reform and applied psychology in mathematics education. *Educational Psychologist, 35*(3), 179-191.

Connel, J., and Shafer, L. (1989). *Structured Rapid Prototyping: An Evolutionary Approach to Software Development.* Englewood Cliffs, NJ: Yourdan Press.

Dede, C. (2004). If design-based research is the answer, what is the question?. *Journal of the Learning Sciences, 13*(1), 105-115.

Design-Based Research Collective. (2003). Design-based research: An emerging paradigm for educational inquiry. *Educational Researcher, 32*(1), 5-8.

Eash, M. (1991). Curriculum components. In A. Lewy (Ed.), *The International Encyclopedia of Curriculum* (pp. 71-73). Oxford: Pergamon.

Eisenhart, M., and Borko, H. (1991). In search of an interdisciplinary collaborative design for studying teacher education. *Teaching and Teacher Education, 7*(2), 137-157.

Eisner, E., and Vallance, E. (1974). *Conflicting Conceptions of Curriculum.* Berkeley: McCutchan.

Fishman, B., and Krajcik, J. (2003). What does it mean to create sustainable science curriculum innovations? A commentary. *Science Education, 87*(4), 564-573.

Fishman, B., Marx, R. W., Blumenfeld, P., Krajcik, J., and Soloway, E. (2004). Creating a framework for research on systemic technology innovations.

Journal of the Learning Sciences, 13(1), 43-76.

Fullan, M. (1998). The meaning of educational change: A quarter of a century of learning. In A. Hargreaves, A. Lieberman, M. Fullan and D. Hopkins (Eds.), *International Handbook of Educational Change* (pp. 214-228). Dordrecht: Kluwer Academic Publishers.

Fullan, M. (2000). The return of large-scale reform. *Journal of Educational Change, 1,* 1-23.

Fullan, M., and Pomfret, A. (1977). Research on curriculum and instruction implementation. *Review of Educational Research, 47*(2), 335-397.

Goodlad, J. (1984). *A Place Called School.* Highstown, NJ: McGraw-Hill.

Goodlad, J. (1994). Curriculum as a field of study. In T. Hus n and T. Postlethwaite (Eds.), *The International Encyclopedia of Education* (pp. 1262-1267). Oxford: Pergamon.

Goodlad, J., Klein, M., and Tye, K. (1979). The domains of curriculum and their study. In J. Goodlad *et al.* (Eds.), *Curriculum Inquiry: The Study of Curriculum Practice* (pp. 43-76). New York: McGraw-Hill.

Guthrie, G. (1986). Current research in developing countries: The impact of curriculum reform on teaching. *Teaching and Teacher Education, 2,* 81-89.

Kelly, A. (2004). Design research in education: Yes, but is it methodological?. *Journal of the Learning Sciences, 13*(1), 115-128.

Klein, F. (1991). A conceptual framework for curriculum decision making. In F. Klein (Ed.), *The Politics of Curriculum Decision Making: Issues in Centralizing the Curriculum* (pp. 24-41). Albany: State University of New York Press.

Klep, J., Letschert, A., and Thijs, A. (2004). *Wat Gaan We Leren? [What Will We Learn?].* Enschede: Stichting Leerplanotwikkeling (SLO).

Kliebard, H. (1986). *The Struggle for the American Curriculum, 1893-1958.* Boston: Routledge & Kegan Paul.

Krathwohl, D. (1993). *Methods of Educational and Social Science Research: An Integrated Approach*. New York: Longman.

Linn, M., Davis, E., and Bell, P. (2004). *Internet Environments for Science Education*. London: Lawrence Erlbaum Associates.

Loucks-Horsley, S., and Roody, D. (1990). Using what is known about change to inform the regular education initiative. *Remedial and Special Education, 11*(3), 51-56.

Marsh, C., and Willis, G. (1995). *Curriculum: Alternative Approaches, Ongoing Issues*. Englewood Cliffs, NJ: Merrill.

McKenney, S. (2001). *Computer based support for science education materials developers in Africa: Exploring potentials*. Doctoral dissertation, University of Twente: Enschede.

McKenney, S., and van den Akker, J. (2005). Computer-based support for curriculum designers: A case of developmental research. *Educational Technology Research and Development, 53*(2), 41-66.

Merriam, S. (1988). *Case Study Research in Education*. San Francisco: Jossey-Bass.

Miles, M., and Huberman, M. (1994). *Qualitative Data Analysis*. London: Sage.

Newman, D. (1990). Opportunities for research on the organizational impact of school computers. *Educational Researcher, 19*(3), 8-13.

Nieveen, N. (1997). *Computer-based support for curriculum developers: A study on the potential of computer support in the domain of formative curriculum evaluation*. Doctoral dissertation, University of Twente: Enschede.

Nieveen, N. (1999). Prototyping to reach product quality. In J. van den Akker, R. Branch, K. Gustafson, N. Nieveen and T. Plomp (Eds.), *Design Approaches and Tools in Education and Training* (pp. 125-136). Dordrecht: Kluwer Academic Publishers.

Nieveen, N., and van den Akker, J. (1999). Exploring the potential of a computer tool for instructional developers. *Educational Technology Research and Development, 47*(3), 77-98.

Patton, M. (1990). *Qualitative Evaluation and Research Methods.* Newbury Park, CA: Sage.

Putnam, R., and Borko, H. (2000). What do new views of knowledge and thinking have to say about research on teacher learning? *Educational Researcher, 29*(1), 4-15.

Reeves, T., Herrington, J., and Oliver, R. (2005). Design research: A socially responsible approach to instructional technology research in higher education. *Journal of Computing in Higher Education, 16*(2), 97-116.

Reinking, D., and Watkins, J. (1996). *A formative experiment investigating the use of multimedia book reviews to increase elementary students' independent reading. Reading research report no. 55 (also available as Eric document # 398 570).* Athens, GA: National Reading Research Center, College of Education, The University of Georgia.

Richey, R., and Klein, J. (2005). Developmental research methods: Creating knowledge from instructional design and development practice. *Journal of Computing in Higher Education, 16*(2), 23-38.

Snyder, J., Bolin, F., and Zumwalt, K. (1992). Curriculum implementation. In P. Jackson (Ed.), *Handbook of Research on Curriculum* (pp. 402-435). New York: Macmillan.

Stenhouse, L. (Ed.) (1980). *Curriculum Research and Development in Action.* London: Heinemann.

Taba, H. (1962). *Curriculum Development: Theory and Practice.* New York: Harcourt, Brace & World.

Thijs, A. (1999). *Supporting science curriculum reform in Botswana: The potential of peer coaching.* Doctoral dissertation, University of Twente:

Enschede.

Tyler, R. (1949). *Basic Principles of Curriculum and Instruction*. Chicago: University of Chicago Press.

van den Akker, J. (1988). *Ontwerp en Implementatie van Natuuronderwijs [Design and Implementation of Science Education]*. Lisse: Swets & Zeitlinger.

van den Akker, J. (1998). The science curriculum: Between ideals and outcomes. In B. Fraser and K. Tobin (Eds.), *International Handbook of Science Education* (pp. 421-447). Dordrecht: Kluwer Academic Publishers.

van den Akker, J. (1999). Principles and methods of development research. In J. van den Akker, R. Branch, K. Gustafson, N. Nieveen and T. Plomp (Eds.), *Design Approaches and Tools in Education and Training* (pp. 1-14). Dordrecht: Kluwer Academic Publishers.

van den Akker, J. (2003). Curriculum perspectives: An introduction. In J. van den Akker, W. Kuiper and U. Hameyer (Eds.), *Curriculum Landscapes and Trends* (pp. 1-10). Dordrecht: Kluwer Academic Publishers.

van den Akker, J. (2005). Hoe kan samenwerking leiden tot meer succes en wijsheid in onderwijsontwikkeling? [How can collaboration lead to more success and wisdom in education development?]. *Pedagogische Studi n, 82*(4), 343-347.

Vanderbilt, Cognition, and Technology Group (1997). *The Jasper Project: Lessons in Curriculum, Instruction, Assessment and Professional Development*. Mahwah, NJ: Lawrence Erlbaum Associates.

Walker, D. (1990). *Fundamentals of Curriculum*. San Diego: Harcourt, Brace Jovanovich.

Walker, D., and Soltis, J. (1986). *Curriculum and Aims*. New York: Teachers College Press.

Yin, R. (1994). *Case Study Research: Design and Methods* (second edition).

Beverly Hills, CA: Sage.

Zumwalt, K. (1988). Are we improving or undermining teaching?. In L. Tanner (Ed.), *Critical Issues in Curriculum: Eighty-Seventh Yearbook of the National Society for the Study of Education* (pp. 148-174). Chicago: University of Chicago Press.

제3부

질(Quality)

Educational Design Research

제 6 장

Educational Design Research

설계연구 제안서 질평가

철학적 관점

D. C. Phillips

설계연구 또는 설계 실험은 Collins(1992)와 Brown(1992)의 논문 이후로 교육연구자 사이에서 활발한 논의의 주제가 되었다. 효과적이고 혁신적인 프로그램 또는 처방을 설계하는 것은 전통적인 연구 목표를 추구하면서 그 목표와 충분히 통합됨과 동시에 진행될 수 있다는 주장은 다소 논란이 많은 것으로 증명되었다(예, Educational Researcher, 2004). 이것은 이전의 많은 시도에서 자주 발생하는 것 같은 다양한 요소의 동시적인 변형이 '변인을 통제'하고자 하는 근본적인 연구의 원칙에 반하기 때문이다. 그럼에도 불구하고, 연구자가 설계 과정에 밀접한 관련이 있는 것은, 효과적인 프로그램을 만들어 내면서 재미있고 유익한 일련의 연구를 배출해 내기에 유익한 것 같다. 나는 다른 서적(Phillips & Dolle, 인쇄중)에서 이 주제와 연관된 난해한 문제를 다루고 있는데, 여기서는 연관되어 있으면서도 다소 방치되어 온 문제에 대한 예비적인 진술을 하고자 한다.

세계 각국의 연구비 지원 기관은 설계연구를 수행하겠다는 연구계획서가 접수되면 이것을 평가하게 된다. 최종 프로그램의 가치나 또는 완성된 연구 보고서의 가치를 평가하는 것도 물론 어렵지만, 설계연구 제안서의 질을 평가하는 데 내재된 어려움과 비교해 본다면, 그 어려움은 미약해진다. 아래 진술은 이러한 난점에 대한 간결한 논의이며, 도움이 될 수 있는 일부 제안도 함께 제공하고자 한다.

교육연구, 특히 설계연구는 철학자가 말하는 '자연적 종류(natural kind)'라고 부르는 것을 구성하지 않는다. 교육연구는 한 가지 또는 소수의 종을 규정(species-defining)하는 특성을 공유하는 방식으로 소위 종을 형성하지 않는다. 그것은 인간의 지적이고, 정치적이고, 스스로 확인하려는 목적을 위해 인간에 의해서 규정된 범주로, 상이한 것이 많이 쑤셔 넣어져 있는 잡동사니라고 부르는 하드디스크나 파일과 같다. 다양한 종류의 수많은 교육연구는 각자 고유의 가치와 한계가 있는데, 이러한 사실은 설계연구에도 동일하게 적용되며, 연구와 개발 간에(연구와 개발을 분리하는 것이 인정된다면) 연관성을 어떻게 관리하는가에 따라 설계연구는 너무나도 다양해진다. 나는 설계연구가 진정 무엇인가에 대한 모든 논쟁을 종식시키는 간단한 설명을 내놓는 데 너무 많은 시간을 허비하는 것을 생산적이라고 여기지 않는다. 그 이유는 소위 정답이라고 하는 것은 없기 때문이다. 즉, 설계연구와 유사한 것은 없다.

설계연구를 지원할 잠재적 연구비 제공자가 이러한 사실을 분명하게 인지하도록 하기 위해서, 철학자 Wittegenstein(1963)이 '게임'의 개념을 설명하기 위해 사용한 '가족 유사성(family resemblances)' 개념을 참고하는 것이 도움이 될 수 있다(요컨대, '게임'을 정의할 때 많은 종류의 '가족 유사성'이 있는데, 각 게임은 그 유사성의 일부를 예시하지만 두 가지 게임은 여전히 게임임에도 공통적인 가족 유사성이 있지 않을 수도 있다). 즉, 설계연구가 평가받아야 하는 일련의 준거군이 또한 있을 것인데, 어떤 연구를 평가하는 데 적절한 그 준거군의 요소는 다른 연구를 평가하는 데에는 적절하지 않을 수 있다. 이러한 설명은 일반적 연구 또는 설계연구 제안서의 평가자가 수행하는 업무를 보다 쉽게 만드는 것이 아니며, 단순한 것보다는 보다 현실적인 것이 더 낫다는 것이다.

구체적인 연구 사례가 위치하고 있는 영역 내에 많은 상이한 프레임워크 또는 방법론적 접근법이 다양하게 존재한다는, 즉 Kuhn의 용어가 이제 널리 쓰이고 있는 패러다임이 (매우 막연한 뜻의) 존재한다는 사실과 관련하여 교육 분야의 연구를 사정하는 데 잘 알려진 이슈가 있다. 구체적인 사례를 사정하기 위한 준거는 종종—항상 그러한 것은 아니지만—프레임워크나 패러다임과 부합해야 할 필요가 있는데 명백한 예를 인용하여 그 이유를 설명하면, 일종의 민족지학을 엄격하게 만드는 요소는 훌륭한 실험연구 또는 준실험연구가 갖추어야 하는 요소와 동일하지 않기 때문이다. 이 문제를 보다 복잡하게 만드는 것은 어떤 프레임워크 또는 방법론적 접근의 옹호자는 종종 대항하는 접근법에 대해 관용을 거의 베풀지 않아서, 그러한 연구물에 대해서 온당치 못한 판단을 내린다는 것이다. 설계연구를 포함하여 연구에 금전적 지원을 결정하는 자는 어떻게든 자신이 선호하는 프레임워크가 아닌 다른 프레임워크에 대해 느끼는 여타의 직감적인 선입견을 극복해야만 하며, 최소한 그들은 상이한 형태의 작품을 정당화하기 위해 주어진 그 근거를 인정하고자 진지한 노력을 기울여야 한다(물론 관용에도 한계가 있다. 개인적으로 나는, 항상은 아니더라도 전체적으로 과학적 접근을 지향하는 연구를 거부하고 특히 그 접근을 뒷받침하는 근대주의자의 관념을 거부하는 포스트모던 접근에 대해 거의 관용적이지 못하다. 그러나 상황은 난해하기 때문에, 설계연구의 사정관은 솔로몬의 지혜를 가져야 할 필요가 있다).

과학적 지향점을 갖는 연구의 심각한 과도단순화가 있는데(이것은 과학 탐구의 성격을 아마도 터무니없이 잘못 이해하도록 이끈다(Phillips, 2005 참조). 설계연구 제안서를 포함하는 연구 제안서를 사정하는 것을 흐리게 할 수 있다. 이 과도단순화는 미국에서 유행처럼 번져 나갔고, 정부기관에 의한 연구와 평가의 지원을 제공받기 위한 필요조건으로 소위 '금본위제(gold standard) 방법론'을 사용하려는 매우 단호한 노력이 있는데, 이것은 예비 준실험(backup quasi-experiments)과 회귀 불연속 설계(regression discontinuity designs)로서 무선 통제된 실험 또는 현장 테스트의 사용을 말한다. 인기 있는 연구 사례를 찾으려면, 미국 연방정부에서 연구자금 지원을 받는 'What Works Clearinghouse'를 찾아보기 바란다(www.W-W-C.org). 과도한 단순화의 실수는 연구 사이클의 마지막 단계, 즉 어떤 중재, 처방 또는 프로그램이 어떤 산출물의 인과적 책임이 있는지에 대한 주장을 검토하고 확증하는 단계에 거의 모든 강조점을 두는 데 있다. 이것은 철학자 Reichenbach(1938)가 오래전에 '발견의 맥락(context of discovery)'이라고 불렀던 것을 도외시하거나 심지어 모욕하는 것으로, 발견의 맥락이란 검사할만한 가치가 있는 중재나 처치를 생각해 내는 주요한 노력에서 연구자가 창조성을 보여 주고 많은 예비 조사를 하는(물론 깊은 사실에 기반을 두면서도, 이론적인 배경 지식에 의해 종종 안내를 받는) 맥락을 말한다.

이 문제를 약간 다른 방식으로 다루어 보자. 미국의 위대한 실용주의 철학자인 John Dewey와 비판적 합리철학자인 Karl Popper는 과학과 연관되었으면서도 놀랍게도 유사한 논리적 처리를 독자적으로 설명하였고, 논리실증주의자인 Reichenbach는 그 둘의 설명을 인정하였을 것이다. 그들은 과학은 순환반복을 통해 진행한다고 보았는데, 각 순환은 문제의 규명, 명료화, 분석, 가능한 해결 방안의 분석, 그 후 가장 효과적일 것으로 보이는 해결 방안, 가정을 검사하는 것과 관련되어 있다(Phillips, 1992의 6장 참조). 거의 대부분을 검사에만 초점을 맞추는 것은[교육연구의 과학적 가치를 판단하기 위해 그 금본위제로서 무선화 현장 검사(randomized field trials)를 사용하는 것처럼] 절대적으로 중요한 이전 초기 단계를 과학적으로 중요하지 않은 것으로 무시하거나 다루는 것과 같다.

설계연구 공동체의 가장 위대한 장점 중 하나는 그 구성원이 과학연구의 모든 사이클을 중요하게 다룬다는 점이다. 만약 연구비 지원 결정이 가설 검정을 위한 특정한 일련의 방법의 사용 여부에 따라 전적으로 혹은 매우 비중 있는 근거로 다루어진다면, 설계연구의 미래 그리고 모든 과학의 미래는 정말이지 치명적인 영향을 받을 것이다.

이것, 즉 특정연구 방법의 사용 여부에 의한 판난은 또 다른 어려운 이슈를 야기한다. 어떤 가설이나 처치를 검증하는 데 주안점을 두는 연구 제안서는 구체적인데, 특히 무엇이 수행될 것인지에 대해 매우 구체적으로 제시한다. 따라서 이런 연구를 지원하고자 하는 기관을 쉽게 유혹할 수 있다. 능력 있는 연구자가 가설을 검증하는 데 초점을 두고(그 가설의 유래나 분석에는 초점을 두지 않는다면) 표본이 어떤 모집단에서 어떻게 추출되는지, (표본) 이탈은 어떻게 검토할 것인지, 검사상의 처치는 어떻게 제공할 것인지, 무선화는 어떻게 수행할 것인지 등에 대해 구체화하는 것은 용이하다는 것을 알게 될 것이다. 그러한 문제는 잠재적인 연구비 지원 기관에 의해 매우 직접적으로 사정될 수 있다. 과학적 사이클 전체를 심각하게 다루는, 즉 중요한 문제를 규명하고 명료화하는 것에서 출발하여, 일련의 연구와 분석을 통해서 진지하게 검정을 받아야 할 만큼의 가치가 있는 정련된 가설 또는 처방으로 옮아가는 제안서를 사정하는 것이 훨씬 더 어렵다.

여러 개의 중요한 부가적인 문제가 다음과 같이 제시된다.

- 왜 어려운가? 말 그대로 독창적인 연구를 수행하겠다고 제안하는 어떤 연구자가 조사 순환의 초기 단계 동안 무엇이 수행될 것인지에 대하여 사전에 미리 명확하게 구체화하는 것은 말 그대로 불가능하기 때문이다. 가설 검증의 보다 좁은 영역에 반(反)하여, 역력한 과학적 조사는 정밀한 알고리듬을 따르는 문제가 아니고, 조사자는 처음에 어떤 문제가 떠오르고 어떤 기회가 저절로 나타나게 될 것인지 예측할 수 없다.

조사는 창조적인, 그러나 동시에 필연적으로 훈련을 받아야 하는 처치다. Einstein은 훌륭한 과학자는 '부도덕한 기회주의자'라고 발언한 적이 있으며, 노벨상 수상자인 Percy Bridgman은 "과학자는 최선을 다한다는 것 이외에 다른 방법이 없다."라고 말했다. 그러나 가장 신뢰할 수 있는 연구비 지원 기관이 "나는 기회주의자가 될 것이고 최선을 다할 것이다."라고 진술하는 연구 제안서를 높게 평가하는 것은 참 어려운 일이다. 그럼에도 실상에 서 이러한 연구 접근은 훌륭한 조사자가 연구 초기 단계에서 수행하는 내용이다. 그리고 이것은 또한 설계연구의 훌륭한 실천가가 분명히 수행할 것이기도 하다. 다시 말하지만, 최선을 다한다는 것과 기회주의는 훈련을 필요로 한다.

- 분석, 소규모 연구, 관찰, 논쟁에 대한 검사, 검증, 생성 등을 포함하는 창의적인 과정이 있다. Popper와 Dewey는 이 과정을 과학적 탐구의 초기 단계라고 규명하였으며 Richenbach는 이것을 발견의 맥락이라고 불렀다. 과학의 역사는 이 과정에서 대규모의 가설 검증이 반드시 필요한 것은 아니라는 설득력 있는 증거를 낳을 수도 있다는 점을 제시한다.

과거 위대한 과학자의 연구에서 도출한 대부분의 사례도 일종의 과학적 탐구의 초기 단계의 중요성을 제시하는 사례로서 이용할 수 있다. 심장박동이 동맥과 정맥을 통해 온 전신에 피를 전달시킨다는 것을 오랜 기간 동안 주장해 온 William Harvey의 연구를 고려해 보자. 그는 자신이 구체적으로 무엇을 할 것인지에 대해 직접 해 보기 전에 구체화시키지 못했다. 기껏해야 그는 동물은 왜 심장이 있는지 조사하는 것에 흥미를 느끼고 있음을 나타내는 정도만 가능했다. 문제와 비판이 떠오름에 따라 그는 다양한 종류의 연구를 사용하여 그것에 대항하는 독창적인 방법을 고안했다[오늘날 우리는 그가 혼합적 연구 방법(mixed method)을 사용했다고 말할 수도 있겠다]. 결국 피가 순환한다는 그의 주장에 대한 근거는 부인할 수 없었으며, 그가 금본위제 방법론에 유일하게 의존하지 않았다는 것은 유념할 만하다. 자신의 연구 초기에 무엇을 할 것인가에 대해 구체적일 수 없을 것이라는 이유로, 그가 오늘날 존재하는 대부분의 연구비 지원 기관에서 지원을 받지 못했을 것이라는 사실에 대해 숙고해 보는 것도 의미가 있다. 나는 전부는 아닐지라도 대부분의 설계연구자가 William Harvey와 동일한 상황에 처해 있다고 믿는다—Darwin 또는 Pasteur의 연구의 맥락에도 동일한 특징이 적용될 수 있다(보다 깊이 있는 논의를 위한 문헌은 Phillips, 2005를 참고하라).

지금까지의 논의를 바탕으로 마지막 어려운 논의를 제기하고자 한다. 연구비 지원 기관이 설계연구 제안서를 검토할 때 어떤 준거를 사용해야 하는가에 대해 어떻게 조언할 수 있을까? 설계연구자는 연구 초점이 단순한 가설 검증의 범위를 훨씬 초월하는 선량한 과학자이기에, 연구의 초기에 자신이 무엇을 하게 될 것인지에 대해 명확할 수 없다는 사례를 강력하게 제시한 듯하다(적어도 나는 사례 제시가 강력하다고 생각한다). 그렇다면 어떻게 설계연구 제안서를 검토하고 연구비를 제공할 것인가에 대해 어떻게 지혜로운 결정을 내릴 수 있을까? 나는 여기에 세 가지의 잠정적인 제안을 제공하고자 한다.

- 내 생각에는, 설계연구자가 자신이 연구를 수행하는 데 실제로 어떤 것을 할 것인가에 대해 명확하게 알기를 기대하는 것은 무리가 있지만, 주로 어느 영역에 공헌을 하게 될 것이라 기대하는지에 대해 어느 정도의 암시를 주기를 기대하는 것은 지나치다고 생각하지 않는다. William Harvey의 경우로 돌아가 보자. 그는 연구 초기에 심장에 대해서 대체로 흥미가 있다고 말할 수 있었다. 그는 다른 것에는 전혀 흥미가 없었음을 유념하라. 설계연구자는 때때로 Harvey처럼 연구 초

기에는 자신의 흥미가 무엇인지 분명하지 않을 수도 있다. 왜냐하면 설계연구와 관련된 많은 문헌에는 지속적인 애매모호함이 있고, 어떠한 설계연구 제안서도 명확하게 규명되어야 할 필요가 여전히 있기 때문이다(예, 이 애매모호함은 2003년에 발간된 *Educational Researcher, 32*(1)에 수록된 설계연구에 대한 심포지움의 많은 논문을 괴롭힌다). 이것은 어떤 설계연구의 주된 목적이 설계 과정 그 자체의 이해에 공헌하는 것인지(그리고 이것은 무엇을 의미하며, 왜 중요한 문제일 수 있는지에 대해 명료하게 밝혀야 하며) 설계 중인 프로그램이나 처방과 관련된 어떤 교육적인 현상에 빛을 비춰 줘야 하는 것인지(예, 어린 소녀가 학습할 수학의 특정 주제와 같이), 기술적으로 인상적인 프로그램, 처방 또는 인공물을 실제로 설계하려는 것인지, 위에 제시한 것 중 두 가지 또는 세 가지를 달성하려는 것인지에 대해 애매모호함이 있다. 이것은 연구지원 재단에 유용한 정보가 될 것인데, 이 재단은 어떤 목적이 그 재단에서 흥미롭게 생각하는 영역에 속하는지를 결정해야 할 필요가 있다(물론 연구 시작 단계에서 일반적인 흥미를 표시하는 것은, 그 연구가 수행되고 나서 흥미롭고 새로운 현상이 등장함에 따라 그 초점이 변할 수 없다는 것을 가정하지는 않는다).

- 하나의 연구 제안서가 할 수 있는 주장에는 세 가지가 있다. 연구 제안서는 연구자가 지지하는 주장의 근거 간에 차이점을 이해하고 있음을 분명히 보여 줘야 한다. 설계 과정이 개선되었다는 주장을 지지하는 근거는 학습의 일부 양상이 명료하게 규명되었다는 주장의 근거와는 다르며, 기술적으로 인상적인 아이템이 창조되었다는 주장의 근거와도 다를 것이다. 실상 이러한 주장은 상이하지만 뒤얽혀 있다. 그것은 종종 혼란스럽다. 제안서는 설계연구팀에게 요구되는 연구와 개발 능력을 갖추고 있음을 보여 주어야 한다. 예를 들어, 어떤 학습에 대한 연구는 특정 기능을 필요로 하는데, 이것은 수학 교육과정을 개발하는 데

필요한 기능과는 다를 것이다. 즉, 다른 학습마다 다른 기능을 필요로 한다.

- 연구재단은 창조 예술영역에서 연구비를 지급하고자 프로젝트를 선발하는 방식을 일종의 모델로 도입할지도 모르겠다. 예를 들어, 연구재단에서 한 작곡가에게 부원을 하려고 고려 중인데, 그 작곡가가 실제로 작곡을 하기 전에는 그 교향곡이 어떠한 것일지에 대해 보여 줄 수 있을 것이라 기대할 수는 없다! 그러나 그 작곡가의 작품 포트폴리오는 검토할 수 있고, 그 작곡가가 받은 수련의 과정도 조사할 수 있다. 그 작곡가는 작은 규모의 오케스트라를 위한 교향곡에는 아주 재능이 있으나 바이올린 솔로를 위한 작품에는 능숙하지 않다는 것은 확인을 통해 알 수 있다. 그 작곡가가 어떤 종류의 음악(특정한 조로 쓰이지 않은, 재즈풍의, 낭만적인, 개선의, 기타 등등)을 선호하는지, 이것이 위원회(commissioning body)가 염두에 두고 있는 작품 종류와 어떻게 적합한지 또한 확인할 수 있다. 결국 선정 위원은 과거의 기록(또는 수련 또는 도제활동)을 살펴보고, 이 작곡가가 바라는 작품을 만들어 낼 것 같은지에 대해 배팅을 걸어야 한다.

이 절차는 혼란스러워 보이지만(MacArthur 재단에서는 '천재 어워드'를 이러한 방식으로 결정한다) 총명한 심사위원 사이에서 놀라운 수준의 채점자 간 신뢰도를 확보한다. 그것은 아마도 설계 실험의 중심에 있는 창조적인 과학적 과정에서의 복잡성을 다루는 유일한 방법일 것이다.

나는 앞에서 제시한 많은 요점을 설명하는 낙관적인 사례로 논의를 마치고자 한다. 내가 늦은 밤까지 TV를 시청하는 것에 중독되었을 때 시청한 다큐멘터리가 바로 그 사례다. 제2차 세계대전 직후, 미군은 NASA의 전신이었던 대행사와 함께 정기적으로(그리고 안전하게) 음속보다 빠르게 나는 비행기를 설계하고자 하였다. 이용할 수 있는 제품인 X-1 비행기를 생산해 내고자 하는 바람과 더불어, 마하 1보다도 더 빠른 속도로 나는 공기 역학의 원칙인 물리학을 이해하기를 바랐다. 이때 중요한 점은 그 참여자가 초기 단계의 설계연구에 참여했다는 사실이다. 그 프로젝트가 국가적 방위를 위해서 우선순위가 높은데다가, 그 참여자가 비행기 설계 및 제작의 경험이 있었기 때문에 그들이 연구지원금을 받았다는 것은 주의를 끌 만하다. 그들은 실제로 프로젝트를 시작하기 전에 자신이 무엇을 할 것인지에 대해 세부적으로 구체화할 수 없었고 그렇게 하지도 않았다. 그들이 만든 변화 및 개선은 거의 매일매일 결정되었다. 각 시험 비행 동안 Chuck Yeager라는 성마른 조종사는 그 프로토타입 비행기를 그 한계까지 밀어붙였고, 그 후 그와 그의 기술공은 속도를 증가시키기 위해 땜질을 하였다(그는 최대한 빠른 시간에 고속 비행기를 생산해 내기를 바라는 군대의 관심사를 대표하였다). 그러나 연구자는 이를 거부하였는데, 왜냐하면 각 수정 후에 더 많은 변인이 땜질식으로 수선되기 이전에 그들은 자세한 검사 프로그램을 이행하기를 원했기 때문이다(개발과 연구 간의 통상적인 충돌의 예시다). 그 상황은 두 대의 비행기를 사용함으로써 완화되었는데, 한 대는 최대한 세게 밀어붙이기용이었고, 나머지 한 대는 좀 더 천천히 검사하기 위한 것이었다. 아마도 여기에 설계연구자와 그들의 지원자를 위한 교훈이 내재되어 있는 듯하다.

참고문헌

Brown, A. L. (1992). Design experiments: Theoretical and methodological challenges in creating complex interventions in classroom settings. *Journal of the Learning Sciences, 2,* 141-178.

Collins, A. (1992). Toward a design science of education. In E. Scanlon and T. O'Shea (Eds.), *New Directions in Educational Technology*. New York:

Springer.

Phillips, D. C. (1992). *The Social Scientist's Bestiary.* Oxford: Pergamon.

Phillips, D. C. (2005). Muddying the waters: The many purposes of educational inquiry. In C. Conrad and R. Serlin (Eds.), *Handbook for Research in Education: Engaging Ideas and Enriching Inquiry* (pp. 7-21). Thousand Oaks, CA: Sage.

Phillips, D. C., and Dolle, J. R. (2006). From Plato to Brown and beyond: theory, practice, and the promise of design experiments. In L. Verschaffel, F. Dochy, M. Boekaerts, and S. Vosniadou (Eds.), *Instructional Psychology: Past, Present and Future Trends. Sixteen Essays in Honour of Erik De Corte,* (pp. 275-290). Oxford: Elsevier.

Reichenbach, H. (1938). *Experience and Prediction.* Chicago: University of Chicago Press.

Wittgenstein, L. (1963). *Philosophical Investigations.* Oxford: Blackwell.

제 7 장

혁신과 위험 간의 균형

설계연구 제안서 사정

Daniel C. Edelson

이 장에서 나는 '설계연구 제안서를 어떻게 사정해야 하는가.'라는 질문을 하고자 한다. 이 책을 함께 집필한 다른 저자와는 대조적으로 이 질문을 과학자(scientist)의 관점이라기보다는 기술자(engineer)의 관점으로 접근할 것이다. 기술자의 접근은 누군가 처음에는 설계와 개발을 하고 있으며, 그러한 과정에서 일반화할 수 있는 어떤 교훈을 얻을 수 있는가에 대해 질문을 한다고 가정한다. 반면 과학자의 접근은 어떤 이가 학습에 대하여 과학적인 탐구에 참여를 하며, 우리는 설계를 연구 과정에 통합함으로써 설계와 관련하여 무엇을 배울 수 있는가라는 질문을 한다고 가정한다.

- 교육에서의 설계연구에 대한 과학자의 접근: 연구는 반복적인 설계 순환에 통합함으로써 어떻게 진일보할 수 있는가?
- 기술자의 접근: 반복적인 설계 순환은 유용한 연구 결과를 생성하기 위해 어떻게 사용할 수 있는가?

'설계연구 제안서를 어떻게 사정해야 하는가.'라는 질문을 다루기 위해서는, 우리가 설계연구에서 무엇을, 어떻게 배울 수 있는가에 대해 먼저 고려해야만 한다.

우리는 설계에서 무엇을 배울 수 있을까

수년 전에 나는 『학습과학 논문지(*Journal of the Learning Sciences*)』에 「우리가 설계에 관여를 할 때, 무엇을 배울 수 있을까?」라는 제목의 설계연구 관련 논문 한 편을 게재하였다. 이 논문에서 나는 설계연구에 대한 기술자의 관점을 취했다. 설계는 학습의 과정이라는 가정으로 그 질문을 접근했다. 설계팀이 일련의 제한점을 안고서 어떤 목적을 달성하기 위해 설계를 고안할 때, 그들은 자신이 설계하고자 하는 목적 및 제한점, 설계를 구성하기 위해 유용한 자원, 대안적 설계 결정이 주는 영향에 대해 이해할 수 있어야만 한다. 통상적 설계 과정에서, 그 설계팀이 구축해 가는 이해는 그들이 내려야 하는 결정과 그 결과의 산물인 설계에 내포되어 남게 된다. 나는 이러한 설계 결정이 다음 세 가지 범주 중에 속한다고 판단한다.

- **설계 과정에 대한 결정:** 이것은 설계를 구성하는 데 어떤 단계를 따라야 하는가, 누가 관련 있는가, 그들은 어떤 역할을 해야 하는가에 대한 결정이다.
- **설계 맥락에 대한 사정:** 이것은 어떤 설계에 의해 거론되어야만 하는 목적, 요구, 기회에 대한 결정이다. 이 범주는 다루어져야만 하는 설계 맥락, 예를 들어 맥락 내의 어려움, 제한점, 기회에 대한 결정도 포함한다.
- **설계 자체에 대한 결정:** 이것은 설계 자체에 대한 결정이다. 이 범주

는 목적, 요구, 기회를 충족하기 위해 설계 요소를 어떻게 결합하고 균형을 유지하는지에 대한 결정을 포함한다.

이러한 세 가지 범주는 많은 설계에서 명시적인 형태로 존재하지는 않으나, 나는 이러한 일련의 결정을 세 가지 암묵적 실제에 속하는 것처럼 특징짓는 것이 유용하다는 것을 발견하였다. 설계 과정에 대한 결정은 설계 절차(design procedure)를 구성하고 있는 것으로, 설계 맥락의 성격에 대한 사정은 문제 분석(problem analysis)으로, 설계 자체에 대한 결정은 설계 해결 방안(design solution)으로 특징지을 수 있다.

설계연구의 공학 기술적 접근은 설계자가 이러한 지역 학습 과정에 관여되고 있으며, 설계 절차, 문제 분석, 설계 해결에 대한 결정을 내리기 위해 학습된 교훈은 더 큰 공동체의 요구에 부응하기 위해 명시적이고 공개적으로 만들어질 수 있는가에 대해 질문한다고 가정한다.

설계연구가 더 큰 연구에 대한 노력에서 할 수 있는 역할은 가설 검정이 아님을 인정하는 것은 중요하다. 설계연구를 위한 적절한 산물은 근거 있는 이론이다. 그러하기 때문에 설계연구의 도전은 설계 과정과 관련된 암시적 결정을 명료하게 하고, 그것을 일반화가 가능한 이론으로 변환하는 것이다. Edelson(2002)에서 나는 세 가지의 이론을 기술하는데, 이는 설계연구를 통해 개발될 수 있다. 또한 이 각각의 이론은 설계자가 내릴 일련의 결정에 해당한다.

영역 이론

영역 이론은 문제 분석영역을 일반화한 것이다. 영역 이론에는 두 가지 부류가 있다.

- 맥락 이론(context theory)은 설계 맥락에 대한 이론으로, 예를 들어 어떤 학생 집단의 요구에 대한 분석, 어떤 내용영역의 성격 또는 교육 기관의 구성과 관련된 성격 등이다.
- 산출물 이론(outcomes theory)은 어떤 설계 맥락의 요소와 가용할 수 있는 설계 요소 간의 상호작용의 효과를 기술한다. 산출물 이론은 어떤 설계자가 한 맥락에서 특정 설계를 위해 특정 요소를 선택할 수 있으며, 다른 맥락에서는 다른 요소를 선택할 수 있는지를 설명한다.

설계 프레임워크

설계 프레임워크는 일반화된 설계 해결 방안이다. 그것은 특별한 맥락에서 특별한 목표를 달성하는 데 도움이 되는 안내를 제공한다. 설계 프레임워크는 맥락과 산출물에 관하여 영역 이론에 기초한다. Van den Akker (1999)도 설계 프레임워크를 기술하는데, 그는 이것을 설계연구의 산물로서 '본질적 설계 원칙(substantive design principles)'이라 부른다.

설계 방법론

설계 방법론(design methodology)은 일반적인 설계 절차이며, 설계 목적과 맥락의 기술을 일련의 적절한 절차와 일치시킨다. Van den Akker (1999)는 설계 방법론은 일련의 '절차적 설계 원칙(procedural design principles)'이라고 부른다.

이 세 가지 형태의 이론에 더하여, 설계연구의 또 다른 중요한 산물은 사례로서의 설계다. 여타의 개별 설계로 일반화를 시도하는 것은 사색적인 반면, 관련 사례의 축적은 지지해 주는 일반화를 할 수 있는 기초를 형성한다. 그러므로 보다 넓은 설계연구 및 이론 개발 의제설정에 영향을 주는 혁신적인 교육적 설계에 있는 개별 사례의 가치를 인정하는 것은 중요하다.

우리는 설계연구를 수행하는 기회로서 설계를 어떻게 사용할 수 있는가

나는 교육설계 과정을 이론 개발의 유용한 부분으로 사용하는 네 단계를 규명한 바 있다. 첫 번째 단계는 연구 주도이어야 한다. 즉, 설계 과정에서 내리는 결정은 선행연구와 설계연구자의 부상하는 이론의 결합에 의해 알려져야 한다. 결정이 선행연구에 의해 알려져야 한다는 사실은 그 결정이 기존 연구 결과와 일치해야만 한다는 것을 의미하지는 않는다. 사실상 설계 과정은 선행연구에 대해 의문을 갖고자 하는 바람에 의해 추진되었을 수도 있으나, 명료하고 일관된 추론을 위해서라도 그렇게 해야만 한다. 연구가 모든 또는 대부분의 설계 결정 상황에 정보를 제공하기 위해서 존재한다는 의미는 물론 아니다. 그러나 설계연구자는 연구가 설계 결정을 형성하기 위해서 어디에 존재하고 또는 존재하지 않는지에 대한 정보를 받아야 한다. 연구에 대해 인지하고 있는 것은 한 설계연구 프로그램이 영향을 끼칠 가능성을 높여 준다. 두 번째 단계는 체계적인 문서화다. 설계연구의 핵심 요소인 반추적 분석을 지원하기 위해서는, 설계 과정은 빈틈없이 그리고 체계적으로 문서화되어야 한다. 세 번째 단계는 형성평가다. 형성평가는 설계연구에서 필수적인데 문제 분석, 설계 해결, 또는 설계 절차상의 약점을 규명하기 때문이다. 이상적인 교육설계연구는 설계, 실행, 형성평가의 순환적 사이클의 형태로 수행된다. 네 번째 단계는 일반화다. 설계연구자는 일반화를 위해서 영역(domain) 이론, 설계 프레임워크, 설계 방법론의 형태로 적절한 일반화를 규명하기 위해서 설계 특수적인 교훈을 반추하면서 분석해야 한다. 연구 주도적이고, 체계적인 문서화를 유지하고, 형성평가를 실시하는 것 등 이 모든 단계는 일반화의 과정을 지원한다.

우리는 설계연구 제안서를 어떻게 사정해야 하는가

나는 이제 설계연구 제안서를 사정하는 데 사용할 수 있는 준거에 대한 논의에 초점을 맞추고자 한다. 첫 번째 준거는 어느 연구 제안서에도 적용되는 것으로, 만약 성공적이라면 제안된 연구는 중요한 요구 또는 문제에 대한 통찰력을 양산한다는 약속을 할 수 있어야 한다. 설계연구의 경우, 이 통찰은 새로운 또는 정교화된 이론의 형태를 취하는데, 보다 전통적인 연구가 기존 이론을 옹호하거나 또는 대항하는 증거의 형태를 취하는 것과는 대조적이다. 즉, 다른 제안서 평가 준거는 연구를 수행하기 위한 기회로서 설계를 사용하기 위한, 이전 절에서 기술한 바 있는 과정을 그대로 수용한다.

- 제안된 설계가 선행연구 또는 건전한 이론에 근거를 두고 있어야 한다.
- 체계적인 문서화 계획이 있어야 한다.
- 형성적 환류를 순환적인 설계 및 개발을 위한 계획에 포함해야 한다.
- 다른 설계 요소에 근거하여 일반화 과정을 수용해야 한다.

그러나 이러한 준거는 설계연구의 연구 측면을 다룬다. 공학적인 관점을 취하는 것은 우리도 설계연구 제안서의 설계 측면을 고려해야 함을 진지하게 요구한다. 우리는 설계연구가 본질적으로 탐색적이고 사색적임을 인정해야 한다. 그것은 기존 실천은 부적절하고, 또는 최소한 개선될 수 있다는 기본 가정에서 시작한다. 새로운 실천이 필요하다는 것이다. 설계연구 뒤에 있는 근원적인 질문은 혁신적 설계를 이끄는 질문과 동일하다.

- 기존 교육적 실행에 대해 어떤 대안이 있는가?
- 이러한 대안은 어떻게 확립되고 유지되는가?

이러한 질문은 전통적인 경험론이 아닌 하나의 어떤 연구 형태를 요구한다. 우리는 이러한 대안적 실행에 전통적인 연구 방법을 적용할 수 없는데, 그 대안적 실행은 아직 연구될 수 있을 만큼 존재하지 않기 때문이다.

설계연구가 탐색적이기 때문에, 본질적으로 위험하다. 사실상 설계연구는 존재하는 실행보다도 못한 설계로 이끌 수도 있는데, 그 설계가 불만족스러운 산출물을 이끌어 내거나 실행에 옮기기 적절하지 않을 수 있기 때문이다. 이것은 연구 제안서 평가에 난관으로 작용하는데, 왜냐하면 우리는 한편으로 위험을 직면하기를 원하면서 다른 한편으로는 위험을 줄이기를 원하기 때문이다. 현 실행을 개선하기 위해서 우리는 대안적 접근을 시도해 봐야 할 필요가 있다. 특히 결과가 극적으로 개선되는 가능성에 개방되기를 바란다. 그러나 자원이 제한된 세상에서 자원에 대해 주의를 기울여 현명하게 사용해야 한다.

그렇다면 설계연구 제안서의 평가와 관련하여 위험요소에 대해 이 상충하는 요구를 어떻게 적용해야 하는가? 첫째, 혁신과 위험을 구분하는 것이 중요하다. 설계연구에 의해 제공되는 기회는 혁신을 일으키는 기회다. 혁신의 새로움은 위험을 수반하는 반면, 설계연구가 연구 주도적이어야 한다는 준거는 그러한 위험을 완화하도록 돕는다. 설계 제안서가 기존 연구 또는 건전한 이론에 근거를 두고 있다면, 이것은 지나치게 위험하지 않으면서도 혁신적일 수 있다. 만약 그 반대로 근거가 명확하지 않다면, 사실상 그것은 지나치게 추측에 근거한 것이고 너무 많은 위험을 수반할 수도 있다. 반면 설계연구 제안서의 중심에 있는 설계 개념이 충분히 혁신적이지 않다면, 그때는 연구를 지원할 만한 가치가 없는 것일 수도 있다. 요컨대, 설계연구 제안서는 전통적인 방법론으로는 미지의 연구영역을 탐험하기 위해 충분히 혁신적인 설계를 포함하고 있어야 하며, 또한 지나치게 추측에 근거한 것이 아니라는 것을 보증하기 위해 건전한 이론에 근거를 두어야 한다.

위험을 관리하는 두 번째 방법은 설계연구의 일부분이 되어야만 하는 지속적 평가를 통해서다. 그래서 평가 계획의 성격은 설계연구를 평가할 때 신중히 고려해야 한다. 구체적으로 말해서, 형성평가 계획은 설계가 각 설계 순환의 모든 단계에서 더 나은 결과 및 더 나은 통찰로 향하고 있는지를 판단하기에 충분한가? 특히 평가는 왜 설계가 원하는 결과를 양산하는지 또는 못하는지에 대한 통찰을 제공하는가? 이러한 '왜'와 관련된 질문이 좋은 형성평가가 갖추어야 하는 핵심이다. 설계에 대해 학습할 때, 왜 그 설계는 그러한 결과를 이끌어 내는가에 대해 감각을 갖는 것은 매우 중요하다. 이러한 형성평가와 연계하여, 설계연구에서 위험을 줄이기 위해 총괄평가(summary evaluation)를 실시하는 것도 도움이 된다. 총괄평가는 '이 설계 접근은 설계 프로세스를 지속할 만한 가치가 있음을 충분히 보여주는가?'라는 질문에 답을 할 수 있다. 설계연구의 혁신적이고 탐험적인 성격을 감안해 볼 때, 우리는 이러한 질문을 너무 일찍 또는 너무 자주 묻지 않도록 주의를 기울여야 한다. 이는 어떤 혁신적인 접근에 대해 그 잠재성을 충분히 발현할 만한 충분한 시간을 부여하기도 전에 그 혁신을 포기할까 봐 우려하기 때문이다. 그럼에도 우리는 이 질문을 정기적으로 해야 하고 성공하지 못한 접근은 그것을 시도함으로써 수확된 교훈만을 챙기고, 기꺼이 버릴 수 있어야 한다. 이렇듯 실패한 설계에서 교훈을 깨닫는다는 점은 중요하다. 위험을 고려할 때 우리는 설계의 실패는 설계연구의 실패가 아니라는 점을 인식해야 한다. 설계연구를 적정하게 그리고 체계적으로 수행하였을 때, 그 목적을 달성하는 데 성공한 설계 시도만큼 실패한 설계에서도 동일한 교훈을 얻게 된다.

마지막으로, 설계연구 제안서의 설계 측면에 대해 고려할 때, 설계 또는 개발 제안서를 위해 사용할 수도 있는 준거를 적용하는 것이 중요하다. 그 준거는 다음 내용을 포함한다. 처한 문제 또는 요구를 위해 제안된 설계 접근은 얼마나 적절한가? 제안자는 설계와 관련된 어떤 전문성을 갖추고 있어야 하는가? 설계와 관련하여 그들의 선행 경험은 어떠한가?

최종 고려－설계연구를 위한 자원

설계연구는 연구와 경험적 연구를 독자적으로 수행해서는 달성하기 어려운 교훈을 얻게 하고 성공적인 혁신을 창조해 낼 수 있는 기회를 제공한다. 탐색적인 연구 의제(agenda)가 내포하고 있는 위험에 비해 얻을 수 있는 가능성이 더 크다고 생각한다. 이 장에서, 나는 설계연구를 위한 제안서를 사정하는 데 고려할 점에 대해 초점을 맞춰 왔다. 그러나 여전히 설계연구에 대해 다루어져야 하는 기타 중요한 질문이 남아 있다. 예를 들면, 나는 좋은 설계연구가 연구 주도의 설계, 체계적인 문서화, 형성평가, 일반화를 위한 계획을 필요로 한다고 말할 수 있었지만, 우리가 이러한 계획을 발전시키고 실행에 옮길 방법으로 수긍할 만한 것이 부족하다는 점을 인정해야만 한다. 또한 각 설계연구 시도는 이러한 방법을 스스로 구안해야만 한다. 이와 유사하게 설계와 연구의 두 영역에서 설계연구팀의 전문성을 결합해야 할 것임을 주장한다. 그러나 우리가 과연 기존 연구 기관에서 이러한 형태의 전문성을 결합하는 팀을 구성하는 능력을 갖추고 있는지가 분명하지 않다. 교육설계에서의 우리의 전문성은 연구에서의 전문성에서 분리되어 나온 것 같다. 교육설계상 전문성은 개발 책임이 있는 기관에 가두어져 있고, 연구의 전문성은 연구 기관에 가두어져 있다. 또한 설계연구팀이 성공적이기 위해서, 우리는 이 두 개의 상이한 공동체의 이러한 형태의 전문성 및 실천을 어떻게 통합할 수 있는지를 알아야 할 필요가 있다. 마지막으로, 설계연구는 설계 및 연구에 대해 책임을 지는 조직과 실행에 대해 책임을 지는 조직 간의 협동적인 관계에 의존한다. 설계, 개발, 실행, 평가의 반복되는 순환은 설계연구에서 결정적으로 중요한데, 장기간의 협동적 노력을 필요로 한다. 이러한 협정은 실행에 책임을 지는 사람들이 단기간에 결과를 보여야 한다는 요구를 받는 환경에서는 유지되기 어려울 수 있다. 혁신적 설계는 그것이 약속한 바에 도달하기 위해서 여러 번의 반복을 요구할 수도 있다. 단기간의 책무 부담에서, 이러한 형태의 연구에 참여할 수 있는 실행 현장을 발견하는 것은 어려울 수 있다. 이러한 이유에도 불구하고, 기존 인적자원과 기관의 채비에 중요한 도전을 포함하기 위해, 설계연구 지원의 난점은 어떤 연구를 추구해야 하는가를 평가하는 어려움을 넘어선다. 그럼에도 불구하고 교육 성과에서 실질적인 개선이 혁신적인 설계연구의 결과로 나타날 것이라는 가능성은 그러한 어려움에 맞붙어 보는 것에 대해 가치를 부여한다.

알림 글

이 장은 국립과학재단(National Science Foundation)의 no REC-9720663 및 ESI-0227557의 지원을 받아 수행된 연구 일부에 근거한 것이다. 여기에 제시한 모든 의견은 기관의 관점을 반영하였다기보다는 저자의 견해임을 밝혀 둔다.

참고문헌

Edelson, D. C. (2002). Design research: What we learn when we engage in design. *Journal of the Learning Sciences, 11*(1), 105-121.

van den Akker, J. (1999). Principles and methods of development research. In J. van den Akker, R. M. Branch, K. Gustafson, N. Nieveen and T. Plomp (Eds.), *Design Approaches and Tools in Education and Training* (pp. 1-14). Boston: Kluwer Academic Publishers.

제 8 장

Educational Design Research

설계연구를 위한 질적 준거

증거 및 약속

Anthony E. Kelly

사회는 아동과 성인의 교육을 위해서 방대한 노력을 쏟고 있다. 연구를 통해 그 노력을 어떻게 개선할 것인가 하는 지속적인 도전이다. 연구자는 지금 수학 교육, 과학 교육, 컴퓨터 과학, 공학 등의 다양한 영역에서 전통적인 무선화 시도와 질적 접근의 중간에 위치하는 어떤 방법론을 고안하기 위해 통찰력을 결합하고 있다.

이러한 접근 중 하나는 통상적으로 설계연구라고 부르는 것이다. 설계연구의 특징은 간섭주의, 반복적, 프로세스 중심, 협력적, 다층의, 유용성 지향, 이론 주도적이다(Kelly, 2003). 설계연구는 절차적 모호성, 정확히 규명되지 않은 문제, 그리고 사회적으로 다층, 다중 시간대(Multi-timescale)인 열린 체제와 함께 작동한다(Lemke 2001).

설계연구는 종종(예, 수학 또는 과학 등) 어떤 영역 안에 처하게 되며, 많은 경우에서 그 영역의 구조를 이론적 가이드로서 사용한다(Cobb et al., 2003). 영역에 대한 지식과 함께, 설계연구는 어떤 '배경 이론'과 관련된

'개정할 수 있는 추측'을 제기하고 다루기 위해서 사회적 학습 이론을 사용한다(Barab & Squire, 2004).

설계연구는 교수 및 학습의 복잡성과 각 맥락의 특이성에도 불구하고 교수와 학습을 그 안에서 총체적으로 기술하고자 한다. 설계연구는 표본 조사를 표집 이론이나 제안과 별도로 현상에서 넓고 반복적으로 실시한다.

설계연구는 무선화 시도가 버릇처럼 하는 것과 같이 교육 프로세스를 어떤 블랙박스로 취급하지 않고, 학습과 교수의 복잡성을 끌어안으며, 그 복잡성을 향해 반복하면서 중재자적인 태도를 취한다. 설계연구는 소프트웨어, 교육과정에 대한 중재, 개인교습 등 어떤 설계된 인공물의(대안적인 버전의) 실패 또는 성공을 위해 현장에서 지속적인 모니터링을 사용하는데, 이는 '학습 이론' 또는 '가설적 학습 궤도'의 실행 가능성에 대해 즉각적인(축적된) 환류를 제공하기 위함이다(Cobb et al., 2003). 시간이 흐르면서, 축적된 증거의 흔적은 가공물에 대한 재설계와 이론의 수정에 유익한 정보를 제공한다.

자료 수집은 종종 실제 학습 상황에서 발생하는(예, 학생의 학습 결과물과 같은) '학습의 산물'과 컴퓨터에 의해 추적된 학습 여정의 수집품을 비디오로 담는 활동을 포함하며, 일부 경우에서는 임상 면담이나 개인 교습과 같은 다른 기술을 포함하기도 한다(Kelly & Lesh, 2000).

설계연구는 복잡하고 자연적인 맥락에서 출현하는 요인을 찾아내고 그에 반응하며, 빈곤에서 정책에 이르기까지 학교운영에 영향을 미치는 내포된 많은 층의 제약과 영향을 인정한다(Fishman et al., 2004).

이 책의 기초가 된 컨퍼런스 준비 자료에서, Gravemeijer와 van den Akker(2003)는 교육에서 적어도 세 가지의 상이한 설계연구 활용이 교육마당에서 있음을 지적하였다.

- 혁신적인 처방의 형태를 갖추고 그 처방의 근간이 되는 이론 개발

- 교육 증진을 탐구하기 위한 학습 환경 고안(이것은 새로운 형태의 학습을 탐구하기 위해 그 새로운 형태의 학습을 일으킴으로써 수행됨)
- 설계 방법론에 공헌하고자 교육적 처방의 설계에 대한 과학적 접근으로 활용

미국에서는 위의 세 가지 중에서 많은 관심이 교육적 맥락에서 중재할 설계 원칙의 사용에 몰렸는데, 전통적으로는 '교수 실험(teaching experiments)'으로, 보다 최근에는 '설계 실험(design experiments)'이라고 불렀다. 설계 실험은 단일한 방법론을 기술하지는 않는데(Cobb et al., 2003; Kelly & Lesh, 2000) 목적, 방법, 측정에 다음과 같은 다양한 변형이 존재하기 때문이다.

- 일대일 교수 실험
- (다층의 그리고 변형적인 버전을 포함하는) 교실 교수 실험
- 예비 교사 개발연구
- 현직 교사 개발연구
- 학교 · 지역청 재구조화 실험

Gravemeijer와 van den Akker가 주목했듯이, 두 번째 주된 강조는 '학습 환경'의 설계와 시도에 있다(〈표 8-1〉 참조). 이 하위 범주에서 학습 또는 교수, 아니면 학습 및 교수에 대한 목적, 방법, 측정에 차이점이 존재한다.

앞서 언급했듯이, 기존의 연구 방법론을 재개념화하거나 또는 새로운 방법론을 창조해 내야 하는 필요성에 대해 반추하면서 최근에 심도 있는 노력을 기울였으며, 몇 개의 관심 가는 연구가 다양한 논문에 포함되었다(Kelly, 2003, Barab & Kirshner, 2001, Barab & Squire, 2004). 설계연구의 결과물(deliverables)은 많은 장르에 따라 다양하며(Kelly, 2003), 〈표 8-2〉의 사

● 표 8-1 ● 학습 환경 예시

- Progress Portfolio, Loh et al. (1998)
- WorldWatcher, Edelson et al. (1999)
- LiteracyAccess Online, Bannan-Ritland. (2003)
- Genscope/Biologica, Hickey et al. (2003)
- CimCalc, Roschelle et al. (2000)
- Jasper Series, Cognition and Technology Group at Vanderbilt. (1997)
- WISE, Linn et al. (2003)
- www.letus.org와 www.cilt.org에 제시된 다양한 프로젝트

례는 결과물의 일부다.

〈표 8-2〉의 예시에 대한 간략한 검토만으로 설계연구 제안서의 질을 판단하기 위한 준거를 단순하게 또는 단일하게 성문화하는 것은 그럴듯하지도 결코 바람직하지도 않다는 것을 분명하게 알 수 있다. 내가 그 대신 제안하고자 하는 것은 Brown(1992)의 설계 실험에 대한 씨눈 같은 논문을 다시 검토함으로써, 이 문제만을 별도로 다루고자 한다. Brown은 단순

● 표 8-2 ● 설계연구 결과물의 장르

- 연구 수행 동안 반복적으로 본래의 연구 문제 재진술
- 미래연구 노력에서 설명적 프레임 또는 설명적 프레임워크, 예를 들어 '존재론적 혁신'('사회수학적 규범 sociomathematical norms' 또는 '메타 표현적 능력 meta-representational competence' 등의 복잡한 환경을 개념화하는 방법)과 '복잡한 맥락에서 순서, 패턴, 정규성을 간파하게 하는 능력을 부여하는 이론적 구성(theoretical constructs)' (diSessa & Cobb, 2004: 84)
- 실천의 작동 모델 기술
- 지역적(local) 또는 미천한(humble) 이론의 생산
- 복잡한 사회 환경에서 설계의 원칙 설정
- 학생과 교사가 복잡한 개념을 항해할 때 사용하는 개념적 '진로'로 제안된 '가설적인 학습 궤도'

- 교육과정 자료('일본어 수업 학습' http://www.lessonresearch.net를 참고하라)
- 사정 과업 재설계(Kelly & Lesh, 2000)
- 소프트웨어 및 관련된 교육과정 지원물(예, GenScope/Biologica; Worldwatcher)
- '학습 환경'(예, WISE 및 TELS, http://www.telscenter.org를 참고하라)
- 새로운 또는 혼합된 연구 방법(예, 통합된 학습설계 프레임워크, Bannan-Ritland, 2003; McCandliss et al., 2003)
- 비디오를 활용한 연구 · 산물 · '이론' 설계 원칙의 데이터베이스 증가(Fuson & Zaritsky, 2001)
- 프로세스에 대한 보다 나은 이해를 도모하기 위한 사전에 설계된 산물(예, 통계적 제시 도구)의 사용
- 학습으로 향하는 창문 역할을 하는 어떤 산물의 설계 행위로부터의 학습(예, GenScope)
- 추정컨대, 교사를 위해서 좀 더 '채택될 만한' 산물(Lagemann, 2002a, 2002b, 2003)

히 새로운 방법을 제안하려 하지 않았으며, 그보다는 다음과 같이 하였다.

- 그녀는 동일한 연구에서, 투입된 노력의 중요성을 측정하면서도 지식 습득에 관한 보다 풍부한 그림을 묘사하는(질적 및 양적의) 혼합된 방법을 사용하는 접근을 옹호하였다.
- 그녀는 양적 측정을 비난하지 않았다. 그녀는 특수사례의 연구에서조차 "어떤 연구자가 통계적 분석을 하고자 정하였다면, 사례연구에서도 그렇게 하는 것은 완벽하게 가능한 것"이라고 진술하였다(Brown, 1992: 156).
- 그녀는 설계연구를 교실과 연구실 양쪽 모두를 지향(兩指向性)하는 것과 관련된 것으로 보았다(McCandliss et al., 2003).
- 그녀는 놀랄 만큼 많은 양의 자료가 수집될 수 있겠지만, 대부분은 시간적 제약 때문에 연구자의 동료 검토자에 의해 분석되지 않을 것임을

인정하였다.

- 그녀는 연구자가 선호하는 가설을 지지하는 에피소드를 선택하는 'Bartlett 효과'에 대해 경고하였다. "이 선택의 이슈는 결코 하찮은 것이 아니다. 문제는 '자료를 무심코 잘못 전달하는 것을 어떻게 회피할 것인가.'다." (Brown, 1992: 162).
- 그녀는 파급(확산) 연구를 수행해야 할 필요성을 느꼈다. "설계 실험자가 파급의 이슈를 고려하는 것은 극도로 중요하다. 존재를 증명하는 것으로 시작하는 것은 정말로 중요하지만, 이것은 결코 충분히 합리적인 결론이라고 주장하기에는 아직 **충분하지 않다.**" (Brown, 1992: 170).
- 그녀는 scaling 연구를 옹호하였다. "알파 단계는 개발 단계로 옹호자의 관리를 받는 시기이며, 말 그대로 다음 후속 단계를 위해서라도 이루어질 수밖에 없다. 이 단계는 이상적인 지원의 조건 아래에서 작동한다. 다음은 베타 단계가 따라오며, 신중하게 선택된 장소에서 약간 부족해졌지만 여전히 상당한 지원을 받으면서 실시된다. 세 번째 단계인 **감마 단계가 결정적인데**, 넓게 채택되면서 최소의 지원만을 받는다. 이 단계가 시도되지 않는다면, 여타의 중재 노력의 수명은 논란의 대상이 될 것이다." (Brown, 1992: 172).
- Brown은 변인을 분리시키고 인과적 영향을 규명하려는 목적을 거부하지 않았다. 그녀는 '규모를 확장하는 것은 복잡한 것'으로 취급되었던 변수의 영향을 설명할 수 있어야 한다는 것을 인정하였다.

나는 이론의 명료성을 위한 것뿐만 아니라, 중재를 위해 필요하고 충분한 양상이 파급될 수 있도록 하기 위해서 변수를 혼란스럽지 않도록 해야 한다. 문제는 보통의 학교 맥락에서 반드시 포함되어야 하는 필수적인 양상이 과연 무엇인가 규명하는 것이다(Brown, 1992: 173).

- 그녀는 이 문제를 위한 방법론적 해결 방안을 제공하지 않았고, 학교 체제 분석 및 자원으로서 파급의 사회학 연구를 제안하였다.

우리는 Brown(1992)에서 설계를 판단하기 위한 '고려사항'과 교육에서 설계연구에 대한 '요구사항'을 직접적으로 이끌어 낼 수 있다.

- 표집 편향(sampling bias)에 대한 부적절한 주의
- 응답 편향(response bias)에 대한 부적절한 주의
- 연구자 편향(researcher bias)에 대한 부적절한 주의
- 압도적인 자료의 양과 자료를 증거로 제대로 전환하지 못하는 불만족스러운 방법
- 혼란스러운 변수
- 초기 샘플의 외부에 모수(parameters)를 테스트하고자 하는 규모가 커지거나 확대되는 연구에 대한 부적절한 주의
- 드러나는 설계 산물의 효능을 테스트하는 파급 및 확산 연구에 대한 부적절한 주의

Brown이 처음에 했던 염려는 없어지지 않았으며, 유사한 염려를 기록하고 있는 최근의 자원에는 Fishman 등(2004), Barab과 Kirshner(2001), Shavelson 등(2003)도 포함되어 있다.

앞에서 제시한 문제가 설계연구뿐만이 아니라, 교육만큼 복잡한 어떤 현상을 모형으로 제시하고자 시도하는 여타의 연구 방법도 괴롭힌다는 것이 지적되어야 한다. 나는 위의 설계연구에 대한 염려가 이 장르를 무효화시킬 것이라고 보지는 않는다. 이와 유사한 염려가 교육학과 심리학에서의 상관연구 및 실험연구 방법의 개발에서도 명백해졌다. 전통적 실험연구설계에 대해서 현 교재를 토대로 검토해 보면, 20세기 초반 Fisher의 최초 연구가

지속적으로 수정된 역사를 확인할 수 있을 것이다(Shadish et al., 2002). 우리는 다른 방법론에서처럼 설계연구 방법론이 성숙해 감에 따라, 연구자와 저널 편집자에게 이 염려에 대한 가이드라인이 보다 드러나고 성문화될 것이라 기대할 수 있다(Kelly et al., 준비 중).

사회과학연구 수용영역

이 책을 집필하도록 이끈 (네덜란드에서 개최된) 세미나에서, 나는 Searle (1969)의 화행 이론(話行理論), 특히 약속(commissive)의(어떤 배경 가정에 부합하게 행동하고자 약속한) 발화수반행위(illocutionary act)와 발화효과행위(perlocutionary act)를 이용하여 수용영역(commissive space)의 개념을 소개하였다(Austin, 1975 참조). 이 관점에서 보면, 사회적으로 벌어지고 있는 과학은 동류 집단(peer group) 내의 특수한 대화를 지지하는 어떤 가정에 대해 약속을 하고 있다. 새로운 구성원을 대상으로 하는 교육과 견습 경험을 지원하는 이러한 대화가 없다면, 서적과 논문에 수록된 다양한 연구 방법론적 제안은 단지 종이 위에 잉크일 뿐이다. 실천가 집단은 공유된 약속을 개발한다. 배경 가정, 수용할 만한 언변(verbal moves), 증거, 근거, 자료, 테크닉의 표준 고수 등의 이러한 약속은 연구 대화가 발생하는 영역을 구성한다. 여기에서 말하는 대화는 연구자 연수, 전문적인 발표, 논문 등을 통하여 많은 매체와 시간을 가로지르는 대화로서 여겨진다. 대화의 공간에서 암묵(暗默)적이고 명시적인 약속을 위반하는 것은 그 화자(話者)가 한 수용영역의 바깥에 거하는 것으로, 그리고(아마도) 별도 다른 약속 공간의 구성원인 것으로 규정한다. 수용영역 내에서, 예를 들어 'p-값이 유의한가?'라는 내용의 불일치와 같은 어떤 연구 결과에 대한 논쟁은 종종 허용되지만, 기초적인 약속에 대해 의문을 갖는 것은 용납되지 않는다.

수용영역의 구성원이 기초적인 약속에 대해 의문을 갖고 때때로 배경 가정을 명시적으로 만드는 것은, 그 의문을 품은 자를 요주의 인물로 보는 원인이 될 수도 있다. 그 의문을 품은 자는 어떤 다른 수용영역의 구성원으로 추정할 수 있다. 다른 수용영역은 연구 약속의 외부 유배지에 존재하기 때문에 다소 이질적이거나 열등한 것으로 판단된다. 이 판단은 두 수용영역 모두를 포함하는 일련의 배경 가정에 따라 내려진 것이라기보다는, 그 의문을 제기한 사람이 기각영역에 있는 명시적이거나 암묵적인 규칙과 가정을 위반하는 위치를 선언한 것에 기인한다.

이번 장과 관련하여, 교육연구에서 한 수용영역은 무선화 현장 검사에 대한 약속에 의해 증거가 되며, 표집, 편향된 자원(source of bias), 실험연구설계의 논리, 확률과 관련된 추리적 규칙의 개념에 대한 연역적인 약속을 고려하여 귀납적인 자료의 분석을 가정한다(Wainer & Robinson, 2003; NRC, 2002; Shavelson et al., 2003). 이 영역에서 다소 결함 있는(준실험연구의) 무선화 시도는, 모든 그러한 시도를 가로질러 가정하고 있는 인과론의 결함 있는 모형을 의문시하는 시도보다 선호된다.

설계연구자는 실제에서 무선화 현장연구를 지지하는 수용영역의 많은 가정을 위반한다. Brown(1992)이 시사하는 것을 다시 상기하면서, Collins(1999)는 설계연구가 다음과 같다고 지적하였다.

- 실험실이 아닌 지저분한 상황에서 연구를 수행한다.
- 많은 종속 변인이 관련되어 있다.
- 변수를 통제하기보다는 그 특징을 나타낸다.
- 일련의 고정된 절차를 따르기보다는 설계를 탄력 있게 정련한다.
- 독자적 학습보다는 사회적 상호작용에 가치를 부여한다.
- 가설을 검정하기보다는 프로파일을 생성한다.
- 연구자의 판단에 대해 참여자의 의견을 입력하는 것에 가치를 부여

한다.

내가 강조하고 싶은 것은, 무선화 현장평가 수용영역의 가정에 대한 이러한 위반은 설계연구 수용영역에서의 과학적 주장을 필연적으로 무효화하는 것이 아니라는 점이다. 그렇게 주장하는 것은 드문 확증연구를 향한 인간의 과학적 노력을 감소시킨다. 그보다 나는 양쪽 영역에서의 대화를 위한 약속은 근본적으로 적대적인 것이 아니며, 사회과학이 복잡한 교육과 학습으로서 현상을 향하고 있을 때, 사회과학의 보다 복잡한 관점에서 보완적으로 보일 수도 있다고 제안하고 싶다.

적대적인 입장을 설명하기 위해서, 의도적으로 설계연구를 비평하는 Shavelson 등(2003)을 고려해 보고자 한다. 그들은 Bruner의 내러티브연구에 대해 거의 독점적으로 자신의 비평에 초점을 맞추었다. 내가 아는 한, Bruner는 스스로를 설계연구자로 간주한 적이 없으며, 내가 아는 설계연구자는 Bruner의 생각을 자기 연구의(적어도 그 중심에) 근거로 삼지 않았다. 따라서 그 비평은 실천 중인 설계연구의 특징을 반하지 않는 쪽을 향하고 있다(우리는 도입 부분에서 설계연구의 복잡성을 읽었다). 그보다 그것은 무엇이 연구 주장의 정당화를 구성하는가라는 Shavelson과 연구 동료들의 사고에 도전하는 설계연구를 대항하는 쪽으로 향하고 있다. Shavelson과 연구 동료들의 수용영역에서, 보증은 무선화 현장 시도에 의해 가장 잘 확립되는데, 이것은 아마도 복잡한 교육적 맥락에서 대항하는 가정을 제거하는 과제다.

이것이 국가조사위원회(2004)에서 내가 제기한 견해다. 그래서 설계연구는 알려진 대로라면 Bruner식의 '내러티브'에 의존하기 때문에 의심을 받는데, 대항하는 가설을 제외시키지 못하는 무능함 때문에 설계연구 주장을 의심하며, 평가자가 그 방법론을 수용영역 밖으로 추방한다. 그래서 나는 설계연구에 대한 Shavelson 등(2003)의 비평을 한가지의 약속 안에서

만 이해할 수는 있는 것으로 본다. 더욱이 무선화 현장 시험을 교육연구에서 일종의 금본위제로 세우려는 주장은 과학연구를 지나치게 한정시키며 과학적 지식의 생성을 지지하는 것으로 알려진 처치와 절차를 가치절하하며(Holton, 1998; Holton & Brush, 2001), 또한 무선화 시도에 보다 사려 깊은 사용자에 의해 배척되곤 한다(Shadish et al,, 2002).

설계연구 수용영역

무선화 현장평가를 수용하고 있는 보수적이고 확증적인 영역과 비교해 볼 때, 설계연구는 탐험적이며 야심만만하다. 설계연구는 참신함과 관습에 얽매이지 않은 창조적인 접근에 가치를 둔다(Newell et al., 1962). 설계연구가 배우거나 또는 가르치는 상황을 동요하게 하고 또 끼어들어서(그래서 예상하지 못한 행동을 준비하기 때문에), 오로지 기존의 측정 프레임워크에만 의지하지 않으며, 문제가 발생하였을 때 그 문제를 모델링하고, 표집하고, 사정하기 위한 해결 방안을 제공해야 한다(Barab & Kirshner, 2001).

설계연구는 기계적인(입력 · 출력의) 교수-학습 모델을 가정하지 않으며, 접근 방법에 보다 유기적이다. 설계연구는 복잡한 사회적 맥락에서 단순한 인과모델을 수용하지 않으며, 내적 타당도 확립의 만족에 대해 중핵적인 가치를 부여하지 않는다.

설계연구는 맥락과 무관한 주장을 위해 애쓰지 않는다. 그보다는 맥락을 설계연구의 개념적 영토의 중심으로 간주한다. 설계연구의 목적은 의미 창출을 이해하고 촉진하고자 하는 것이고, 이러한 과정을 필연적으로 역사적 · 문화적 · 사회적으로 바라본다. 그래서 설계연구는 이렇게 영향을 미치는 것을('성가진 변인'으로 규정하여) 무선화 처리를 통해 없애려고 하지 않으며, 중요한 주제 학습에 관여하는 교사와 학생과 공동으로 설계하는 과정을 통해서 그 변인(영향)을 관여하고 이해하고 영향을 주려고 한다. 그래서 설계연구는 변수를 격리하거나 외적 타당성을 확립하는 기술에 대한 만족으로 등장하는 일반화가 가능한 주장을 펴는 데 관심을 두지 않는다. 그것은 McAdams(1996, 1999, 2001)의 성격 이론(personality theory)에서의 방법론적 접근법과 유사한데, 그 이론은 '낯선 사람 수준'의 아는 것, 즉 대상자에 대한 '평균 수준의' 묘사에서 보다 친근한 수준으로 알게 되는 방향으로 이동한다.

설계연구는 실험적(experimental)이긴 하지만 하나의 실험(an experiment)은 아니다. 그것은 가설을 검증하기보다는 가설을 생성하고 일구어 내는데, 새롭게 생겨나는 추측에 의해 자극받는다. 그것은 청사진, 창조, 중재, 문제해결, 땜질, 수선, 다시 말해 반추, 회상, 재설정, 재중재의 과정을 포함한다. 설계연구는 직접적인 경험적 관찰, 동영상으로 촬영한 기록, 주제에 대한 공동연구자의 조언 및 설계연구자 고유의 근본적인 이해(모형), 학생과 교사의 주제에 대해 새롭게 등장하는 모델—그리고 일부 경우에는 사회적 교실 환경모델—간의 변증법을 촉진하고자 노력한다. 그래서 연구자의 다원적인 전문성과 연구 대상의 약속과 관여는 가장 중요하다.

설계연구는 다단계의 연구 프로그램에서 단계에 적절한 반응(stage-appropriate response)으로 비추어질 수도 있는데, 그 연구 프로그램은 추측에서 관찰로, 프로토타이핑을 통해 변수와 처치를 규명하는 것으로, 모델과 그 모델에 대한 확정적인 검사로, 일반 연구와 규모가 있는 연구(scaling studies)로, 지속적인 혁신의 확산으로 이동한다(Bannan-Ritland, 2003). 따라서 설계연구는 무선화 현장 검사를 이끌 수도, 지원할 수도, 풍요롭게 할 수도 있다. 정말이지 무선화 검사연구에서 얻은 발견은 설계연구에서 검증되고 있는 이론에 포함될 수도 있다.

설계연구자는 검증의 맥락(context of verification)에서보다는 발견의 맥락(context of discovery)에서 연구하기를 선호한다(Schickore & Steinle,

2002). 그래서 (예, 통계학을 어떻게 가르쳐야 하며, 학생은 어떻게 학습하는가의 경우처럼) 알려진 것이 거의 없는 영역에서는 탐험적이고 기술적인 연구가, 즉 이러한 근간이 되는 연구 없이는 무의미한 무선화 현장 검사를 자연스럽게 선행하고 인도한다. 만약 그 현상이 잘 이해되지 않는다면 과연 어떤 변인이 통제되거나 측정되어야 하는가? 설계연구는 '의미 있는' 모델 형성에 공헌하는 것으로 보일 수 있다[가치판단 또는 확인은 (아직) 아니며(Sloane & Gorard, 2003), '한계 구분'도 (아직) 아니다(Kelly, 2004)]. 궁극적으로 설계연구 방법론의 사용은 연구자의 영역인 관찰 · 상관 · 실험의 순환 중에서 진입 장소의 선택이다.

이에 반해서 어떤 수용 집단의 판결 준거를 다른 영역의 수용 집단에 자의적으로 부여하는 것은 분류상의 오류인데, 다른 영역에 적절한 주장을 한다면 그 다른 영역의 준거를 적용하는 것이 적절할 것이다. 따라서 연구자가 단지 설계연구 방법만을 사용하여 강력한 인과 관계를 주장한다면, 이러한 주장은 무선화된 현장 시도를 수용하는 영역의 논쟁적인 문법의 힘과 대면할 수 있으며, 대면해야 한다(Kelly, 2004). 반대로, 중요한 다중의 또는 혼용된 방법이 무선화된 현장 시도에 수용되지 않는다면(Shadish et al., 2002), 검정 상자 처치 모델을 넘어서는 진술은 설계연구와 교육연구에서 다른 수용영역의 개념적 맥락을 똑같이 침범하는 것이다.

진일보하기

설계연구는 혼합연구의 진보(Mosteller & Boruch, 2002; Shadish et al., 2002)와 무선화 현장 시도의 보다 확장된 관점(Dietrich & Markman, 2000; O'Donnell, 2000; Tashakkori & Teddlie, 2000)에 더 많은 관심을 기울어야 한다. 특히 설계연구는 학습에 주안점을 두기 때문에, 개정된 전이 모델을

고려하여 하나의 잠재력 있는 설계 방향을 선택하고 다른 설계 방향을 포기하는 기초를 고려해야만 한다(Lobato, 2003). 전이에 대한 전망도 설계연구 자료에서 떠오르는 여타 모델의 일반화 검사를 위한 핵심이다.

설계연구는 시간의 흐름에 따라 모델 형성에서 모델 가치 판단과 모델 확증으로 진일보해야 한다(Sloane & Gorard, 2003). 지지자는 비디오 사용과 분석을 위한 새로운 방법을 계속 개발해야 하는데, CILT연구(www.cilt.org/seedgrants/community/Pea_Final_Report_2002.pdf)와 Diver(www.stanford.edu/~roypea/HTML1%20Folder/DIVER.html)가 그 예다. 덧붙여 국립 과학 디지털 도서관 프로젝트(National Science Digital Library project)에 자료 수집과 분석에 대한 많은 혁신적인 접근이 있다(http://nsdl.org).

설계연구자는 강력한 인과적 주장을 지속적으로 경감시켜야 할 필요가 있으며 그들의 주장과 그들의 적절한 증거와 근거에 대해 명료해질 필요가 있다(Kelly, 2004; NRC, 2002). 일부 경우에서는, 축소된 무선화 시도를 선택 상황에서 실시하고 중차대한 시점에서 학습에 대한 참여 지향 관점(actor-oriented perspectives)을 고려하는 것은 그럴듯하며 생산적일 수도 있다.

설계연구는 혁신의 확산을 위한 모델(Roger, 2003)을 계속해서 탐색해야 하는데, 설계연구의 제품이 연구, 정책, 실천 현장 내에서 사용되어야 하기 때문이다. 이와 동일하게 성공적인 혁신을 규모화하는 모델도 탐색해야 한다(www.gse.harvard.edu/scalingup/sessions/websum.hum 및 http://drdc.uchicago.edu/csu/index.shtml).

설계연구가 응용과학영역에서 새로운 연구 접근으로 등장한 이후로, 설계연구의 매력이 커지는 것을 인정하는 것은 중요하다. 나는 국립과학재단(National Science Foundation)이 나에게 연구 지원금을 제공한 것에 대해 감사하고 싶고, 새롭게 등장하는 이 연구 방법을 밝혀 준 인디아나 대학교의 Richard Lesh에게도 감사하고 싶다. 이 연구비는 교육연구에서 설계의 역할에 대한, 국제적으로 동시에 등장하는 중요한 흥미를 연구하고 논문을 작성하는 것을 지원하였다. 이러한 만남은 Educational Researcher (Kelly, 2003)의 특별호가 발간되고 설계연구와 관련된 책이 곧 출간되도록 이끌었다(Kelly et al., 준비중).

추가적으로 나는 영국을 방문해서 경제사회연구위원회(Economic and Social Research Council)의 교수-학습연구 프로그램(Teaching and Learning Research Programme, www.tlrp.org)과 옥스퍼드 대학과 관련된 연구자와 대화를 나눌 때와, 스웨덴 구텐베르그 대학(Gothenburg University) Marton 집단의 학습연구(Learning Study) 방법을 접할 때와, 덴마크의 학습연구소(Learning Lab)와 싱가폴의 아동교육 및 실천연구소(Center for Research in Pedagogy and Practice) 및 네덜란드의 과학연구재단(NWO)과 교육연구를 위한 프로그램 위원회(PROO)를 접할 때 학습설계 기반연구 방법의 자발적인 사례에 대해 많이 배울 수 있었다. 내 바람은 설계연구자의 창의적인 노력이 지속적으로 지원받고, 이러한 노력이 특정 수용영역에 의해 위반한 것이라 인식되어 너무 이른 시점에 탈선되지 않는 것이다(Asch, 1966). 다음 10년 동안의 방법론적 연구는 혁신에서 확산으로 옮겨 갈 것이고, 사회적 결과로의 연구 프로그램을 걸치는 다양한 연구 수용영역의 표현과 강점을 포함할 것이다(Bannan-Ritland, 2003).

참고문헌

Asch, S. E. (1966). Opinions and social pressure. In A. P. Hare, E. F. Borgatta and R. F. Bales (Eds.), *Small Groups: Studies in Social Interaction* (pp. 318-324). New York: Alfred A. Knopf.

Austin, J. L. (1975). *How to Do Things With Words* (second edition). In J. O. Urmson and Marina Sbis (Eds.), Cambridge, MA: Harvard University

Press.

Bannan-Ritland, B. (2003). The role of design in research: The integrative learning design framework. *Educational Researcher, 32*(1), 21-24.

Barab, S., and Kirshner, D. (2001). Rethinking methodology in the learning sciences [Special issue]. *Journal of the Learning Sciences, 10*(1-2), 5-15.

Barab, S. A., and Squire, K. (2004). Design-based research: Clarifying the terms [Special issue]. *Journal of the Learning Sciences, 13*(1).

Brown, A. L. (1992). Design experiments: Theoretical and methodological challenges in creating complex interventions in classroom settings. *Journal of the Learning Sciences, 2,* 141-178.

Cobb, P., Confrey, J., diSessa, A., Lehrer, R., and Schauble, L. (2003). Design experiments in educational research. *Educational Researcher, 32*(1), 9-13.

Cognition and Technology Group at Vanderbilt (1997). *The Jasper Project: Lessons in Curriculum, Instruction, Assessment, and Professional Development.* Mahwah, NJ: Erlbaum.

Collins, A. (1999). The changing infrastructure of education research. In E. Lagemann and L. Shulman (Eds.), *Issues in Education Research* (pp. 289-298). San Francisco: Jossey-Bass.

Dietrich, E., and Markman, A. B. (Eds.) (2000). *Cognitive Dynamics: Conceptual and Representational Change in Humans and Machines.* Mahwah, NJ: Erlbaum.

diSessa, A. and Cobb, P. (2004). Ontological innovation and the role of theory in design experiments. *Journal of the Learning Sciences, 13*(1), 77-103.

Edelson, D. C., Gordin, D. N., and Pea, R. D. (1999). Addressing the challenges of inquiry-based learning through technology and curriculum design. *Journal of the Learning Sciences, 8*(3/4), 391-450.

Fishman, B., Marx, R., Blumenfeld, P., and Krajcik, J. (2004). Creating a framework for research on systemic technology innovations. *Journal of the Learning Sciences.*

Fuson, K., and Zaritsky, R. A. (2001). *Children's Math Worlds* (DVD Multi Audio and Video Tracks, Interactive). Evanston, IL: NSF Grant.

Gravemeijer, K., and van den Akker, J. (2003, December). *How to review proposals for design research?.* Working document for the PROO workshop, Amsterdam.

Hickey, D. T., Kindfiedl, A. C. H., Horwitz, P., and Christie, M. A. (2003). Integrating curriculum, instruction, assessment, and evaluation in a technology-supported genetics environment. *American Educational Research Journal, 40*(2), 495-538.

Holton, G. (1998). *Scientific Imagination.* Cambridge, MA: Harvard University Press.

Holton, G., and Brush, S. G. (2001). *Physics, the Human Adventure: From Copernicus to Einstein and Beyond.* New Brunswick, NJ: Rutgers University Press.

Kelly, A. E. (2003). Research as design. Theme issue: The role of design in educational research. *Educational Researcher, 32*(1), 3-4.

Kelly, A. E. (2004). Design research in education: Yes, but is it methodological? *Journal of the Learning Sciences, 13*(1), 115-128.

Kelly, A. E., and Lesh, R. (Eds.) (2000). *Handbook of Research Design in Mathematics and Science Education.* Mahwah, NJ: Erlbaum.

Kelly, A. E., Lesh, R., and Baek, J. (Eds.) (in preparation). *Handbook of Design Research Methods in Mathematics, Science and Technology Education.* Mahwah, NJ: Erlbaum.

Lagemann, E. (2002a). *An Elusive Science: The Troubling History of Education Research.* Chicago: Chicago University Press.

Lagemann, E. (2002b). *Usable knowledge in education.* A memorandum for the Spencer Foundation Board of Directors. http://www.spencer.org/publications/usable_knowledge_report_ecl_a.htm

Lagemann, E. (2003). *Aiming for usability.* http://www.gse.harvard.edu/news/features/lagemann03202003.html

Lemke, J. L. (2001). The long and the short of it: Comments on multiple timescale studies of human activity. *Journal of the Learning Sciences, 10*(1-2), 17-26.

Linn, M. C., Davis, E. A., and Bell, P. (2003). *Internet Environments for Science Education.* Mahwah, NJ: Erlbaum.

Lobato, J. (2003). How design experiments can inform a rethinking of transfer and vice versa. *Educational Researcher, 32*(1), 17-20.

Loh, B., Radinsky, J., Russell, E., Gomez, L. M., Reiser, B. J., and Edelson, D. C. (1998). The progress portfolio: Designing reflective tools for a classroom context. In *Proceedings of CHI 98* (pp. 627-634). Reading, MA: Addison-Wesley.

McAdams, D. P. (1996). Personality, modernity, and the storied self: A contemporary framework for studying persons. *Psychological Inquiry, 7,* 295-321.

McAdams, D. P. (1999). Personal narratives and the life story. In L. Pervin, and O. John (Eds.), *Handbook of Personality: Theory and Research* (second edition) (pp. 478-500). New York: Guilford Press.

McAdams, D. P. (2001). The psychology of life stories. *Review of General Psychology, 5,* 100-122.

McCandliss, P. D., Kalchman, M., and Bryant, P. (2003). Design experiments and laboratory approaches to learning: Steps toward collaborative exchange. *Educational Researcher, 32*(1), 14-16.

Mosteller, F., and Boruch, R. (Eds.) (2002). *Evidence Matters: Randomized Trials in Educational Research.* Washington, DC: Brookings Institution.

Newell, A., Shaw, J. C., and Simon, H. A. (1962). The process of creative thinking. In H. F. Gruber and W. Wertheimer (Eds.), *Contemporary Approaches to Creative Thinking* (pp. 63-119). New York: Atherton Press.

NRC(National Research Council). (2002). *Scientific Research in Education.* In R. J. Shavelson and L. Towne (Eds.), Washington, DC: National Academies Press.

NRC(National Research Council). (2004). Committee on Research in Education. In L. Towne, L. L. Wise and T. M. Winters (Eds.), *Advancing Scientific Research in Education.* Washington, DC: National Academies Press.

O'Donnell, A. M. (Ed.) (2000). Learning with peers: Multiple perspectives on collaboration. *The Journal of Experimental Education, 69*(1).

Rogers, E. (2003). *Diffusion of Innovations.* New York: Free Press.

Roschelle, J., Kaput, J., and Stroup, W. (2000). SimCalc: Accelerating students' engagement with the mathematics of change. In M. Jacobson and R. Kozma (Eds.), *Educational Technology and Mathematics and Science for the 21st Century* (pp. 47-75). Mahwah, NJ: Erlbaum.

Schickore, J., and Steinle, F. (Eds.) (2002). *Revisiting Discovery and Justification.* Preprint 211. Berlin: Max Planck Institute for History of Science.

Searle, J. (1969). *Speech Acts: An Essay in the Philosophy of Language.* Cambridge: Cambridge University Press.

Shadish, W. R., Cook, T. D., and Campbell, D. T. (2002). *Experimental and Quasi-Experimental Designs for Generalized Causal Inference.* Boston: Houghton Mifflin.

Shavelson, R. J., Phillips, D. C., Towne, L., and Feuer, M. J. (2003). On the science of education design studies. *Educational Researcher, 32*(1), 25-28.

Sloane, F. C., and Gorard, S. (2003). Exploring modeling aspects of design experiments. *Educational Researcher, 32*(1), 29-31.

Taahakkori, A., and Teddlie, C. (Eds.) (2000). *Handbook of Mixed Methods in Social and Behavior Research.* Thousand Oaks, CA: Sage Publications.

Wainer, H., and Robinson, D. H. (2003). Shaping up the practice of null hypothesis significance testing. *Educational Researcher, 32*(7), 22-30.

제4부

앞을 향해 나아가기

Educational Design Research

제 9 장

Educational Design Research

설계연구의 교육적 파급

교육에서의 공학연구

Hugh Burkhardt

서 론

앞선 장에서는 교육연구와 실제 교실 현장의 간격을 좁히는 데 기여한 설계연구의 공헌과 함께 설계연구의 현재와 미래 전망을 살펴보았다. 지난 30년간 전통적인 비평과 실험실 실험의 중심에서 실제 교실에서의 교사와 학생에 대한 경험적 연구로 주목할 만한 변화가 있어 왔다. 이는 인지과학과 이를 현실적인 학습 환경에 적용하는 연구의 성장이 기여한 바 크다. 지난 1년간 설계연구의 성장은 이 과정에서의 다음 단계를 대표한다. 그러나 대다수 교실에서의 교수와 학습이 연구기반(research-based)으로 변화하기 위해서는 더 많은 것이 이루어져야 한다. 어떻게 그것을 이룰 것이며 지금껏 어떤 진척이 있었는가가 바로 이 장의 주제다.

첫째, 우리는 설계연구가 교사와 학생이 실제로 사용할 수 있는 절차와 도구를 생산할 수 있게 하는 완성된 연구기반 방법론(research-based methodology)을 필요로 한다. 이러한 방법론은 이미 시행 중이며, 나는 이 방법론이 어떻게 기능하는지를 기술할 것이다. 이러한 연구 방법은 이전보다 새롭고 나은 제품과 과정을 창출하고자 하는 공학 분야의 성격에 부합하며, 이에 따라 공학연구(engineering research)법이라 명명하였다. 비록 공학연구가 저널 등을 통해 새로운 시각을 제시하는 것도 또한 사실이지만, 실제적인 실행 효과가 그 연구의 품질을 좌우한다. 둘째, 우리는 교육 변화의 과정을 설명하는 모델이 필요하다. 나는 연구기반 개발법의 가능성을 설명하며 지금까지의 진척 과정을 설명할 것이다.

이와 관련하여 우선 전통적인 기예기반(craft-based) 접근법과 연구기반(research-based) 접근법을 비교하고 후자의 구성 요소의 개요와 함께 다양한 그룹이 어떻게 연구기반 접근법에 기여하는지를 살펴볼 것이다. 연이은 절에서는 교육연구 인프라, 다른 연구 전통의 교육연구에 대한 공헌, 새롭고 향상된 상품과 과정 개발을 위한 공학연구의 확대되는 비중, 그리고 이러한 점이 정책과 실행에 미치는 영향을 논의할 것이다. 그 다음 절에서는 공학연구의 특성을 구성하는 설계, 개발, 평가의 과정을 기술할 것이다.

이후 두 절에서는 어떻게 프로그램에 필요한 기술 기반을 구축할 것이며 정부, 산업, 교육에 대한 함의를 분석할지를 논의할 것이다. 이어서 공학의 투자 가치를 살펴볼 것이며 마지막 절에서는 정책 설계 개발과 관련된 커뮤니티의 의미를 요약할 것이다. 이러한 폭넓은 주제는 불가피하게 분석의 정당화 등 세부적인 것을 다루는 데 다소 제한적일 수 있음을 밝히는 바다.

R↔P–전문가적 실행의 연구기반 개선

교육연구가 정책과 실행에 미치는 영향은 우리의 기대에 훨씬 미치지 못하고 있다. 정치가가 교육시스템에서 문제를 발견했을 때 그들이 취하는 첫 번째 행동이 관련 연구자를 찾는 것일까? 이는 대개 흔치 않은 경우다. 실행의 변화와 수많은 대학에서 산출된 연구와는 명백한 관련이 없다. 이는 제약이나 공학 같은 다른 연구기반 분야와는 사뭇 다른 양상이다. 함께 그 이유를 살펴보자.

기예기반 vs. 연구기반 접근

나는 방법론 개선을 위해 두 가지 대립되는 개념인 '기예기반'과 '연구기반'이라는 용어를 사용할 것이다. 대개의 양분법과 마찬가지로 이는 지나친 단순화가 될 수 있으나 또한 유용한 설명이 될 것으로 믿는다.

모든 전문영역에는 해당 분야의 기예 기술(craft skill)을 포함하고 있는 공인된 관례(good practice)가 있다. 이는 관련 종사자의 전체 경험에 기초한다. 숙련된 전문가는 교육 훈련을 통해 관례와 관련 기술을 초보자에게 전수한다. 이를 가리켜 기예기반 접근(craft-based approach)이라 하는데 역사적으로 의사와 교사 등을 포함한 전문가의 접근법이었다. 이러한 접근법하에서 혁신은 새로운 것을 실행하고 좋은 사례를 찾아 나서는 소수 특정인에 의해서 이루어진다. 혁신은 때때로 교수-학습 자료와 같은 새로운 도구의 개발을 포함한다. 다른 이들은 이를 배우고 시도해 본 후 해당 혁신의 도입 여부를 결정한다. 많은 이들이 수용할 경우 혁신은 관례가 된다.

모든 분야는 나름의 강점과 단점이 있는 이와 같은 접근법에서 시작했다. 이러한 접근법은 비용효과적이며 누구든지 역할을 담당할 수 있다. 그러나 혁신을 판단하는 데 필요한, 잘 정의된(예, 누가, 무엇을, 언제, 어떻게, 어떤 산출물로 등에 관한) 체계적인 효과성 판단 방법이 부족하다는 문제가 있다. 게다가 불가결로 처방적 맥락하에서 현재 경험에 근거한 추정에 의존한다. 따라서 알려진 것에 기초한 추정(외삽법)은 내재적으로 신뢰할 수 없기에 이러한 탐구는 그 범위가 제한되는 경향이 있다.

혁신에 대한 기예기반 접근은 그 가능성의 범주와 결론의 신뢰성이 제한적이다. 이러한 제한으로 체계적이고 효과적인 방법론의 필요가 대두되었으며, 많은 분야에서 연구기반 접근법을 채택하게 되었다. 천년 전 공학이 먼저 시작됐고 19세기 후반 이후 의학이 뒤를 이었다. 교육은 20세기에 들어 이를 도입하였다. 의류 산업은 여전히 기예 중심으로 남아 있다. 변화는 유행에 따라 이루어지며 이는 교육에서 기본 교육과 문제 해결 교육이 번갈아 이루어지는 것과 유사하다. 그러나 야영, 등반, 우주 의류와 같은 특수 의류의 경우에는 상당 수준 연구기반 접근이 이루어지고 있으며 여타 의류 분야에 영향력을 끼치고 있다. 교육을 위해서는, 의류 산업보다는 의학이 좋은 모델이 될 수 있을 것이다.

대규모 교육 실행의 향상을 위한 연구기반 접근(research-based approach)이 이 장의 주제다. 여기서 연구기반 접근 방법의 목적을 몇 가지 나열하면 다음과 같다.

- 과거연구와 모범 사례의 결과를 기반으로 함
- 가능성 탐색의 체계적 과정에서 연구 방법을 사용함
- 풍부하고 유용한 피드백을 얻기 위해 연구 방법을 적용하며, 창의적 설계와 연속적인 개선 과정에서 사용할 도구와 과정을 개발함

이는 필수 불가결로서, 기예기반 혁신에 비해 더 느리고 비용을 요하는 접근법이다. 연구기반 혁신은 수년에 걸쳐 점진적으로 실행의 질 향상에 기여해 왔다. 공학은 이제 광범위하게 연구에 기반을 두고 있다. 다리, 비행기 등의 상품은 공고한 이론과 잘 알려진 물질의 특성에 따라 설계된다. 분자생물학 같은 분야의 주요 발견과 거대한 연구 프로젝트가 이러한 프로세스를 가속화해 왔다. 대안의학, 보충 의학 등은 거의 기예기반으로 남아 있다. 그러나 연구기반 접근의 단단한 기초가 점점 확대되어 가고 있다. 교

육은 이제 막 연구기반으로의 변화를 시작했다. 그럼에도 불구하고 방법론과 산출물 양쪽 측면에서 진척이 이루어지고 있다. 이후 내용을 통해 그 개요를 살펴보자.

연구기반 개선을 위한 주요 요소

'Improving educational research'(Burkhardt & Schoenfeld, 2003)의 연구(이하 IER)에서 우리는 의학 또는 전자제품의 설계에서 일반적으로 알려진 R↔P 메커니즘의 요소를 기술하였다. 이러한 분야는 모두 실험실 연구 및 실행에서 아이디어를 얻는 확고한 메커니즘이 있다. 그러한 메커니즘은 전형적으로 공인된 연구에서의 다양한 참조와 조언, 창의적인 원형 설계, 체계적 개발 과정에서의 피드백에 기초한 개선, 제 삼자의 평가에 기초한 마케팅 메커니즘과 같은 것을 포함한다. 이러한 실험실-공학-마케팅 간의 연계는 일반적으로 학교 집단과 연구 중심 산업 집단에서 확인된다. 제약 산업, Bell 연구소, Xerox PARC, IBM, Google 등이 그 예가 될 수 있다. 다음 요소는 모두 효과적이고 탄탄한 산출물을 얻는 데 중요하다.

- 견고한 이론적 기반, 최소한의 유행, 이론의 각 측면에 대한 신뢰할 만한 입장(a clear view of the reliable range of each aspect of the theory)을 갖춘 일괄적 연구[이는 설계자가 의존할 수 있는 일관적이고, 일련의 통찰과 원형을 생산해 내는 연구 방법과 결과 보고의 규준을 필요로 한다. 목적은 바로 누적도(cumulativity)다. 이는 지속적으로 증가하는 핵심 결과라고 말할 수 있으며 연구 집단과 대중 모두에게 신뢰할 만한 것으로 인정된 과거의 연구를 통해 만들어진다. 이론 기반은 핵심 이슈에 집중하도록 하며 중요한 해결안 설계를 위한 신뢰할 수 있는 가이드를 제공한다]
- 상대적으로 오랜 기간 많은 과제를 수행할 수 있는 안정적인 설계팀

(연구와 실행을 통한 정보에 바탕을 두고 설계팀은 설계 기술과 같은 중요한 요소를 더할 수 있다)

- 사용자와 적용 측면에서 더 현실에 가까운 환경을 통한 연속적인 실험과 개선을 추구하는 체계적이고 반복적인 개발
- 타당도를 뒷받침하는 독립적이며 깊이 있는 비교 평가(해당 처치가 의도한 상황에서 제대로 작동했는가)
- 해당 아이디어와 산출물에 대한 개인과 그룹의 책무성(즉, 일련의 증거를 따라 명성이 높아진다)

이러한 접근은 합리적 시간 계획하에 지속적인 개발 프로그램을 필요로 하며 이를 이해하는 고객의 지원이 필수적이다. 개발 연구자에 의해 몇 년에 걸쳐 이루어질 수 있는 것이 아니며, 충분한 개발팀을 필요로 한다.

EDC, TERC 그리고 COMAP는 세계적으로 알려진 대표적인 미국의 연구 그룹이다. 그러나 대개의 이들 연구는 프로젝트 단위로 이루어지며 지속적인 지원을 통해 연속적으로 연결되는 프로그램이 아닌 경우가 많다. 오직 Freudenthal 연구소만이 충분한 팀을 보유하고(약 70명 이상) 네덜란드 정부의 지원하에 지난 수십 년간 연구를 수행해 왔다. 해당 연구소의 기초 과학, 설계와 공학에 관한 연구 품질과 실적은 세계적으로 정평이 나 있으며, 수학 능력에 대한 국제 비교에서의 네덜란드 성적에 부분적으로 반영되어 있다고 볼 수 있다.

주요 공헌자, 그 역할과 장애

공학연구에서의 주요 참여자는 누구이며, 그 역할은 무엇인가? 이러한 역할을 수행하는 데 장애는 무엇인가?

연구의 자금을 지원하는 고객(client funders)은 지속적인 협상 과정을 통

해 목적 및 산출물 정의에 동역자가 되어야 한다. 이와 관련된 주요 장애물은 '전통적인 기예기반 접근의 단순한 수용' '산출물의 효과에 대한 철저한 비교평가 부재' '목표에 부합되지 않는 단순한 솔루션을 고집하는 경우' 등이다.

프로젝트 리더(project leader)는 전략 계획 및 팀 업무의 지속적인 방향을 제시한다. 이는 고객과의 협상, 설계에서 마케팅에 이르는 모든 과정에 대한 관리를 포함한다. 프로젝트 리더의 육성과 관련된 주요 장애물은 일회성 프로젝트에 따른 연계성 부재와 이에 따른 공학연구자로서의 경략 개발(예, 체계적인 교육과 도제, 지명과 승진, 인정)의 부족을 들 수 있다.

설계자와 개발자(designer/developer)는 설계와 실험을 통한 개선 과정에서 중대한 역할을 담당한다. 주요 장애물은 설계자로서의 경력 개발의 부재, 우수한 설계를 판별하는 깊이 있는 평가의 부재라고 할 수 있다.

통찰력 있는 연구자(insight-focused researchers)는 신뢰로운 연구기반을 조성하며 형성 및 총괄평가의 측면에서 깊이 있는 결과를 이끌어 낸다. 주요 장애물은 대학 시스템이 이러한 프로젝트 관련 일에 대해 낮은 가치를 부여한다는 점이다.

연구 기반-통찰과 영향력 사이에서

본질적으로 교육연구의 상대적 무기력은 연구 전통과 형식 그리고 특성이 상이한 인문학, 과학, 공학, 예술 간의 상호작용에서 기인한다. 따라서 우리는 교육 안 담론 간의 차이와 경쟁을 넘어서야 한다. 성숙한 연구 분야일수록 좋은 연구는 문제에 초점을 둔 접근을 필요로 함을 인정한다. 좀 더 넓은 관점에서 네 가지 연구 스타일(인문학, 과학, 공학, 예술)을 살펴보고 각각이 어떻게 교육에 기여할 수 있는지를 살펴보자. HEFC(1999)의 연구

(research)에 대한 정의는 이를 위해 유용한 길잡이가 된다.

> '연구(research)'란 지식과 이해를 얻기 위해 수행된 진성 조사(original research)로 정의된다. 연구는 '상업과 산업' '공공 분야' '학술' '처치 및 아이디어의 생산' '이미지 성과 및 새로운 통찰로 이어지는 디자인 등의 조형물' '새로운 물품' '장비' '상품' '과정을 생산하기 위한 실험 개발에서의 기존 지식의 적용' 등을 포함한다(RAE, 2001).

해당 분야의 핵심 인물을 만족시키는 것은 언급된 모든 분야에서 두루 사용하는 본질적인 연구 품질 척도다. 그러나 요구하는 품질의 수준은 분야에 따라 상이하기 마련이며 모두를 만족시킬 품질의 균형을 찾기는 쉽지 않다. 어떤 균형이 교육연구에 유익할 수 있을까? 그리고 교육에서의 탁월성을 판단하는 현재의 규준에 어떻게 이를 반영할 것인가? 지금부터 교육 맥락하에서 각각의 스타일, 관련 활동의 특성, 산출물의 형태 등을 살펴보고 일반적인 교실 학습에 미치는 잠재적 영향에 대해 논의할 것이다.

인문학적 접근

인문학적 접근은 앞서 설명한 RAE의 설명에서 요약한 가장 오래된 연구 전통으로, 경험적인 테스트를 포함하지 않는다. 주요 산출물은 주로 책, 논문, 신문 등의 형태로 출판되는 단일 저자의 비평적 논평(critical commentary)이다.

교육 분야에서는 흔히 앞서 언급한 형태의 산출물을 자주 목격하게 된다. 왜냐하면 전문성과 관계없이 누구나 교육에 대해 논할 수 있기 때문이다. 사실상 전문성이 폭넓게 인정되는 것도 흔치 않다. 저자의 관찰과 경험에 대한 성찰에 기초하여 이끌어 낸 아이디어와 분석은 가치 있는 것이다.

경험적 테스트에 대한 요구 없이 상당 수준의 성과를 이룰 수 있다. 그러나 너무 많은 아이디어가 실행으로 연결되지 못하기 때문에 경험적 증거의 부족은 주요 약점이 된다. 어떻게 신뢰할 만한 논평을 구별해 낼 수 있는가? 이러한 질문이 증거기반 교육(evidence-based education)에 대한 탐색으로 이어졌다.

과학적 접근

과학적 접근은 현상에 대한 분석과 이를 설명하는 모델의 개발을 통해 세상의 작동 원리를 이해하는 데 목적을 둔다. 다만 이는 모델에 대한 경험적 테스트를 포함한다. 이것이 인문학적 접근과의 본질적 차이를 만드는 것으로 가설 또는 모델로 불리는 주장의 신뢰성을 경험적으로 테스트하는 것이다. 산출물은 주요 질문에 대한 증거기반 자료(evidence-based responses to key questions)과 증거기반 논리(evidence-based arguments in support)로 뒷받침된 주장이다. 증거는 실증적이어야 하며 복제 가능한 방법으로 제시되어야 한다. 컨퍼런스 토론이나 학술 논문이 산출물의 예가 될 수 있다.

Schoenfeld(2002)는 연구 산출물을 분류하기 위한 세 가지 차원을 제시하였다.

- **일반화가능도**(Generalizability): 해당 논의가 적용되는 환경이 얼마나 폭넓은가?
- **신뢰성**(Trustworthiness): 해당 주장이 얼마나 잘 입증되었는가?
- **중요성**(Importance): 얼마나 주의 깊게 여길 것인가?

일반적으로 어느 논문이든지 이 세 가지 차원의 특정 수준에 걸쳐 있는

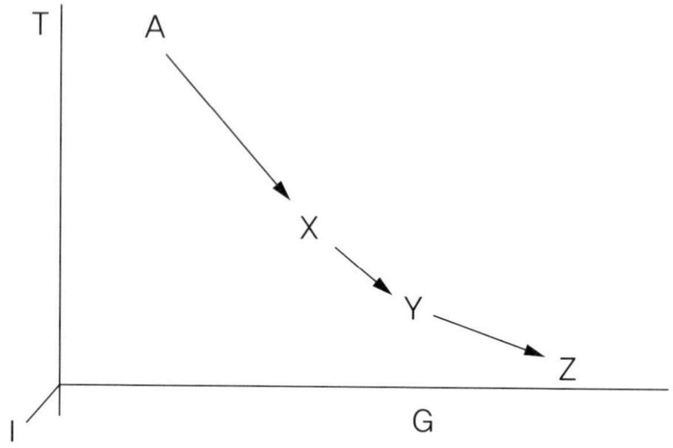

[그림 9-1] 세 가지 차원을 통해 본 연구 산출물(Schoenfeld, 2002)

주장을 담고 있다. 핵심 변수 중 하나인 중요성은 통찰(insight)과 영향력(impact)을 구분하는 데 유용하다. [그림 9-1]은 다른 두 변수인 G와 T에 관한 것이다. 일반적인 연구는 특정한 상황, 예를 들어 특정한 처치와 그에 대한 학생의 반응을 각별히 살피는 것이다. 연구 보고서의 결과는 높은 T값과 낮은 G값으로 표시되는 그림의 영역 A에 위치한다. 결론 부분의 경우 연구의 함의를 논의하며 일반화를 위한 충분한 증거 없이 종종 다소 폭넓은 주제를 다루게 된다. 이는 본질적으로 추측에 근거하게 되며 그림에서 X, Y, Z로 나타난다.

많은 연구가 저자가 연구하고자 하는 원리(principles)에 대한 근거보다는 처치(treatments) 그 자체에 대한 증거를 제시하는 경향이 있다. 원리를 탐색하기 위해서는 일반화가능도에 관한 증거가 필요하다. 즉, 학생, 교사, 설계자와 주제 등 다양한 변수에 걸친 안정성을 확인해야 한다. 완성도 높은 연구 또는 때때로 메타 분석만이 이러한 요구를 충족할 수 있다. Alan Bell과 Malcolm Swan의 '진단적 교수법(diagnostic teaching)' 관련 작업이 이를 잘 설명한다. 이 방법은 먼저 개념적 이해가 충분하지 못한 학생의 실수를 허용한 후 토론을 통해 학생의 오개념을 수정하고 이해하도록 돕는 방식으로 진행된다(Bell, 1993). 그들의 첫 연구는 진단적 교수법과 긍정적 교수법(positive only teaching approach)을 단순히 비교하는 것이었다. 전체 실험 기간 동안 두 집단 간에 유의미한 성취도 수준의 차이가 나타나지는 않았으나 6개월간의 실험 기간 동안 실험 집단이 비교 집단보다 낮은 성취도를 나타내는 경우는 없었다. 이 연구는 하나의 수학 주제에 대해 한 사람의 설계자가 디자인한 처치를 한 교사가 한 학급을 대상으로 실시한 것이었다. 그 후 5년간의 반복된 실험을 통해 다양한 주제, 교사, 설계자, 학생에게 두루 효과가 있음이 확인되었을 때, 진단적 교수법은 하나의 교수법으로서 신뢰성을 얻게 되었다. 그러나 여전히 몇몇 질문이 가능하다. 예를 들어, 실제 환경에서 일반적인 교사가 얼마나 진단적 교수법을 잘 이해하고 적용하는가와 같은 문제다. 이와 관련하여 이후 다시 논의할 것이다.

타당도를 뒷받침할 충분한 증거를 갖고 있는 통찰력 있는 연구는 개인의 박사학위나 연구 기금을 넘어서는 오랜 시간에 걸친 팀 단위의 노력을 요구한다. 분자 생물학이나 고에너지 물리학 같은 다른 영역에서는 이를 잘 따라 연구를 수행한다. 교육도 그와 같다면 높은 수준의 G와 T를 나타내는 연구 결과를 도출할 수 있으며 충분한 중요도를 갖는 연구라면 설계자와 정책 결정자의 관심을 이끌어 낼 것이다.

우리가 고려해야 할 추가적인 이슈로, 적절한 실험 규모를 생각해 볼 수 있다. 실험실 내에서 철저히 통제된 학습연구는 지나치게 인위적이어서 실제 교실 적용을 위한 지침으로 사용되기 어렵다. 또 다른 극단적인 예로, 완벽한 프로그램에서의 성취도연구는 실제 교실 환경에 시사하는 바가 미약하다. 설계연구는 직접적으로 실제환경의 문제를 다룬다.

과학적 접근은 과학 및 수학 교육연구의 핵심으로 자리잡았다. 이러한 연구는 통찰을 제공하고 문제를 진단하며 해결을 위한 방안을 제시한다. 그러나 아직 정책 형성에 영향력을 발휘하고 있지는 않다. 설계연구는 과학적 기법을 취하여 보다 나은 학습 환경을 구축하는 데 한 걸음 더 나아가고자 한다. 그러나 과학적 접근 그 자체가 실용적인 솔루션을 만들어 내는 것은 아니며, 그 역시 공학적 과정을 거쳐 강화되어야 한다.

공학적 접근

공학적 접근은 실제 문제 상황에 대한 이해와 함께 해결 방안을 개발한다는 점에서 통찰을 넘어 실질적인 효과를 발휘한다. 앞서 언급한 RAE (2001)의 정의에 따르면 공학적 접근은 '아이디어의 개발과 생산…… 그리고 새롭고 완성도 높은 물질, 장치, 디자인과 건설을 포함한 상품과 프로세스를 생산하기 위한 실험적 개발에서의 기존 지식의 적용'과 같이 설명된다. 공학적 접근은 형성적 관점에서 개발과 평가의 산출물과 과정에 대한 실증적 검증을 강조한다. 주요 산출물로는 '의도한 목적과 사용자에 걸맞은 도구와 프로세스' '증거기반 평가와 정당화' '평가 질문에 대한 응답'이 있다. 연구가 이와 같은 요소를 포함하고 있을 때 이를 개발공학연구(developmental engineering research)라고 할 수 있다.

공학연구는 여전히 교육에서 생소한 개념이며 많은 해결 과제를 안고 있다. 교육연구 집단에게 관련 연구는 종종 저평가되며 많은 경우 통찰에 기반(insight-focused)한 과학적 연구가 주류로 인정받고 있다. 이와 같은 풍토로 많은 설계연구가 그 산출물과 개발 과정에 대한 논의보다는 그것이 가져오는 새로운 시각과 입장을 강조하고 있다. 수준 낮은 공학적 접근이 초래할 수 있는 결과는 다음과 같다.

- 산출물과 프로세스에 대한 낮은 표준(공학이 요구하는 창의적인 설계와 완성도 높은 개발이 폭넓게 적용하지 못해 발생)
- 통찰 중심의 연구 결과가 초래하는 낮은 수준의 실제적 효과(연구를 이해하고 실제 사용하는 것에 대한 필요가 낮아 발생)

- 공학연구 방법보다는 통찰적 연구물을 양산하도록 하는 대학 내 분위기 조장

이러한 문제는 통찰 중심 연구와 실제적인 교실 수업 간의 간격을 넓힌다. 교육에 대한 사회의 요구는 지극히 실용적이다. 즉, 학생이 사회에서 독립적인 삶을 꾸려 갈 수 있도록 충분한 능력을 익히도록 도와야 한다. 이러한 사회적 요구에 교육연구가 부응하지 못한다면 이는 곧 재정적 지원의 감소로 연결된다.

예술적 접근

미술에서의 탁월성에 대한 기준의 변화는 주목할 만하다. 50년 전만 해도 예술과 음악에서는 비평과 역사 관련 분야만이 학술적인 것으로 인정받았다. 그러나 현재는 공학과 의학 분야가 그러하듯이 순수 예술가, 화가, 작곡가가 임용되고 있다. 이 현상은 공학보다는 인문학과 관련된 현상으로 보일 수도 있으나, 설계(디자인)라는 것은 단순한 과학적 원리의 일상적인 적용 이상이라는 것을 생각해야 한다. 예를 들어, 포르쉐나 iPAD의 공학은 상당한 심미안적 요소를 포함한다. 교육에서도 그 이상의 역할을 할 수 있을 것이다.

전통과의 통합

요컨대, 공학적 연구는 교육에서의 통찰적 연구나 인문학적 전통에 기초한 비평적 논평의 배제가 아님을 강조하고 싶다. 이러한 전통은 여전히 중요하나 단지 이것만으로는 충분하지 않다. 다만 더 많은 효과 중심의 연구가 있어야 한다는 것이고 이러한 연구가 인정과 보상을 받아야 한다는 것

이다. 이런 의미에서 균형이 필요하다고 하겠다. 서로 다른 연구법은 상호 보완적이며 지원적 기능을 할 수 있고 해야만 한다. 그러나 연구의 효과가 중시되는 경우에는 더 많은 공학연구가 필수적이다. 우리가 실용적 효과를 제시할 때 우리의 연구는 실행을 위한 더 많은 가치가 있을 것이며 정책에 대한 더 큰 영향력을 행사하게 될 것이다.

이론의 역할

교육연구에서 이론과 관련된 논의는 그 품질을 결정하는 주요 요소로 인식된다. 나 역시 이론을 선호한다. 그러나 이론의 역할을 평가할 때 해당 이론이 얼마나 설득력 있는가를 분명히 하는 것이 중요하다. 실용적 관점에서 '해당 이론이 설계를 위한 충분한 실용적 기반을 제공하는가?'와 같은 질문을 던져 보아야 한다.

강력한 이론은 관찰된 것 뒤에 무엇이 있는지를 설명한다. 이론은 대상에 대한 모델링을 가능케 하며 특정 조건하에서의 산출물을 예측하도록 한다. 항공역학과 같은 분야는 이론이 절대적인 역할을 수행한다. 관련 모델은 모든 변수를 포함하며 이를 숙지하고 있는 사람은 컴퓨터에서 비행기를 설계하고 제작할 수 있으며 하늘로 날려 보낼 수 있다. 의학에서는 이론이 상대적으로 미약하며 실험설계와 테스트가 더 일반적이다. 생리학과 약리학 분야에서 알려진 이론의 역할에도 불구하고 대부분의 개발은 이론주도가 아니다. 예를 들어, 신약의 개발은 여전히 수많은 임상 대상자에 대한 효과 분석과 다른 약과의 비교를 통해 신중하게 선택되며, 효과는 예측할 수 있는 것이 아니라 폭넓게 테스트되는 것이다. 그러나 DNA에 관한 연구가 생물학적 프로세스에 대한 이론적 이해와 함께 진보한 것처럼, 더 많은 이론적 배경에 근거한 제약설계가 발달하고 있다. 앞으로도 이러한 현상이 지속될 것이다. 모든 분야에 걸쳐 이론의 영향력과 공학연구법이 함께 발전할 것으로 보인다.

교육은 공학이나 의학에 비해 이론의 범위와 신뢰성 면에서 많이 뒤떨어져 있다. 교육 관련 이론에 대한 과평가 때문에 아이가 고스란히 피해를 보고 있다. 지나치게 행동주의 관점에서 설계된 교육과정이 그 예라 하겠다. 이것은 행동주의나 구성주의가 틀리다는 이야기가 아니다. 양쪽 모두의 핵심적인 주장은 옳으나 한쪽의 입장만으로는 설계를 위한 충분한 기초를 제공하기에 부족하다. 물리학자는 이를 가리켜 '효과(effect)'라 부른다. 문제는 각자의 영향력에 대한 과대평가에서 비롯된다.

기상학의 한 예로 이를 설명해 보도록 하겠다. '공기는 고기압에서 저기압으로 흐른다.'는 물리학적으로 충실한 주장이다. 이는 터진 풍선이나 펌프에서 공기가 새어 나오게 됨을 설명한다. 또한 바람은 등압선에 직각으로 불어야 함을 나타낸다. 그러나 영국의 기상도를 참조하면 바람이 등압선에 거의 평행하게 부는 것을 볼 수 있다. 그것은 코리올리스 효과라는 다른 힘이 작용하기 때문이다. 지구의 자전 때문에 시계 반대 방향의 힘이 낮은 기압대인 북반구의 바람의 방향을 왜곡시키는 것이다. 마찬가지로 수많은 힘이 교육에 작용하며, 그 다양한 힘이 특정 상황에서 어떻게 균형을 이룰지를 예측하는 것은 불가능하다. 따라서 유용한 발견으로 이어지는 이론적 기초와 함께 설계와 개발 능력은 아주 중요하다. 중요한 것은 바로 산출물에 직접 영향을 주는 세부적인 설계인데 이는 이론에 의해 결정되기보다는 안내받아 만들어진다.

이 책의 관심사는 교육 목표를 어떻게 달성하느냐에 관한 것이다. 나는 목표 그 자체를 세부적으로 논하지는 않을 것이다. 이는 부분적으로 그 주제가 폭넓고 논란이 가능하다는 우려 때문이다. 나는 적어도 수학과 과학에서의 많은 목표 중심의 논쟁이 어떻게 그것을 달성할 것이냐에 대한 믿음과 관련된다고 본다. 예를 들어, 수학은 산수와 방정식의 절차적 기본 기술에 초점을 두어야 한다고 믿는 사람은 학생이 현실의 수학적 문제를 해결하기 위해서는 먼저 견고한 기초 기술을 익혀야 한다고 생각한다. 이러한 믿음에 기초한 세계관이 있는 사람 중에는 학교가 학생이 권위에 질문을 품지 못하게 해야 한다고 생각한다. 그러나 이러한 입장에서도 교사가 탐구적 과제를 수행할 수 있도록 준비해야 한다는 과제가 여전히 남게 된다. 그러므로 교육의 목적은 학습과 교수에 대한 연구라는 가정이 가능해진다.

체계적 설계, 개발 그리고 평가

설계연구의 배경에 대한 논의에 이어, 높은 품질의 교육 산출물을 만들어 내는 방법론으로서의 공학연구를 세부적으로 살펴보고자 한다. 공학연구는 앞서 논의한 요소를 모두 아우른다.

- 초기연구와 개발에서 얻은 연구 자료
- 특출한 산출물을 만들어 낸 설계자의 설계 기술
- 연구 대상 집단과의 공동 개발
- 연속적인 개발 시도를 통한 풍부하고 구체적인 피드백 도출 및 이를 통한 품질 개선
- 설계의 일관성을 이루어 내는 설계 통제(design control)의 명확한 규정

일반적으로 설계, 체계적 개발, 평가의 세 단계로 이루어진다. 나는 한 프로젝트의 예를 통해 차례로 각각에 대해 논의할 것이다. 다양한 종류의 연구는 설계를 위한 시사점 제공, 개발 과정을 유도하는 연구 방법, 사용자 및 미래의 연구 집단에 대한 세부 정보 제공과 같은 역할을 담당한다.

여기서 사용하는 예는 수학 문해(mathematical literacy)의 지원을 위해

영국에서 개발한 기능적 수학(functional mathematics)이다. 이 연구는 1980년대 문제해결을 통한 수리 능력(Numeracy Through Problem Solving: NTPS; Shell Centre 1987-1989) 프로젝트에서 시작하였다. 영국 정부는 부분적으로 PISA(OECT, 2003)의 대두와 피고용인의 수학 능력 부족을 토로하는 고용주의 염려를 반영하여 이를 새롭게 정의하였다(Tomlinson Report, 2004).

설계

연구 결과에 근거한 설계원리의 중요성이 일괄적으로 받아들여지는 것은 사실이다. 그러나 학습과 교수에 대한 이해 수준의 부족으로, 실무자를 위한 구체적이고 효과적인 설계 도구를 제공하기에는 불충분한 것이 현실이다. 또 하나의 핵심 요소는 설계의 탁월성이다. 탁월성은 '보편적인 산출물'과 '사용자의 자율과 영감'을 이끌어 내는 뛰어난 산출물 간의 차이를 만들어 낸다.

탁월한 설계는 기능적 효과성과 심미적 매력이라는 교육의 목적 간에 균형을 이룬다(예, 뛰어난 성능이 있으면서 디자인이 탁월한 포르쉐 승용차를 생각해 보라). 효과성을 포기하면서 피상적인 측면(예, 많은 측변 선과 주제와 관련 없는 그림으로 채워진 4색 도안 책)에만 관심을 둔 설계는 형편없는 설계(예, 생의 이해 증진보다는 판매 증가에 관심을 둔 설계)라고 할 수 있다.

인문학이나 예술 관련 교사는 탁월한 작품으로 그들의 수업을 설계할 수 있다. 수학이나 과학의 경우에는 개념과 이해에 집중하기 때문에 탁월함은 교수-학습 자료에 녹아나야 한다. 그러나 그러한 탁월성을 이끌어 낼 것인가에 대한 연구는 여전히 미진한 면이 있다. 이는 부분적으로 그 중요성이 폭넓게 공감되지 않은 데 기인한다.

설계 기술은 개발시킬 수 있으나 일정 부분 타고나는 면도 있다. 그리고 수년에 걸친 경험을 통해 성장한다. 뛰어난 설계자는 다양한 방식으로 일한다. 이론을 통해 아이디어를 얻기도 하고 과거의 사례에서 착안하기도 하며 주변 세계에서 영감을 얻기도 한다. 뛰어난 설계자는 공통적으로 다양한 정보를 통합하는 능력이 있다. 또한 수학이나 과학 교수처럼 그들이 설계하는 환경에 대해 깊이 이해하고 있다. 따라서 설계 품질은 특정한 학습 목표와 다양한 아이디어를 복잡한 구조 속에서 통합하는 설계자의 능력에 따라 결정된다.

설계의 탁월성은 인식 가능하다(Design excellence is recognizable). 사람들은 어떤 산출물이 디자인의 차별화를 이루었는지를 알아볼 수 있다. 프로젝트 책임자가 설계에 대한 초보적 이해 수준에 있는 연구기관에게 줄 수 있는 최상의 조언은 '뛰어난 설계자를 찾아내고, 그들이 마음껏 일할 수 있는 환경을 제공하라.'는 것이다. 무엇보다도 뛰어난 제품을 원한다면 지나치게 간섭하지 않는 것이 좋다. 균형과 조정은 분석적 접근으로 이후에 이루어질 수 있다. 디자인 팀을 효율적인 규모로 유지해서 관리 측면의 회의보다는 매일같이 창의적인 대화가 오가도록 하는 것이 중요하다. 설계의 세부 단계는 일반적으로 다음과 같다.

- 고객과 합의하에 제품의 일반적인 목표와 구조에 관한 개요 서술하기
- 전문가 및 뛰어난 실무자와의 상담을 통해 설계 아이디어 만들기
- 실제 환경에서 시험할 수 있는 초기 제품을 만들어 수정한 후 알파 버전 만들기

실제 설계 과정은 창의적인 발상과 함께 위 단계 간의 순환이 이루어진다.

설계 통제(design control)는 Shell Centre에서 만들어 낸 개념으로, 프로젝트의 진척을 위해 필요한 개념이다. 원리는 이렇다. 프로젝트의 특정한 면을 한 팀원이 전체 그룹과 상의한 후에 그와 관련된 모든 의사 결정을 책

임지는 것이다. 이는 크게 두 가지 장점이 있다. 품질의 향상으로 연결되는 설계의 일관성을 유지할 수 있으며, 불필요한 논쟁을 줄이고 시간과 에너지를 절약할 수 있다. 토론에서 명확한 합의에 이른 경우 설계자는 이에 따르도록 요구된다. 그렇지 않은 경우에는 다른 안에 대해 충분한 설명이 필요하다.

NTPS는 다음과 같은 설계 단계의 변화를 거쳐 왔다. 1979년 Cockcroft 보고서에서 제기한 6세 학생 대상의 국가 수학 평가 시스템의 문제점은, 1980년대 들어 큰 사회적 이슈가 되었다. 수학 교육에서의 학술적 접근이 부족하다는 문제 인식과 함께 기능적 수학을 실험하는 새로운 조사활동이 있었다. 나는 Joint Matriculation Board에게 Shell Centre팀이 새로운 평가 시스템을 개발할 것을 요구했다. 새 평가 시스템은 교사 훈련과 혁신적 교수-학습 자료를 포함하였다. 우리는 5~10개의 32주 단위의 교육 모듈을 채택하고 각 모듈 중간과 끝에 평가를 포함시켰다.

우리는 6명의 혁신적인 교사 및 외부 전문가와 함께 팀을 만들고 새로운 모듈을 만들기 위한 아이디어를 수집했다. 대략 30개의 주제가 만들어졌고 각 주제별로 몇 장의 개요를 만들었다. 더 많은 논의 후에 우리는 심층 개발을 위한 10개의 주제를 정했고 이는 이후에 다시 5개로 만들어졌다.

설계통제는 명확했다. Malcome Swan은 학생 수업 자료와 평가 문제의 설계를 담당했다. John Gillespie는 실험과 대상 학교와의 관계 관리 및 한 개 모듈의 개발을 책임졌다. Barbara Bins는 교사를 위한 지침 작성과 조사 위원회와의 관계를 포함한 개발 과정을 관리했다. 나는 산출물 전반의 구조 및 그 달성 방안에 대한 전략 전반을 맡았다. 모든 팀원이 작업 전체에 아이디어와 제안을 냈다.

우리는 각 모듈을 문제 해결의 네 단계로 나누어 구성하기로 했다. 네 단계는 문제상황에 대한 이해, 브레인스토밍, 세부적인 설계 및 계획, 실행 및 평가로 구성된다. 핵심 과제는 문제 해결자로서의 학생의 자율과 능동적 참여를 유지하는 것이다. 우리는 3~4명의 그룹 활동을 디자인하고 이를 위한 학생용 소책자를 제작했다. 각 단계의 끝에 실시하는 개인별 평가는 개인의 이해 수준을 추적하였다. 다른 많은 세부 안내와 더불어 소책자는 무엇을 해야 하는가에 대한 지침을 제공하였으며, 모든 활동이 완료되었는지를 확인하는 체크리스트를 포함했다.

첫 번째 개발 모듈은 '보드 게임 설계(design a board game)'였다. 학생은 문제가 있는 보드 게임을 비평하고 개선하는 과정을 통해 핵심 구성요소에 대한 이해를 얻을 수 있었다. [그림 9-2]는 뱀과 사다리 평가 과제의 예를 보여 주고 있다.

학생은 보드, 일련의 공정한 규칙, 합리적인 시간으로 보드 게임이 구성된다는 것을 이해했다. 각 그룹은 일련의 아이디어를 탐색하는 과정을 즐겼다. 각 팀의 보드 게임에 대한 설계, 개발, 테스트의 과정이 뒤따랐다. 평가는 서로 바꾸어 다른 팀의 게임을 하면서 이에 대한 논평과 함께 가장 좋은 것을 투표하는 방식으로 진행되었다. 교사를 위한 지침은 이러한 실험

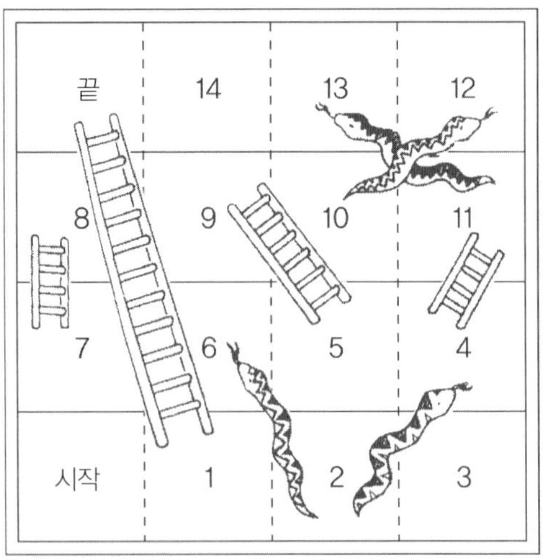

[그림 9-2] 뱀과 사다리 평가 과제

과정에서 개발팀에 의해 만들어졌으며, 학생 책자 등은 개선의 과정을 거쳐 초안으로 만들어졌다.

'최종 시험(final examination)'은 다소 나중에 설계되었다. 각 모듈별로 표준(standard)과 확장(extension) 레벨이라고 부르는 두 개의 보고서로 구성되며, 이를 통해 유사한 또는 상이한 문제 상황에 전이하는 학생의 능력을 평가하였다. 이러한 시험은 외부 위원회에 의해 점수화되었다. 기초 레벨은 교수-학습 자료의 평가 과제 파트의 토대가 되었다. 그룹과제 평가는 다소 별개의 것으로 간주되었다. 요컨대, 본 사례는 연구기반 설계원리와 적절한 교육적 목적을 내포한 설계의 탁월함을 통합하고 있다.

체계적이고 반복적인 개발

설계과정에서 우리는 초기 산출물을 만들어 낸다. 연구팀은 해당 산출물에 대한 학생의 반응을 통해 몇몇 증거를 수집하며, 이를 통해 교사가 본인의 교실 현장에서 유사한 학생의 학습 경험이 이루어지도록 돕는다. 초안을 효과적인 산출물로 바꾸어 가는 과정이 체계적인 개발인 것이다. 체계적 개발은 현실적인 환경에서의 연속적인 실험과 상세한 피드백을 포함한다.

각 단계에 대한 피드백은 자료의 개선 방향을 제시한다. 피드백은 다양한 형태를 취하며 그 목적에 따라 어떤 정보를 수집할지를 결정한다. 피드백의 활용은 그 형태를 설계자가 손쉽게 이해할 수 있는지와 피드백을 통해 배우려는 설계자의 의지, 설계 변경을 적절히 할 수 있는 설계자의 능력에 따라 달라진다. 각 개발 단계에 대한 균형 있는 피드백 제공으로 비용효과를 이루어 낸다. 교수-학습 자료의 반복적 개발 과정은 통상 알파 버전, 베타 버전을 거쳐 최종 버전에 이르게 된다.

알파 실험은 5~10명의 소규모 학급을 대상으로 일부 숙련된 교사를 포함한 일반적인 교사 그룹과 함께 시행한다. 이러한 소수 인원은 일반적인 현상과 의미 있는 변화를 구별하기에 충분하다. 이 단계의 핵심은 바로 각 학급에서 수집된 피드백의 질이며 이는 다음을 포함한다.

- 각 교사의 모든 수업에 대해 팀 내 관찰자가 작성한 구조화된 관찰 보고
- 학생의 작업 샘플
- 수업 및 수업자료의 세부 내용에 대한 교사와 학생의 반응을 담고 있는 구조화된 비공식 인터뷰

무엇을 발견했는지에 대해 설계자와 논의하는 과정은 중요한 만큼 최적화하기 쉽지 않은 일이다. 우리는 미팅을 선호하는데, 미팅에서는 관찰자가 정보를 책임 설계자와 크게 두 단계를 거쳐 공유하게 된다. 먼저 새로운 교수–학습 자료를 사용하기 전후의 실험에서 각 교사의 반응에 대한 분석 내용을 공유한다. 그리고 교수–학습 자료의 세부적인 것 하나하나에 대해 토론을 하게 된다. 예를 들어, 자료의 각 부분이 교실에서 어떤 상황을 도출했는지와 의도한 활동이 제대로 진행되었는지, 교사 및 학생에게 잘 전달되었는지를 논의하게 된다. 이러한 토론의 주 목적은 자료의 의미를 명확히 하는 것과 개선을 위한 제안점을 찾아내는 것이다. 이 과정에서 책임 설계자는 청취자와 질문자의 입장에서 정보와 제안 사항을 이해하고 이를 수정하기 위한 의사 결정 과정에 반영한다.

토론을 통해 책임 설계자는 수정을 거쳐 베타 버전을 만들게 된다. 베타 버전이 앞선 경우와 다른 점은 실제 교실에서의 해당 수업의 실현에 중점을 둔다는 것이다. 20~50명 정도의 큰 연구 대상자가 필요하다. 샘플은 대상 집단의 특성을 상당 부분 대변할 수 있어야 하며, 이를 위해 통상 계층화 표집과 같은 전략이 적용된다. 연구팀의 제한된 자원 때문에 개별 학급에 대한 상세한 피드백은 제한될 수밖에 없으며, 대개 문서 형태의 수업 결

과물을 통한 평가가 이루어진다. 특정 소규모 학급에 대한 관찰은 베타버전에 대한 의미 있는 정보를 획득하는 데 용이한 방법이 될 수 있다. 이러한 방법을 통해 책임 설계자는 베타버전을 거쳐 최종 버전을 만들게 된다.

NTPS의 개발 과정은 앞서 기술한 순서에 따라 이루어졌으며, 수많은 개선이 피드백을 통해 이루어졌다. 예를 들어, 학습 활동상의 문제가 제거되었고 자료에 대한 교사의 오해가 수정되었으며, 새롭게 부각된 아이디어가 반영되었다. 베타 버전은 주로 대규모 샘플을 통한 점검과 타당화 목적하에 수행되었으며, 부분적인 수정이 이루어졌다. 평가 피드백은 형성평가의 주요 기초가 되었으며, 학생의 성취도와 수학에 대한 태도에서 긍정적인 반응을 나타냈다. 놀라운 사실은 성취도 수준이 높은 학생과 낮은 학생 간의 차이가 좁혀졌다는 것이다. 이는 향상된 동기부여와 비정규적인 과제에 의한 자극에 기인한 것으로 보였다. 여러 제한점과 우선순위 때문에 자료는 저널 논문 수준으로 충분히 수집되지는 못했다.

이것이 모든 과정의 끝은 아니다. 현장에서의 피드백은 미래의 개발로 이어진다. 사용자와 구조화된 연구에서의 비공식 논평은 새로운 보완을 요구하는 통찰을 제공할 것이다. 교수-학습 환경의 변화도 산출물의 개선을 요구할 수 있다. 전체 16세 학습자 대상의 조사 활동인 GCSE는 개별 조사 수준에 머물렀던 NTPS를 대신하였다. 수학 교육에서의 기능적 접근에 동참하는 학교를 지원하기 위해 조사 위원회가 GCSE를 개발했기 때문이다. 종종 새로운 프레임에 맞추어 가는 과정은 방법론의 조정과 약간의 왜곡을 가져올 수 있는데, 이는 수학 교육에서의 사용보다는 모방적 연습에 더 신경을 쓰기 때문이다.

공학연구 방법은 많은 분야에서 의도한 사용자와 목적에 맞게 도구와 프로세스가 작동하는 것을 보장하기 위해 폭넓게 적용되고 있다. 교육에서는 기예 중심 접근에 대한 비중의 영향으로 종종 무시되는 경향이 있어 왔다. 기예 중심 접근은 개인 경험에 의한 초기 자료 기술, 전문가 그룹의 회람,

미팅을 통한 논의와 수정, 출판으로 요약된다. 이는 빠르고 값싼 접근법이지만 전체 사용자 집단에 대한 깊이 있는 혁신으로 이어지기 힘들다. 취약한 설계와 개발은 비용적 문제를 야기할 수 있다. 뒤늦게 발견된 문제점이 그 수정에 더 많은 비용을 초래한다는 것은 공학 분야에서 잘 알려진 사실이다.

비교평가

공학 접근의 세 번째 핵심 요소인 비교평가는 가장 발달이 덜 된 영역이다. 그럼에도 불구하고 제품과 방법론의 선택을 위한 정책 결정가나 실무자에게, 그리고 제품의 개선과 향후 개발을 위해 설계팀에게 정보를 제공한다는 점에서 매우 중요한 요소다. 이를 위해 평가는 독립적으로 수행되어야 한다. 또한 다음과 같은 점을 주의 깊게 살펴야 한다.

- 동일 영역에서 폭넓게 이용되고 있는 처치
- 사용자의 유형, 이용 형식, 그리고 지원 정도 등 가능한 모든 주요 변수의 고려
- 교실 내 활동과 학생 성취도를 포함하여 설계 의도의 다양한 면을 측정하는 도구
- 대안적 산출물과 그 접근법 및 적용된 공학

연구 방법이 교육 분야의 주요 영역임에도 불구하고 이러한 많은 요구사항 때문에 제대로 된 평가연구를 살펴보기 힘들다. 평가연구가 수반할 수 있는 것을 간단히 추정해 보면 다음과 같다.

- **시간 범위**: 1년차-준비 및 모집, 2년차-파일럿 테스팅 및 학교에서

의 교육과정 적용 시작, 3~6년차-자료 수집, 4~7년차-분석 및 출판, 5~7년차-교육과정 수정, 이후 새로운 자료와 함께 3년차 단계로의 회귀

- **학년 범위**: 중등 수준 학년, 11~14세
- **교육과정**: 9가지의 교육과정, 매년 2~3개의 주요 내용에 중점
- **학교시스템**: 전국적으로 제시한 방법을 수용하는 10개의 학교시스템
- **학교와 학급**: 각 시스템별로 10개 학교를 선정하고 학년별로 두 학급을 선발
- **자료**: 다양한 평가 도구를 통한 사전 · 사후 · 후속 평가 점수, 학생 작업, 매년 각 학급별 10회의 수업 관찰, 사후 인터뷰 및 참여자의 태도, 신념, 스타일 등에 관한 질문지(사전, 사후, 후속)

이러한 평가연구에 소요되는 전체 비용 중 수업 관찰과 관련된 비용이 가장 큰 부분을 차지하게 될 것으로 추정된다. 8개 학급에 대해 한 명씩의 관찰자-연구자를 배치한다고 가정할 때, 이것은 각 학년당 10개 학교 시스템×20개 교실×3개 학년/8=75명의 연구자가 필요하고, 임금을 10만 달러로 하면 첫 3년간 매년 1000만 달러의 비용이 들고, 리더십, 지원과 기타 비용을 포함하면 3000만 달러에 이르게 된다. 각각 15명 정도의 전문 인력으로 구성된 팀을 갖춘 5개 대학이 참여할 수 있다. 이는 분명히 대형 교육 프로젝트이나 비용 및 효과 측면에서 효율적이다. 이에 대해서는 이후 설명할 것이다.

기능적 수학 교육은 정해진 기간 동안의 평가 작업을 필요로 할 것이다. 통상 목표의 합의에서 교육과정이 안정될 때까지는 10년 정도가 걸리며, 이는 교육과 개발의 과제다.

체제 변화 모델의 체계적인 개발

서두에서 교육의 변화 과정을 설명하는 연구기반 모델의 필요를 지적했었다. 이 모델은 충분히 검증된 것이어야 하며, 정책 결정자를 설득시킬 만한 증거로 뒷받침되어야 한다. 이는 상당히 도전적인 설계와 개발의 과제다. 적어도 수학과 과학 교육을 포함하여 어디서도 교육 변화를 제대로 설명하는 모델을 보지 못했다. 그러나 개발적 접근이 성공할 수 있다는 충분한 희망을 보여 주는 몇몇 진보가 이루어져 왔다.

이러한 연구는 교실이나 교사를 위한 직무 향상 교육보다 훨씬 복잡하다. 왜냐하면 학생, 교사, 교장, 전문가 리더십, 시스템 관리자, 정치인과 대중 등 더 많은 관련자가 포함되기 때문이다. 의도한 것에 근접한 결과를 얻으려면 모든 주요 그룹이 계획대로 움직여 주어야 한다.

교육 변화와 관련하여 상당수의 주목할 만한 사례를 발견할 수 있다. 사례 중 일부는 규모의 적용을 위해 필수적으로 여겨지는 교수–학습 자료나 평가와 같은 도구의 형태를 띤다. 최근 수년간 필수 불가결하게 기예기반으로 여겨지던 분야에서 이와 같은 도구가 만들어져 왔다. 예를 들어, 실황연주 전문가 양성을 위한 교육 자료가 만들어져 왔으며, 이를 통해 교육을 받은 인력이 큰 손실 없이 전문가를 대체할 수 있게 되었다. 전문가 수준을 갖춘 수천 명의 수학 교사가 존재한다는 것은 규모의 개선을 추구하는 데 중대한 진전으로 볼 수 있다.

특정 분야보다는 변화의 과정 그 자체에 대한 관심이 높아지고 있다. 지금까지 전문가에 의한 일반적인 조언이나 간헐적인 기술 지원이 변화를 위한 지원 활동이었다. 우리는 '변화 관리자를 위한 도구(Toolkit for Change Agents, see www.toolkitforchange.org)'를 개발하기 시작했다. 이것은 모든 개선 프로그램이 직면하게 되는 일반적인 과제 해결을 위한 전략과 도구를 제공하는 것을 목표로 한다. 이 도구안의 자료는 대부분 유사한 상황에 직면한 다른 변화 관리자의 성공적 경험에 기초하여 만들어졌다. 소개된 작업은 아직 시작 단계에 있으나, 주요 문제 해결을 지원할 수 있다는 가능성을 보여 주고 있다.

이 장의 목적은 전통적인 비평적 논평 이상의 것을 통해 설명될 필요가 있는 교육 변화의 과정으로 관심을 이끄는 것이다. 왜냐하면 연구의 규모가 학생이나 학급에 대한 것보다 크고 더 많은 변수를 포함하며, 체계적인 연구와 개발을 위해 해결해야 할 과제가 많기 때문이다. 그러나 이러한 노력이 변화의 과정에 대한 연구의 탁견에 근거하여 잘 설계된 효과적인 도구 개발에 기여할 것임은 분명하다.

공학연구를 위한 기술기반의 조성

소수의 집단만이 높은 수준의 공학 기술을 사용할 수 있으며, 그나마 그 지위 역시 안정적이지 못한 것이 현실이다. 연구기반 접근이 대규모의 교육 개선에서 상당한 비중을 차지하게 된다면 공학연구를 수행할 수 있는 전문인력에 대한 수요가 증가하게 될 것이다. 이를 위해 특별한 기술을 갖춘 사람을 발굴하고 훈련시키는 것이 필요하다. 또한 일과 함께 필요한 부가적인 기술을 갖춘 연구팀을 관리할 수 있는 관련 제도가 마련되어야 한다. 새로운 방법이 대중의 신뢰를 얻기까지는 통상 10년 이상의 시간이 필요하다. 이와 아울러 업무 균형의 변화에도 신경을 써야 한다.

네 가지 수준의 R&D - 균형의 개선

실행 개선에 목적을 둔 공학연구의 경우 통찰력과 효과라는 연구 스타일 간의 균형이 요구된다. 〈표 9-1〉에서는 연구(R)와 개발(D)의 다양한 수준

● 표 9-1 ● 네 가지 수준의 R&D

수 준	변 수	연구과 개발의 초점
학습 (Learning-L)	학생 과제	R: 개념, 기술, 전략, 메타 인지 D: 학습 상황, 조사, 자료 수집
예외적 교사 (Exceptional Teacher-ET)	수업 학생 과제	R: 교사의 전략과 전술, 학습의 속성 D: 일부 교사를 위한 교수-학습 자료
대표 교사 (Representative Teacher-RT)	교사 사업 학생 과제	R: 현실적 지원하 대표 교사의 업적, 교사 역량에 대한 기본 연구 D: 대부분의 교사가 사용 가능한 교수-학습 자료
시스템 변화 (System Change-SC)	시스템 학교 교사 수업 학생 과제	R: 시스템 변화 D: 변화 지원 도구(tools for change) (예, 교실 수업, 평가, 전문 교육, 커뮤니티 관계 관련 자료)

을 살펴봄으로써 균형에 대한 부가적인 관점이 설명된다.

주목할 만한 것은 ET와 RT 간의 차이다. 전자는 일정한 수의 연구진이 교수-학습에의 적용 가능성을 탐색하는 단계이고, 후자는 현실적인 지원하에서 일반적인 교사에 의해 실제로 달성될 수 있는 것에 집중하는 단계다. 따라서 세 번째 칼럼에 있는 연구(R)의 초점이 어떻게 변화하는지에 주목할 필요가 있다. 현재 대개의 연구는 L과 ET 레벨에 머물고 있다. 즉, 연구와 개발이 상호 간에 유익하기 위해서는 전체 레벨 간의 균형이 필요하다. 설계연구의 핵심적인 공헌은 세 번째 칼럼의 R과 D를 연결하는 것이다. 그러나 대개의 경우 L과 ET 레벨 연구에 국한되었다. RT와 SC연구는 더 많은 연구팀과 오랜 연구 기간을 필요로 하는데, 이는 전형적인 학술연구 구조에서는 허용되기 쉽지 않은 것이 현실이다.

기술과 그 기원

이 장의 첫 번째 절에서 주요 공헌 요소를 언급했다. 이제 그 요소가 어디에 필요하며 어디에서 얻을 수 있는지를 살펴보려고 한다.

공학연구에 요구되는 통찰력 중심의 연구 기술을 갖춘 많은 연구자가 대학에 존재한다. 그들이 공학연구를 수행하도록 독려하는 연구 풍도를 조성하기 위한 과제는 다음 절에서 논의할 것이다. 반면 숙련된 설계자와 개발자는 찾기가 쉽지 않다. 왜냐하면 견습생에서 전문가 수준에 이르는 경력 경로가 부족하여 전문성 개발을 독려하기가 어렵기 때문이다. 따라서 교육에서의 개발과 설계 관련 기술은 여전히 초기 단계에 머물고 있다. 이 영역의 발전은 교육 전반에 걸쳐 중요한 요소가 될 것이다(Gardner & Shulman, 2005). 최근 설립된 International Socieity for Design and Development in Education(ISDDE; www.ISDDE.org)은 그 목적을 다음과 같이 정의하였다.

- 설계와 개발 프로세스의 혁신
- 설계와 개발 커뮤니티의 구축
- 교육에서의 설계와 개발의 영향력 확대

프로젝트 리더 역시 유사한 이유로 매우 흔치 않다. 이 역할에 필요한 다방면의 기술은 잘 알려진 반면, 설계와 개발 커뮤니티 내에서 교육공학(educational engineering) 경험을 쌓은 프로젝트 리더를 길러 내는 것은 많은 시간을 필요로 한다.

연구기금 지원자가 설계연구에 대해 이해하는 것이 점차 중요해지고 있다. 일관된 장기 프로그램에 대한 연구 기금의 규모가 진척의 척도가 될 수 있을 정도다. 지원 받은 프로그램을 통해 공학연구의 가능성을 제시하는 공학 커뮤니티의 역량이 기금의 확대를 결정하는 주요 요인이 될 것이다.

앞서 언급한 모든 집단은 각자 중요한 역할을 담당한다. 다음 절에서는 공학연구의 진척을 가능케 하기 위해서 필요한 변화가 무엇인지를 살펴볼 것이다.

학계, 기업 그리고 정부의 변화하는 태도

이 책이 쓰인 이유는 교육 시스템의 주요 영역에서 아직도 공학적 접근이 제대로 이루어지고 있지 않기 때문이다. 당연히 앞서 소개한 공학적 접근법으로 변화하기 위해서는 교육 혁신에 관여하는 모든 주요 집단이 함께 변화해야 한다.

정 부

정책결정자나 대중이 연구 집단이 분명하고 중요한 실용적 이익을 가져올 수 있다고 확신한다면, 다른 분야의 사례를 통해 상당한 정부 기금이 교육연구에 흘러올 수 있음을 가늠해 볼 수 있다(IER 논의 중). 의학연구의 경우 X-ray와 같은 연구 결과가 구체적인 유익을 가져오면서 20세기 초부터 상당한 재정적 후원을 받는 유일한 분야가 되었다. 1945년 이후 페니실린과 기타 항생제의 등장은 막대한 연구 지원을 이끌었다. 그즈음 물리학(특히, 핵 물리학)은 큰 관심을 끌지 못했던 분야였다. 그러나 제2차 세계대전 중 레이더, 핵무기 등의 개발 과정에서의 물리학자의 역할은 순수와 적용 물리학 모든 분야의 연구 기금 증가를 이끌었다. 그리고 이러한 추세는 지금까지 이어지고 있다. 그러나 많은 경우에서 정부가 절대적으로 주도적인 역할을 했다. 즉, 실용적인 이익이 확인되기 이전에 개념증명(proof of study)연구에 필요한 용역을 준 것이다. 이러한 것은 교육에도 필요할 것이다. 그러나 가까운 기간 내에 분명하고 직접적인 혜택을 가져올 수 있는 신뢰할 만한 연구과제가 있을 때에라야 정책결정자를 움직일 수 있을 것이다. 이것은 충분히 입증된 효과가 있는 연구 사례의 지속적인 증가를 필요로 할 것이다.

기업

의학이나 공학 분야의 경우 학술연구의 원형을, 완성된 실용적인 도구와 프로세스로 만들어 내는 기업이 존재한다. 제약 회사와 전자 회사는 제조 산업 전반에 걸쳐 존재하는 이와 같은 기업의 대표적인 예다. 이러한 기업은 해당 산업과 관련된 학술연구자와 연계되어 있다. 이들은 순수연구와 원형 제작을 위한 연구기반 개발을 후원한다. 그리고 기업은 개발을 위한 상당한 노력을 통해 이러한 기초 연구를 상품으로 바꾸어 낸다.

교육에서는 유사한 산업이 존재하지 않는다. 하나의 후보격인 출판 산업은 원형(논문)을 상품(책)으로 바꾼다. 그러나 전문가의 논평이나 일부 교사의 체험기와 같은 최소한의 추가 또는 변경만이 이루어진다. 당신이든 정책가든 어느 누구도 아이가 위해할 수 있는 실험에 노출되는 것을 허용하지 않을 것이다. 제한된 연구도 어느 정도 효과가 있는 교육 상품을 만들어 낼 수 있으나 설계와 실용성 모든 측면에서 새로운 길을 열기에는 역부족이다.

왜 이런 현상이 발생하는가? 주요 이유는 불충분한 평가 과정하에 여전히 살아남아 있는 기예 중심 접근법이 주류를 형성하고 있기 때문이다. 연구 산출물의 효과에 대한 체계적이고 독립적인 테스트와 보고 시스템이 존재하지 않다. 새로운 교수-학습 자료에 대한 정규 리뷰는 있으나, 대개 한 명의 전문가가 한두 주 내에 평가 의견을 내는 형식으로 이루어진다. 향상된 효과성은 종종 미세한 조정을 통해 이루어진다. 이를 확인하기 위해서는 일반적인 교사와 학생을 대상으로 심도 깊은 연구가 행해져야 한다. 앞서 논의했듯이 이러한 연구는 많은 시간과 비용을 필요로 한다. 상황은 구매자와 사용자가 다를 때 더욱 악화된다. 예를 들어, 학교 시스템은 교사가 사용하는 교수-학습 자료의 구매자다. 당연히 마케팅은 구매자를 대상으로 한다. 이런 환경에서 학술연구 집단은 더 많은 요구에 부응해야 하며 더 많은 의무를 지게 된다. 물론 정부의 재정 지원도 필요하다. 그러나 대부분의 나라에서 약품이나 항공과 관련된 규제를 전담하는 기관이 있는 것과는 달리 교육에는 그런 기관이 없는 것이 현실이다. 이런 이유로 현재로서는 체계적 개발에 투자하는 산업체에 대한 특별한 혜택이 없다. 바라건대 마케팅에 앞서 체계적인 평가가 이루어진다면, 이러한 상황을 바꿀 수 있을 것이다. 이러한 평가활동이 제품의 비용을 증가시킬 수는 있겠으나 전략적으로 큰 차이를 만들지는 않을 것이다.

학 계

상황이 개선된다면 학계(Academia)에 큰 변화가 있을 것이다. 학계의 임명과 승진을 관리하는 현재의 학술 가치 시스템(academic value system in education)은 공학연구에 치명적인 악영향을 미치고 있다. IER이 제시한 문제점은 다음과 같다.

- 연구의 신뢰도를 넘어서는 새로운 아이디어의 추구
- 반복과 확장보다는 새로운 결과의 추구
- 일반화 가능도를 넘어서는 신뢰성
- 핵심 프로그램보다는 소규모 연구 중심
- 팀 연구보다는 개인 연구 중심
- 합의 도출보다는 논쟁 중심

● 개발물과 프로세스보다는 저널 논문 중심

Schoenfeld(2002)는 대부분의 연구에 제한된 일반화 가능성이 있으며, 따라서 새로운 접근이 필요하다고 주장한다. 이러한 연구는 설계를 위한 토대를 제공하지 못한다. 현재의 가치는 교수와 학습 개선에 중요한 영향을 미치는 연구를 폄하하고 있다.

응용연구보다 순수연구를 가치 있게 여기는 흐름이 일반적이지만 연구의 다른 영역도 그런 것은 아니다. 많은 노벨상이 제품의 설계와 개발에 대해 수여된다. 예를 들어, 오직 두 명만이 같은 분야에서 두 번의 노벨상을 받았다. 한 사람은 물리학자인 John Bardeen으로 초전도 이론과 함께 트랜지스터의 개발 공로로 상을 받았다. 다른 한 명은 생물학자인 Fred Sanger로 DNA의 시퀀싱 프로시저에 대한 것과 헤모글로빈의 3차원 구조를 밝힌 공로를 인정받았다.

최소한 위의 두 경우는 공학연구법을 사용하였다. 이러한 사례 때문에 교육 분야도 공학연구에 동등한 비중을 부여해야만 한다는 강박을 느낄 필요는 없다. 공학연구는 파스퇴르 사분면(Pasteur's quadrant)(Stroke, 1997)에 위치한 실제적인 이익과 새로운 시각 모두에 공헌할 수 있는 연구에 관한 것이다. 그러나 에디슨 사분면(Edison's Quadrant)에 위치한 전구용 필라멘트 개발과 같은 순수한 실용 중심을 가치 절하해서는 안 된다. 에디슨은 그 개발 과정에서 수백 가지의 다른 후보 물질을 조사하고 분류했는데, 이러한 작업은 공학의 이론적 기초의 일부를 이루는 현상학적 지식을 더한 작업이었다. 반대로 교육의 많은 연구가 이론과 실제 모두에서 어떤 진전도 이루지 못하는 이름 없는 사분면에 위치하고 있다.

완전히 자리잡힌 전문 분야의 문화를 바꾸는 것은 결코 간단한 일이 아니다. 과연 무엇이 교육연구에서 변화를 이끌어 내는 데 도움을 줄 수 있을 것인가? 학술연구집단의 리더가 실행에 대한 직접적인 영향력을 연구평가의 주요 기준에 포함시키는 것이 큰 공헌을 할 수 있다. 또 교육 분야의 전문 인력을 채용하는 조사위원회가 차이와 영향력에 대한 사회적 요구에 민감해지는 것도 도움이 될 것이다. 그와 같은 교육연구기관은 지원자가 다음 기준 중 하나 이상에서 탁월하거나 또는 두서너 개의 기준을 충족할 것을 요구할 것이다.

- **실행에 대한 영향력**: 직접적인 영향을 받는 상당수의 교사와 학생에게서 얻어진 증거, 추구할 개선점의 본질, 후속 개발에 관한 특별한 관심사 진술
- **이론과 지식에의 공헌**: 업적의 참신성 또는 종합성에 대한 증거, 신뢰성, 일반화 가능성과 중요성에 대한 보장, 인용, 리뷰, 얼마나 빈번하게 다른 분야의 연구자가 해당 아이디어를 사용했는가
- **연구 또는 설계 방법론의 개선**: 이전의 방법론과 비교할 때 새로운 방법으로 얼마나 큰 개선을 이루어 냈는가, 어떤 면에서 그 업적이 뛰어나며 새로운 상황에 적용하는가, 제시한 방법론이 어느 정도 사용되고 있는가

성공적인 인력에 대한 기준이 무엇인가에 대한 개인적 선호가 다양함을 고려할 때 평가 기준의 진보를 기대하기는 쉽지 않을 것이다. 그러나 진정한 리더는 종종 원칙에 의해 개선되기에 충분한 확신이 있다. 기금 지원 기관도 공학기법을 사용하는 프로젝트에 대한 기금 지원을 통해 지금처럼 그 역할을 담당할 수 있다. 게다가 대학에서 성공을 이룬 공학연구팀에게 장기적인 지원을 하도록 독려할 수도 있다.

공학연구의 비용

앞서 설명한 설계 및 개발 과정(체계적 설계, 개발, 평가)이 저자에서 출판사로 바로 연결되는 기예 중심의 접근법보다 많은 비용이 드는 것은 사실이다. 얼마만큼의 비용이 필요하며 연구와 개발에 필요한 비용이 다른 영역에서의 관련 비용과 비교할 때 어떤지를 살펴보도록 하겠다.

1990년대 기준으로 NSF 기금 지원을 받은 수학 교육 교육과정 개발의 경우, 대략 200시간의 수업을 위해 매년 100만 달러 정도를 지원했다. 이는 교실 수업 시간당 5000달러 정도로 환산된다. 연구팀은 매년 그 해에 요구되는 수업 자료를 만들어 내야 하는 큰 부담감을 안고 일했다. Shell Centre의 경우, 우리는 좀 더 나은 환경에서 일할 수 있었다. 우리는 대략 15시간을 지원하는 작은 규모의 교육과정을 개발했다. 시간당 비용은 7000~1만 5000유로(1만 5000~3만 달러)였다. 투자 기금과 연구 기간의 차이(특히, 교실 관찰)가 피드백의 양을 결정하며, 전체 범위는 설계-개발-평가의 전체 프로세스 비용에 의해 결정된다.

만약 시간당 3만 달러로 전체 교육과정을 재개발한다면 그 비용은 어떻게 될까? 추정치는 다음과 같다.

- 14년간의 교육과정×200일/년×5시간/일=1만 4000시간
- 다양한 학생요구 수렴을 위한 세 개의 병렬 개발=4만 시간 이상
- 고품질 확보를 위한 교육 시간당 3만 달러의 개발 비용

이를 종합하면 약 12억 달러가 된다. 최소 연구 기간이라 할 수 있는 5년간의 연간 R&D 비용은 1억 2000만 달러가 소요된다. 미국 학교의 연간 지출이 최소 3000억 달러이기 때문에 전체 비용의 0.04%를 R&D에 투자하

게 된다.

학교 교육의 효과 및 효율에 관한 측정 가능한 성과를 통해 해당 비용을 정당화할 수 있다. 작은 나라의 경우 투자 비율은 어느 정도 증가할 것이다. 참고로 빠르게 성장하는 다른 분야의 경우 총 매출의 5~15%를 R&D에 사용하며 이 중 80%는 연구기반 개발에, 나머지 20%는 기초연구에 투입된다. 대다수의 선진국가의 경우 교육에 대한 전체 투자비의 1%를 R&D에 투자하는 것을 목표로 하는 것이 바람직하다고 본다. 이는 R&D 비용뿐 아니라 추가적인 실행 비용도 포함한다. 이러한 변화는 개인의 만족과 경제 성장에 걸쳐 교육 전반의 품질 변화를 가져온다. 모든 노력은 시간을 필요로 한다. 그러나 정부는 장기 사업에 익숙하다. 예를 들어, 4년간의 기획과 5년간의 공항 또는 다리 건설과 같은 사업을 생각해 보라.

정책과 설계 커뮤니티를 위한 시사점

이번 장에서 우리는 공학연구법이 어떻게 연구 기법을 활용하며, 창의적 설계와 체계적인 수정을 통해 다음 일련의 과정을 어떻게 활성화하는지를 살펴보았다.

새로운 식견 ▶ 더 나은 도구와 프로세스 ▶ 실행 개선

이를 달성하기 위해서는 교육 개선 전략과 관련된 정책 수준의 변화가 필요하다. 각 단계의 변화는 연구와 개발 커뮤니티의 활발한 노력 여하에 따라 달라질 것이다. 결론적으로 요구되는 전략적 변화는 다음과 같다.

- **잘 적용된 공학의 가치에 대한 인정:** 잘 적용된 공학은 기예기반 접근

에 비해 더 효과적이고 신뢰할 만한 산출물을 만들어 내며, 이는 높은 비용과 긴 시간의 소비를 정당화한다. 설득력 있는 증거는 실제와 같은 환경에서 사용 중인 많은 제품에 대한 비교평가를 통해 얻어진다. 현명한 구매자는 비로소 더 나은 설계를 지지할 것이다. 이는 연구 커뮤니티의 노력과 충분한 연구비 지원을 필요로 한다.

- **학교시스템에 의한 일관성 있는 계획과 기금 지원:** 이와 함께 본질적인 교육 개선을 위한 장기 계획과 정치적 필요를 정당화할 증명 가능한 연 단위 성과를 통합하는 것이 필요하다. 설계와 개발 커뮤니티는 기초 연구와 과거의 성과, 기금 제공자와의 협상 등을 통해 단기 연구 기금의 요구에 대한 부응과 함께 이를 이상적인 장기적 비전으로 연계하는 것을 도울 수 있다.
- **설계자, 개발자, 평가자, 장기 프로젝트를 수행할 능력을 갖춘 기타 연구자 등 다방면의 기술을 갖춘 개발팀:** 특별팀이 중요한 역할을 수행하는 한편, 대학이 물리학, 의학 등 주요 분야에서 그러하듯 필요한 역할을 맡아 주는 것이 필요하다. 예를 들어, 위에서 언급한 인정(recognition)은 정부가 필요한 투자를 하도록 설득하는 데 필수적인 요소다.
- **깊이 있는 식견과 함께 실행에 대한 영향력이 있는 연구 모두에 대해 동일한 연구 점수를 부여하는, 대학 학술가치평가 시스템의 확대:** 이것은 연구 커뮤니티의 리더십과 기금지원자의 후원이 필요할 것이다.
- **연구기반 설계와 개발을 이끌어 내는 신뢰로운 교수-학습 이론의 구축:** 이러한 이론은 통찰력 중심 연구의 이론과 연계되어, 설계에 사용하기 적합한 이론적 합의를 이끌어 낼 수 있다.
- **협력:** 상기 언급한 모든 것은 기부자, 프로젝트 리더, 설계자와 연구자가 오랫동안 더 친밀하게 함께 일하는 것을 익힐 때 진전을 볼 수 있다. 오랜 시간에 걸쳐 형성된 연구집단처럼, 교육의 설계와 개발 커뮤

니티는 유사한 동질성을 획득해야 한다.

분명히 달성하기 어려운 많은 도전이 있다. 그러나 정부와 연구기금 기부자가 우리가 그들의 필요를 채울 수 있다고 확신한다면, 우리는 교육연구를 더 유용하고, 영향력 있는, 그리하여 더 많은 연구 기금을 이끌어 내는 영역으로 만들 수 있을 것이다.

알림 글

이 장의 내용은 Phil Daro, Alan Schoenfeld, Kaye Stacey와 Shell Centre의 동료들(Alan Bell, Malcolm Swan, Daniel Pead)과의 대화에서 많은 영감을 얻은 결과임을 밝힌다.

참고문헌

Bell, A. (1993). Some experiments in diagnostic teaching. *Educational Studies in Mathematics, 24*(1), 115-137. Also URL: http://www.toolkitforchange.org

Burkhardt, H., and Schoenfeld, A. H. (2003). Improving educational research: Towards a more useful, more influential and better funded enterprise. *Educational Researcher, 32*(9), 3-14.

Cockcroft Report. (1979). *Mathematics Counts.* London: HMSO.

Gardner, H., and Shulman, L. S. (2005). *The Professions in America Today* (and other articles on *Professions and Professionals*). Daedalus, Summer 2005.

HEFC. (1999). *Guidance on Submissions to the Research Association Exercise* (paragraph 1.12). London: Higher Education Funding Council for England and Wales 1999. URL: www.hero.ac.uk/rae

OECD, (2003). *The PISA 2003 assessment framework: Mathematics, reading science and problem solving knowledge and skills*, Paris. URL: https://www.pisa.oecd.org/dataoecd/38/51/33707192.pdf

RAE(Research Association Exercise). (2001). Research assessment exercise 2001: Briefing notes. URL: http://195.194.167.103/Pubs/2_01

Schoenfeld, A. H. (2002). Research methods in (mathematics) education. In L. English (Ed.), *Handbook of International Research in Mathematics Education* (pp. 435-488). Mahwah, NJ: Erlbaum.

Schoenfeld, A. H. (2006). What doesn't work: The challenge and failure of the what works clearinghouse to conduct meaningful reviews of studies of mathematics curricula. *Educational Researcher, 35*(2), 13-21.

Shell Centre (1987-1989). Swan, M., Binns, B., Gillespie, J., and Burkhardt, H., *Numeracy Through Problem Solving* (five modules for curriculum and assessment in mathematical literacy). Harlow: Longman, revised Shell Centre Publications, Nottingham, UK, 2000. URL: http://www.mathshell.com/scp/index.htm

Stokes, D. E. (1997). *Pasteur's Quadrant: Basic Science and Technical Innovation*. Washington, DC: Brookings.

Tomlinson Report. (2004). *14-19 Curriculum and Qualifications Reform*. Department for Education and Skills. London: HMSO. URL: http://www.14-19reform.gov.uk

제 10 장

Educational Design Research

교육설계연구
다양성의 가치

Nienke Nieveen, Susan McKenny, Jan van den Akker

이 책은 교육설계연구 논의를 위한 토대를 제공하며 그 품질을 평가하고 보장하는 몇 가지 방법을 제시한다. 이 장에서는 더 폭넓은 과학적 주기 안에서 설계연구의 역할을 탐색할 것이며, 그것이 설계연구의 제안, 실행 그리고 보고의 품질을 평가하는 데 갖는 의미를 살펴볼 것이다.

과학적 주기

이 장의 논의는 6장에서 과학 지향연구의 심각한 단순화에 대한 우려를 표한 Philips의 주장에서 비롯되었다. 그는 연구 주기의 마지막 단계(인과관계의 주장, 예를 들어 무선 실험 설계)를 우선시하는 현대의 추세를 지적하였고, 깊이 있는 사실과 이론에 의해 인도되는 사전 조사의 중요성을 환기시켰으며, Reichenbach, Popper, Dewey의 예를 언급하며 과학을 몇 가지 단계를 통해 진전하는 것으로 해석하였다. 또한 교육설계연구와 관련하여, Kelly(6장 참조)와 Bannan-Ritland(2003)는 설계연구를 더 광의의 과학 주기 안에서 필수적인 연구법으로 바라볼 필요가 있음을 지적하였다.

[그림 10-1]은 일반적 의미에서 과학적 연구를, 좀 더 구체적으로는 교육연구가 다중 주기를 통해 진행되는 것을 보여 준다. 그림을 보면 초기 단계는 탐색 중심(exploratory emphasis)의 특성을 공유하는데, 이는 추측, 관찰, 변수 · 프로세스의 식별, 모델링, 원형화(prototyping), 초기 실행 등을 포함한다. 설계연구는 이러한 과정 안에서 또는 과정을 가로질러 수행된다. 이후 단계는 확증 중심(confirmatory emphasis)의 특성이 있으며 인과관계의 테스트가 이루어진다. 이 단계는 소규모 학습 실험에서 대규모 확산, 효과에 대한 비교 검증까지를 포함한다. 탐색 중심은 확산의 가치가 있는 잘 설계된 혁신으로 연결될 필요가 있으며, 확증 중심은 혁신 효과의 검증뿐 아니라 미래 탐색연구를 위한 새로운 정보를 제공할 수 있어야 한다.

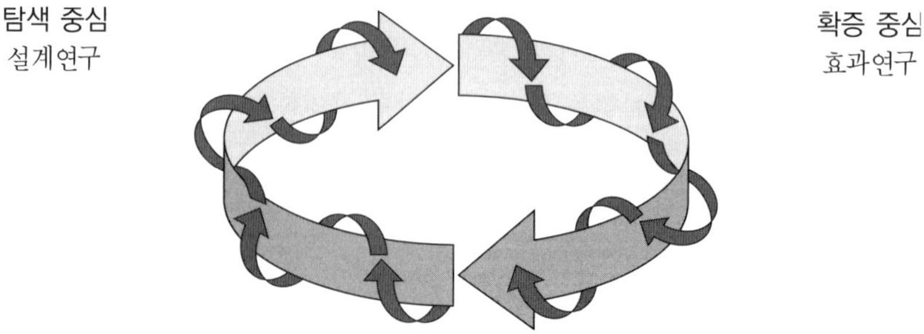

[그림 10-1] 과학적 주기로 본 설계연구

설계연구의 차별화

이 책은 설계연구에 대한 다양한 관점을 논의한다. 모든 장이 설계연구의 탐색적 측면을 다루는 반면, 그 가운데 차이가 존재한다. 그 차이의 탐색 과정에서(특히 설계 목적에 대한 재검토 과정에서) 우리는 학습 이론의 증명을 목적으로 한 연구(타당성연구)와 이론적 지식을 사용한 교육 문제 해결에 목적을 둔 연구(개발연구) 간의 차이를 구별하는 것이 유용하다는 것을 발견했다. 둘 다 학습 혁신의 설계, 개발, 평가를 포함하고 있으나 그 과학적 결과물은 차이가 있다. 타당성연구는 궁극적으로 교수-학습 이론의 발달에 기여하는 반면, 개발연구는 교육 문제 해결에 적용될 설계원리를 만들어 낸다.

타당성연구

타당성연구는 학습 경로(learning trajectory)의 설계를 특징으로 한다. 이는 학습 과정뿐 아니라 학습 환경 설계를 위한 시사점에 관련된 이론을 설계 · 정교화 · 타당화하기 위함이다. 이러한 관점에서 Brown(1992) 및 Collins(1992)의 주장과 이 책의 2장과 3장의 내용을 비교하였다. 타당성연구는 학습 이론의 발달을 목적으로 몇 가지 수준의 이론 발달에 기여하였다(3장 참조).

- 미시 이론: 교수-학습 활동 수준
- 국소 교수-학습 이론: 교수-학습 절차 수준
- 영역 특성화 교수-학습 이론: 내용 교수법(pedagogical content knowledge) 수준

이러한 목적에 이르기 위해 연구자는 의도적으로 실험실이나 가상의 환경보다는 자연적으로 발생하는 실제 환경에서의 실험을 선택하였다. 이렇게 함으로써 그들의 작업은 몇 가지 단계를 거쳐 진화해 갔다(3장 참조).

- **환경 준비**: 해석상의 프레임워크에 기초하여 예비적 교수설계를 정교화하는 것
- **교실 실험**: 교수설계와 국소 교수-학습 이론을 검증하고 개선하며, 그것이 어떻게 작동하는지에 관한 이해를 증진하는 것
- **회고적 분석**: 국소 교수-학습 이론과 해석상 프레임워크의 발전을 위해 전체 자료를 분석하는 것

DiSessa와 Cobb(2004: 83)은 "실험의 동기가 영역 특성화된 교수-학습 이론의 생산에 국한된다면, 설계연구는 결국 특별히 혁신적인 것이 아닐 것이다."라고 경고했다. 타당성연구의 실용적 공헌은 설계의 이론적 기초를 검증하기 위해 시행하는 특정 학습 경로의 개발과 실행에 있다.

개발연구

실용적 공헌이 타당성연구의 2차적인 유익인 반면, 실제 사용을 위한 설계원리 도출은 개발연구의 핵심 목적이다. 개발연구는 실제 문제 상황 중심으로 교육 현장에서 이루어지며, 실무자, 연구자, 전문가, 이해 당사자 간의 밀접한 상호작용을 통해 진행된다. 이러한 개발연구의 특성은 이전의 여러 연구(McKenney & van den Akker, 2005; Nieveen & van den Akker, 1999; Richey & Nelson, 1996; Richey et al., 2004; van den Akker, 1999)와 이책의 4, 5, 7장에 상세히 기술되어 있다. 개발연구는 이전 연구에서 도출된 최신 지식을 설계 과정과 통합하며 현장 시험에 근거하여 교육 혁신을

세부적으로 조정해 간다. 이러한 과정을 통해 암무적 · 직시적 설계 정의가 만들어진다. 설계 과정의 분석을 통해 향후 개발과 실행에 영향을 끼칠 설계원리가 도출된다. 설계원리의 두 가지 주요 형태가 5장과 7장에서 소개되었다(van den Akker, 1999).

- 절차적 설계원리: 설계 접근법의 특성
- 실질적인 설계원리: 설계 그 자체의 특성

설계원리는 성공을 보장하는 비결이라기보다는 특정 교수-학습 상황에 적합한 지식을 선택하고 적용하는 것을 돕는 발견적 가이드라인(heuristic guidelines)이기 때문에 절차와 실질 설계원리 모두에서 그 적용 맥락에 대한 구체적이고 상세한 기술이 동반되어야 한다. 설계연구가 단순한 특정 용도 이상의 것이 되어야 함을 기억할 필요가 있다. Barab과 Squire(2004: 8)는 "설계 과학자는 반드시 지엽적 맥락을 넘어서는 이론적 주장과의 연계를 이끌어 내야 한다."라고 역설하였다.

2, 5, 7장에서 설명하였듯이, 개발연구는 교육문제를 해결하고 설계원리를 도축하기 위해 몇 단계를 통해 진행된다.

- 예비연구: 맥락과 문제에 대한 상세 분석과 함께 문헌연구에 기초한 개념적 틀(conceptual framework)의 개발
- 원형개발 단계: 설계 지침의 설명, 반복적 설계 주기를 통한 원형의 최적화, 형성평가와 수정
- 총괄평가: 효과성과 함께 전이 가능성 및 확대 가능성에 대한 탐색
- 체계적 성찰 및 문서화: 회고적 분석을 돕기 위한 전체 연구의 상세 묘사, 설계원리 및 개념적 틀과의 관련성 상세 진술

설계연구는 자연스러운 환경에서 현상을 관찰할 수 있는 권한(local ownership)을 필요로 한다. 이것은 교육 현장과의 오랜 관계를 요구한다. 왜냐하면 교수–학습 처치를 일반 환경에서 실행하기 이전에 충분히 탐색하거나 최적화하기까지는 시간이 필요하기 때문이다. 협력적 설계 활동은 연구자와 실무자 간의 상호 학습 기회를 제공하는 훌륭한 방법이다(5장 참조).

다양성의 필요

우리는 제품 설계 공학이나 혁신의 확산 관련 연구 등 유사 분야를 통해 배움을 얻을 수 있다(Zaritsky et al., 2003). 모든 설계원리를 망라하여 교육공학(Educational Engineering)은 진화하는 과정의 단계에 따라 다양한 유형의 조사를 필요로 한다. Brown(1992), Burkhardt와 Schoenfeld(2003),

● 표 10-1 ● 교육공학연구 주기(Educational engineering research cycle)

	설계연구		효과연구
	타당화연구	개발연구	
설계 목적	이론의 정교화 및 타당화	교육 문제 해결	–
설계의 품질 기준	설계 이론의 품질	처치의 실용성	처치의 효과
지식/과학적 산출물	영역 특성화 교수–학습 이론	폭넓게 적용 가능한 설계원리	처치 효과의 증거
방법론적 강조점	연구 환경하 소집단 대상의 반복 설계(교실 수준의 알파테스트)	다양한 환경하의 형성평가를 포함한 반복 개발(다양한 환경하의 베타 테스트)	대규모 비교 실험(감마 테스트)
실용적 공헌	특정 학급 대상의 학습 경로	몇몇 교수–학습 환경에 대한 처치	대규모 수준의 증거 기반 변화

Burkhardt(9장 참조)는 다음과 같은 확장 메카니즘을 주장하였다.

- 알파 시험: 이상적 환경하에서 설계연구팀에 의해 시행
- 베타 시험: 신중하게 선택된 환경에서 다소간의 지원과 함께 시행
- 감마 시험: 광범위한 대상에 대해 최소한의 지원만으로 시행

이러한 절차는 오랜 시간의 노력이 필요하며, 따라서 전반적인 비전을 공유하는 연구 프로그램에서의 충분한 지원이 요구된다. 〈표 10-1〉은 교육공학이 타당화연구를 통해 구축된 이론적 기반에서 출발하여 개발연구를 통한 실제적 이해로 발전하며, 효과연구를 통해 검증되어 간다는 종합적인 비전을 묘사하고 있다. 각 연구 유형의 범위에 기인하여, 대개의 연구 프로그램은 하나의 유형을 따르게 된다(타당화연구, 개발연구, 효과연구).

설계연구 품질의 이해와 평가

설계연구자는 더 큰 틀 안에서 그들의 위치를 확인하려 하기 쉬우나, Kelly(8장 참조)와 Phillips(7장 참조)는 기존 전통 분야의 연구자는 경쟁적 방법론을 수용하려 들지 않을 것이라는 점을 강조하였다. 이것이 상대적으로 초기에 있는 연구법이 지지를 얻는 것을 어렵게 하고 있다. 좋은 설계연구의 사례가 쌓여 갈 때 비로소 설계연구의 가치가 외부인에게 인정받을 수 있으며, 이를 위해서는 오랜 기간의 노력이 필요하다. 연구 기금 및 출판 분야의 대다수 의사 결정자가 다른 선호도를 보이고 있기 때문에 종단적 설계연구에 대한 장벽은 높은 것처럼 보인다.

어떻게 설계연구 제안서, 활동, 논문에 대한 관심과 배려를 이끌어 낼 수 있을 것인가? 그 출발점으로 설계연구 커뮤니티는 그것이 고수하려 하고

책임지려 하는 품질 기준에 대해 보다 명확할 수 있어야 한다(Dede, 2004). 이것은 품질 보장에 관한 NOW/PROO(Research Council on Educational Research of the Netherlands Foundation for Scientific Research)의 내부 토론 주제로 잘 알려진 설계연구자를 해당 세미나에 초대하는 계기가 되었다. 이 책은 한 걸음 더 나아가는 것을 목적으로 한다. 이제 이야기를 마무리하며 우리는 국제 학술지, 관련 도서, NOW/PROO에서의 토론 등을 참조하여 설계연구의 품질을 이해하고 평가하기 위한 몇 가지 고려 사항을 제시하고자 한다.

설계연구의 원근법적 묘사

우리는 과학적 주기의 탐색적 측면에 설계연구를 위치시키는 것이 그 가치와 장점을 이해하는 데 중요하다고 생각한다. 타당성연구와 개발연구 간의 구별은 설계연구의 의미에 대한 더 깊은 논의에 도움이 될 것이다. 게다가 탐색연구가 효과연구와 같은 다른 연구에 필요한 정보를 제공한다는 것을 입증하는 것은 연구 기금 단체와 설계연구에 대해 개방적인 논문 평가자와의 생산적인 대화를 촉진할 것이다.

일관성 있는 연구설계

다른 연구법과 마찬가지로 심사숙고를 통해 잘 만들어진 개념 또는 해석을 제공하는 틀(framework)은 매우 중요하다. 설계연구는 '거대한 과잉(massive overkill)'(Dede, 2004: 107)이 초래하는 시간, 노력, 자원의 낭비 없이 대량의 자료를 처리하는 방법(예, 자료 수집과 분석)에 대한 증거를 제시해야 한다(Reeves et al., 2005; Richey & Klein, 2005). 연구설계는 자료의 분석과 해석 방법을 분명히 해야 한다. 더불어 연구 계획은 규칙적인 피드백 획득 방안도 제시해야 한다. 비록 타당성연구와는 다소 거리가 있더라도, 개발연구설계는 장기적인 관점에서 준비되어야 하며 확산 계획과 지속 가능한 실행 조건 등을 제시해야 한다.

과학적 산출물 제시

연구의 주요 공헌점과 각 산출물에 대한 근거가 분명히 설명되어야 한다. 1장에서 논의한 설계연구의 세 가지 동기를 고려할 때 세 가지 공헌점을 살펴볼 수 있다.

- 교육과 관련된 이론 또는 원리의 형성
- 현장 중심의 교육 개선
- 설계 과정 자체에 대한 이해 증진

과학적 품질 증명

설계연구자는 연구에 대한 책임 방안을 제시해야 한다. 이와 관련하여 설계 또는 해당 영역의 경력자를 포함한 설계팀 구성을 고려해야 한다. 설계 역량을 증명하기 위해 6장에서 소개한 포트폴리오 사용도 그 구체적인 방법이 될 것이다. 마지막으로 팀 내 다양한 집단 간(연구자, 실무자, 전문가, 기타 관련자)의 지속 가능한 관계 유지 방안을 반드시 제시해야 한다.

마침 글

이상적으로는 설계연구에 대한 배경 지식과 경험이 있는 사람들이 설계연구 제안서, 연구 활동, 출판물을 검토해야 한다(8장 참조). Edelson (2002)은 설계연구는 기존의 경험적 접근과 다르기 때문에, 동일한 기준으로 평가되어서는 안 된다고 주장한다. 설계연구 집단이 충분히 커지고 해당 집단의 품질 기준이 폭넓게 인정받을 때까지 설계연구자는 검토자(reviewer)가 그들의 방법론적 선호를 넘어선 시각을 갖도록 도와야 한다. 설계연구를 평가하는 기준에 대한 설명과 논의가 그 첫 번째 단계일 것이다. 이 책이 교육에서의 설계연구 분야가 성장하는 데 도움이 되는 아이디어를 제시했기를 소망하는 바다.

참고문헌

Bannan-Ritland, B. (2003). The role of design in research: The integrative learning design framework. *Educational Researcher, 32*(1), 21-24.

Barab, S., and Squire, K. (2004). Design-based research: Putting a stake in the ground. *Journal of the Learning Sciences, 13*(1), 1-14.

Brown, A. L. (1992). Design experiments: Theoretical and medicine challenges in creating complex interventions in classroom settings. *Journal of the Learning Sciences, 2*(22), 141-178.

Burkhardt, H., and Schoenfeld, A. (2003). Improving educational research: Toward a more useful, more influential and better-funded enterprise. *Educational Researcher, 32*(9), 3-14.

Collins, A. (1992). Toward a design science of education. In F. Lagemann and L. Shulman (Eds.), *Issues in Education Research: Problems and Possibilities* (pp. 15-22). San Francisco: Jossey-Bass.

Dede, C. (2004). If design-based research is the answer, what is the question?. *Journal of the Learning Sciences, 13*(1), 105-114.

diSessa, A. A., and Cobb, P. (2004). Ontological innovation and the role of theory in design experiments. *Journal of the Learning Sciences, 13*(1), 77-103.

Edelson, D. C. (2002). Design research: What we learn when we engage in design. *Journal of the Learning Sciences, 11*(1), 105-122.

Kelly, A. (2003). Research as design. *Educational Researcher, 32*(1), 3-4.

McKenney, S., and van den Akker, J. (2005). Computer-based support for curriculum designers: A case of developmental research. *Educational Technology Research and Development, 53*(2), 41-66.

Nieveen, N., and van den Akker, J. (1999). Exploring the potential of a computer tool for instructional developers. *Educational Technology Research and Development, 47*(3), 77-98.

Reeves, T., Herrington, J., and Oliver, R. (2005). Design research: A socially responsible approach to instructional technology research in higher education. *Journal of Computing in Higher Education, 16*(2), 97-116.

Richey, R., and Klein, J. (2005). Developmental research methods: Creating knowledge from instructional design and development practice. *Journal of Computing in Higher Education, 16*(2), 23-38.

Richey, R., Klein, J., and Nelson, W. (2004). Developmental research: Studies of instructional design and development. In D. Jonassen (Ed.), *Handbook of Research for Educational Communications and Technology* (second edition) (pp. 1099-1130). Bloomington, IN: Association for Educational Communications & Technology.

Richey, R., and Nelson, W. (1996). Developmental research. In D. Jonassen (Ed.), *Handbook of Research for Educational Communications and Technology* (pp. 1213-1245). London: Macmillan.

van den Akker, J. (1999). Principles and methods of development research. In J. van den Akker, R. Branch, K. Gustafson, N. Nieveen and T. Plomp (Eds.), *Design Approaches and Tools in Education and Training* (pp. 1-

15). Dordrecht: Kluwer Academic Publishers.

van den Akker, J., and McKenney, S. (2004). *How can developmental research improve science curriculum policies and practices?* Presentation at the NARST annual meeting, 1-4 April, Vancouver.

Zaritsky, A., Kelly, A., Flowers, W., Rogers, E., and O'Neill, P. (2003). Clinical design sciences: A view from sister design efforts. *Educational Researcher, 32*(1), 32-34.

찾아보기

인 명

내 용

편저자 소개

Jan van den Akker는 트웬테 대학교 교육학과의 교수이자 학과장으로 재직 중이다. 또한 2005년 여름 이후 네덜란드 교육과정개발원의 책임자를 맡고 있다. 폭넓은 교수, 연구, 관리 감독 및 컨설팅 경험에 기초하여 교육 혁신이라는 관점에서 교육과정 개발에 힘쓰고 있다. 실용과 학문의 효과적인 통합이라는 설계연구의 특성에 매료되어 수년째 활발한 연구를 하고 있다.

Koeno Gravemeijer는 프로덴탈 연구소의 연구 코디네이터이자 위트레흐트 대학교 교육과학학과의 학과장으로 재직 중이다. 주요 연구 분야는 실제적 수학교육(RME)을 위한 영역 특성화 교수학습 이론, 설계연구 기법, 수학교육에서의 상징, 컴퓨터 도구, 그리고 모델의 역할 등이다. 그의 연구 관점은 교육연구와 수학교육의 실제적 개선이 서로 연계되어야 한다는 데 있다.

Susan McKenney는 트웬테 대학교 교육학과의 조교수로 재직 중이다. 주요 연구 분야는 교육과정 개발, 교사 재교육, 그리고 이들 과정에서의 컴퓨터의 역할 등이다. 세심한 설계와 평가를 통한 교육 개선은 그녀가 네덜란드, 인도, 남아프리카 등에서 수행한 컨설팅과 연구의 반복적인 주제였다.

Nienke Nieveen는 트웬테 대학교 교육학과의 조교수로 재직 중이다. 그녀는 교육과정, 교사, 학교 개발과 연계하여 학교기반의 교육과정 개선과 관련된 성공 시나리오 효과를 연구하고 있다. 또한 설계연구 기법을 연구 프로젝트와 교육설계 및 평가에 관한 수업에 활발히 적용하고 있다.

저자 소개

Hugh Burkhardt는 미시간 주립대학교와 노팅엄 대학교에서 '학연구' 법에 기초한 일련의 국제 프로젝트를 이끌어 왔다. 이 프로젝트는 창의적인 설계와 이론에 근거한 체계적인 개발, 그리고 시스템의 작동을 원활하게 하는 도구 등을 만들어 낸다. 그의 다른 관심 분야는 학교 수학교육이 모두에게 효과적이도록 하는 데 있으며, 종종 분자물리학 분야에 흥미를 보였다.

Paul Cobb은 밴더빌트 대학교 교수학습학과의 교수로 재직 중이다. 초등수학교육, 설계연구 방법론, 수학교육을 위한 교실환경 등에 대한 과목을 가르치고 있다. 주요 연구 분야는 교수설계, 통계적 추론, 교실 미시환경, 수학과정의 교수학습에 관한 거시 교육 환경 등이다. 그는 Koeno Gravemeijer와 함께 교실 설계실험을 수행해 왔으며, 학교 환경에서 수학교사의 역량 개발을 돕기 위한 방안을 연구하는 데 설계연구를 사용해 왔다.

Daniel Edelson은 노스웨스턴 대학교 학습공학 및 컴퓨터공학 분야의 부교수로 재직 중이다. 주요 연구 분야는 흥미와 동기, 교수설계의 학습과정에 대한 연구 적용, 교사와 학습자를 위한 소프트웨어 상호작용 연구 등이다. 그는 지리정보의 교육 활용 연구를 주도하고 있으며, 이는 실제적 연구조사기법과 과학교과의 통합을 통해 지구 및 환경 교육의 개선을 이끌어 내는 것을 목적으로 한다. 그는 교육과정 개선 및 소프트웨어 개발, 전문가 개발, 교실 수업 개선을 위해 설계연구를 적용해 왔다.

Anthony E. Kelly는 조지메이슨 대학교의 교육공학과 학과장으로 재직 중이다. 주요 연구 분야는 연구방법, 인지 신경과학과 교육의 상호작용이다. 그는 Richard Lesh와 함께 설계연구와 관련된 국립과학연구(National Science Foundation-NSF) 기금을 받았으며, 관련된 책이 곧 출판될 예정이다. 그는 설계연구와 관련된 *Educational Researcher*(2003) 특별판을 편집했다. 또한 1997~2000년에는 NSF 의 프로그램 매니저로 일했다.

D. C. Phillips는 스탠퍼드 대학교 교육학과 및 철학과 교수로 재직 중이다. 그는 미국 국립교육원(U. S. National Academy of Education)의 일원이자 국제교육원 (International Academy of Education)에 속해 있다. 연구기법과 19세기와 20세기 사회과학 및 교육의 역사에 특별히 관심을 둔 교육 및 사회과학 분야의 철학자로서 많은 책과 논문을 저술해 왔다. 그의 최근 저서는 *Postpositivism and Educational Research* (2000)다.

Thomas Reeves는 조지아 대학교 교육공학과 교수로 재직 중이며, 프로그램 평가, 멀티미디어 설계, 교육연구 등에 대한 교수, 연구, 서비스를 제공해 왔다. 그는 지난 20년 이상 설계연구를 포함한 교육공학에서의 새로운 대안과 좀 더 사회 참여적인 접근법을 연구해 왔다. 그는 교육연구자, 특히 공적기금에 의해 운영되는 기관에서 종사하는 연구자는 인류 복지의 개선이라는 도덕적인 근거에 기초한 연구 목표를 추구해야 한다고 주장한다.

Decker Walker는 스탠퍼드 대학교 교육대학의 교수로 재직 중이다. 주요 연구 분야는 교육과정연구와 정보기술(컴퓨터, 비디오, 원격 커뮤니케이션)을 활용한 대학교과 준비과정(Pre-college curriculum)의 개선이다. 그는 교육과정 개발과 평가에 관한 다양한 저술 활동을 해 왔다. 그의 최근 작업은 교육에서의 정보기술의 의미와 역할 연구에 있다. 그는 스탠퍼드 대학교 학습 설계 및 기술 프로그램의 설립자 중 한 명으로 1997년부터 해당 프로그램 감독을 맡았다. 해당 프로그램의 학생 및 교수에게 설계연구의 비중이 높아지면서 그의 설계연구에 대한 관심 또한 증가하고 있다.

역자 소개

서순식

고려대학교 영어교육과 졸업

플로리다 주립대학교 교육공학과 졸업(Ph. D.)

현 춘천교육대학교 컴퓨터교육과 교수

김민규

연세대학교 교육학과 졸업

조지아 대학교 교육공학과 졸업(Ph. D.)

현 서던캘리포니아 대학교 교육공학센터 연구원

교육설계연구
Educational Design Research

2013년 2월 15일 1판 1쇄 인쇄
2013년 2월 20일 1판 1쇄 발행

편저자 • Jan van den Akker · Koeno Gravemeijer ·
Susan Mckenney · Nienke Nieveen
옮긴이 • 서순식 · 김민규
펴낸이 • 김진환
펴낸곳 • (주) 학지사
121-837 서울시 마포구 서교동 352-29 마인드월드빌딩 5층
대표전화 • 02-330-5114 팩스 • 02-324-2345
등록번호 • 제313-2006-000265호

홈페이지 • http://www.hakjisa.co.kr
커뮤니티 • http://cafe.naver.com/hakjisa

ISBN 978-89-997-0018-7 93370

정가 14,000원

역자와의 협약으로 인지는 생략합니다.
파본은 구입처에서 교환해 드립니다.